中国交通运输服务发展报告

（2015）

主编／林晓言

ANNUAL REPORT ON CHINA'S TRANSPORTATION SERVICE

(2015)

社会科学文献出版社
SOCIAL SCIENCES ACADEMIC PRESS (CHINA)

北京交通发展研究基地
2015 年度报告编委会

目　录

第一部分　中国综合交通运输体系理论与实践

第二部分　行业运输服务篇

第三部分　专题报告

第一部分　中国综合交通运输体系理论与实践

第一章　理论基础

第一节　服务的含义及特性

一　服务的定义

自 1950 年起，学者们便开始对服务进行系统的研究，在此期间形成的服务的定义可以归结为两类：第一类是通过排他性的方式来定义"服务"，就是将产品生产以外的经济活动都定义为"服务"；另一类是从服务的本质出发来进行定义，服务即具备某些性质、特性的交易品。国内外学者和研究机构所给出的具有代表性的表述主要如下。

1960 年，美国市场营销协会（American Marketing Association，AMA）最先将服务定义为：供单独出售或伴随着产品而来的活动、利益或满足感。

1974 年，加拿大学者斯坦通（Stanton）对服务的定义是：服务是一种特殊的无形活动。它向顾客或者工业用户提供所需的满足感，它与其他产品的销售和其他服务并无必然联系。

2000 年，格罗鲁斯（Gronroos）认为，服务是"由一系列或多或少具有无形性的活动组成的一种过程，这个过程是在顾客、雇员以及有形资源之间的互动关系中完成的，这些有形的资源是提供给顾客的，其实质上是顾客问题的解决方案"。

2001 年，叶万春等学者给出的服务定义是：服务是具有无形特征却可给人带来某种利益或者满足感的可供有偿转让的一种或者一系列的活动。

2002 年，陈祝平等将服务定义为：用以交易并满足他人需要，但本身无形且不发生所有权转移的活动。

以上从不同的领域和角度对服务进行定义。针对上述服务的定义进行分析，笔者将服务定义为：服务是一系列具有无形性特征的活动，它是通过服务主体与服务相对方之间的互动来完成的，并不涉及所有权的变化，是服务行为主体提供给服务相对方的一种行为或利益。

二 服务的特性

一方面，服务与一般物质产品一样，它作为一种商品形态，可以被设计、生产、销售和购买；另一方面，它又与一般物质产品不同，是一种特殊产品。表 1－1 比较了服务与物质产品的不同特性。

表 1－1 服务和物质产品的特性比较

物质产品	服　务
实体	非实体
一种物品	一系列的活动或者过程
生产和消费不同步	生产和消费同步
可以储存	不可以储存
形式相似	差异性
所有权可以转让	不发生所有权的转让
顾客一般不参与产品的生产过程	顾客参与性

从表 1 - 1 可以看出，服务具有以下特性。

第一，服务的无形性。服务的无形性使得服务相对方在消费服务产品时所获得的利益很难被觉察，并且顾客很难对享受服务的感受进行准确的表达。

第二，服务的过程性。服务是服务主体生产提供以及服务相对方购买的一系列活动或过程，此过程产生的结果就是服务产品。

第三，生产过程和消费过程的同步性。服务的提供主体完成其服务的过程和顾客消费服务的过程在时空上具有同一性，两者是同时进行的。

第四，服务的不可储存性。服务的无形性、生产与消费同步性直接决定了服务具有不可储存性。

第五，服务的差异性。服务过程涉及服务提供主体、服务相对方（顾客）、服务管理者以及服务决策者，在服务领域不会存在完全一致的两种服务。

第六，顾客参与性。服务的产生依赖的是服务提供主体和服务相对方的互动，服务的核心价值也是由服务的提供主体和服务相对方共同创造的。

第七，服务的交易过程不涉及所有权的转让。服务提供主体通过履行其承诺的经济或社会契约，使服务相对方获得一种消费经历，服务相对方自始至终没有获得服务的物质所有权。

第二节　质量的含义及特性

一　质量的含义

伴随着相关理论的发展，人们对质量概念及内涵的认识也在不断地完善和深化。"质量之父"朱兰（J. M. Juran）曾从用户使用的角度为质量下过定义：质量即"适用性"，指"产品在使用时能成功地适合用户目的的程度"。质量管理专家克劳斯比（Philip B. Crosby）从生产者的角度把质量定义为"符合要求"。质量管理学家格鲁科克（J. M. Groocock）则认为质量仅仅是产品或服务的特性和特性相对于用户的一种关系，是产品或服务在营销、设计、制造、维修中各种特性的体现。

从以上可以看出，不同定义下质量的内涵基本上是一致的，一方面是指出事物的特性，另一方面是满足程度。因此，笔者将质量定义为：质量是由一组能够满足顾客和其他相关方要求的固有特性组成的，并以其与要求的匹配度为表征。

二 质量的特性

对于不同的实体，质量的内容是不同的，所以我们一般所说的质量分为有形产品的质量和无形产品的质量。

有形产品的质量主要是指为使产品能够满足要求而需具备的特性，主要包括以下方面。

第一，产品性能。产品性能指产品为满足顾客和社会的使用目的所必须具备的技术特性或理化特性，包括正常性能、效率、特殊性能等。

第二，产品寿命。产品寿命指在规定的使用环境和条件下，产品能够正常使用的期限。

第三，产品的可靠性。产品的可靠性指在满足使用条件的情况下，产品在规定时间内实现设计功能的能力。

第四，产品的安全性。产品的安全性指产品在生产、贮存、加工、流通以及使用过程中不出现因产品质量而导致人身伤亡、财产损失以及环境危害的能力。

第五，产品的经济性。产品的经济性指产品寿命周期中体现的总成本的大小，包括消费者购买产品时所付出的费用和在使用过程中所花费的成本。

第六，产品的外观。产品的外观指产品的外形、包装、感官、款式、造型、色彩等。

对于无形产品即服务而言，其质量特性一般包括服务的功能性（服务的作用与效能）、服务的经济性（服务价格的合理程度）、服务的安全性（顾客在服务过程中不受到伤害）、服务的时间性（服务的及时、省时）、服务的舒适性（反映顾客对服务的感受）和服务的文明性（涉及职业道德、社会责任感等方面）等。显然，无形产品质量的确定比有形产品要困难得多。原因在于，一方面，在多数情况下无形产品的质量是一个模糊的、难以量化的概念，不同的顾客对同一服务会产生不同的感知和评价；另一方面，顾客在服务过程中的参与性，使得服务相对方不仅会对服务最终结果的好坏进行评价，而且会对服务的过程进行评价。

质量是发展的，是永无止境的标准。因为生产力的发展、技术水平的提高、主观条件的不同以及各种因素的制约，人们会不断地对质量提出不同的要求。

第三节 服务质量的内涵及发展

一 服务质量的内涵

服务质量的概念是在有形产品质量概念的基础上发展而来的。但是，由于服务自身的特性，两者在内涵上有显著的不同。众多学者对服务质量的定义不尽相同，笔者归纳总结了比较有代表性的部分学者的观点（见表1－2）。

表1－2 部分学者关于服务质量的观点和看法

学 者	主要观点
利维（Levitt,1972）	服务质量是指服务结果能够满足所设定的服务维度
朱兰 （Juran,1974）	服务质量可以分为五部分:技术方面(服务的困难性)、心理方面(如味道)、时间导向(可靠度和持续性)、契约型(保证服务)、道德方面(服务人员的态度等)
罗圣德 （Rossander,1980）	服务业需要一个比制造业更广义的质量概念,服务质量包括人员绩效质量、设备质量、资料质量、决策质量和结果质量
罗赫巴 （Rohrbaugh,1981）	服务质量由人员质量、过程质量和结果质量三部分组成

续表

学　者	主要观点
格罗鲁斯 （Gronroos,1982）	服务质量是一个主观范畴,主要取决于顾客对服务质量的期望(期望的服务质量)同其实际感知的服务水平(体验的服务质量)的比较。他把服务质量分为"技术质量"(服务结果质量)和"功能质量"(服务过程质量)两类
PZB （1985～1988）	服务质量取决于顾客购买前期望、感知的过程质量和感知的结果质量。顾客从10个方面衡量服务质量:可靠性、响应性、胜任力、接近性、礼貌性、沟通性、信赖性、安全性、了解性和有形性。1988年10个维度被缩减为5个,即有形性、可靠性、响应性、保证性和移情性
马丁 （Martin,1986）	好的服务质量应具有下列5个特性:适用性(服务符合顾客需要)、复制能力(能提供水准一致的服务)、及时性(在最短的时间内完成服务)、最终使用者满意(顾客觉得他们所付出的代价是值得的)和符合既定的规格(有能力维持所制定的服务标准)
罗森 （Rosen,1990）	服务质量由下列要素组成:人员执行服务的质量、设备执行服务的质量、资料数据的质量、决策的质量和服务执行成果的质量
斯凡内特 （Schvaneveld,1991）	服务质量依属性可分为绩效(服务的核心功能及其达到的程度)、保证(服务过程中的正确性和响应性)、完整性(服务的多样性和附属服务)、便于使用(服务的可接近性、简单性和使用的便利性)和情绪、情境(顾客在服务功能之外所得到的愉悦和满足感)
郑秉治 （1995）	服务质量的含义应该是服务组织内部对服务质量的全方位的目标设定,包括可靠性、反应度、能力、增长、行为、交流、可信度、安全性、对消费者的了解以及有形资产
伍小秦 （1997）	服务质量特性包括功能性、经济性、安全性、时间性、舒适性5个方面
范秀成 （1999）	服务质量包含技术质量和交互质量,技术质量与格罗鲁斯提出的技术质量意思相同,交互质量指顾客与服务提供者之间的各种形式的交互
汪纯孝 （2003）	服务质量不仅包括功能质量与技术质量,还包括感情质量、关系质量、环境质量和沟通质量

通过表1-2对服务质量定义的总结,结合上一节中已经论述的无形产品即服务的质量特性,笔者认为服务质量的内涵应该包括以下几个方面。

第一,服务质量是服务相对方感知的对象,是满足人们不同需要的特征、特性的总和。

第二,服务质量是一种主观质量。顾客的主观感受是评价服务质量的主导因素,用客观方法对服务质量加以规定和衡量有一定的难度。

第三，服务质量是一种互动质量。服务质量的好坏取决于服务提供者和消费者之间的互动效果。

二　服务质量理论的发展

服务质量作为一个术语早已存在，在 20 世纪 70 年代人们就注意到服务与产品是不同的，并意识到服务质量有别于产品质量。Saeear 等人于 1978 年提出服务质量不仅涉及结果还包括服务交付过程的观点；1982 年，芬兰的格罗鲁斯教授提出了顾客感知的服务质量模型，并明确了其构成要素。同期，美国市场营销协会资助下的服务管理研究组合 PZB（Parasuraman、Zeithaml 和 Berry）对服务质量进行了更加深入的研究，在顾客评价服务质量问题上提出了"差异理论"，认为顾客所感知的服务质量高低决定了顾客对服务质量的评价，基于这种"期望—感受"差异理论，Parasuraman 等人对评价服务质量做了进一步研究，提出了"感受—期望"评价框架，建立了服务质量评价模型来评价企业的服务质量，至此服务质量理论的框架基本形成。

学者们对服务质量及相关问题进行了大量有价值的研究，大致可以分为 3 个阶段。

第一阶段（1980～1985 年）：这一阶段属于起步阶段，主要对服务管理和服务质量管理中的一些基本概念进行了界定，这个阶段的研究大多局限于单个概念，所设计的也大多是静态模型，对感知服务质量与其他要素（如顾客满意等）的相关关系研究得很少。

第二阶段（1985～1992 年）：主要是对构成服务质量的要素进行研究，特别是 1991 年 PZB 所提出的恰当服务（Adequate Service）和理想服务（Desired Service）概念，为"容忍区域"概念及其模型的提出奠定了基础。同时，PZB 还提出了服务质量差异模型（Gaps Model），并开始注重对感知服务质量的评价研究，如 SERVQUAL 评价方法的提出。

第三阶段（1992 年至今）：该阶段的研究呈现明显的深入性、系统性和整合性，而且所设计的模型也向动态化发展。例如，李亚德尔于 1995 年出版的专著《顾客感知服务质量研究中的比较标准》（*Comparison Standards in*

Perceived Service Quality）和斯特拉迪维克推出的《顾客感知服务质量"容忍区域"》（*"Tolerance Zones" in Perceived Service Quality*）都采用了全新的研究方法，提出了所谓的关系模型（Relationship Model）。他们对顾客感知服务质量、顾客感知价值、顾客满意、顾客忠诚和企业竞争力这些要素之间的关系提出了许多极具价值的观点。

三 服务质量的特点

1. 可感知性

可感知性是指服务产品的"有形部分"，如各种设施、设备以及服务人员的外表等。服务的可感知性从两个方面影响顾客对服务质量的认识：一方面，它们提供了有关服务质量本身的有形线索；另一方面，它们又直接影响顾客对服务质量的感知。

2. 可靠性

可靠性是指企业准确无误地完成所承诺的服务。许多以优质服务著称的企业都是通过可靠的服务来建立自己的声誉。可靠性的基本要求是企业应避免在服务过程中出现差错。

3. 反应性

反应性是指企业随时准备为顾客提供快捷、有效的服务。对于顾客的各种要求，企业能否及时满足表明企业的服务能力和服务观念。同时，顾客等待服务的时间是关系到顾客的感觉、顾客印象、服务企业形象以及顾客满意度的重要因素。

4. 保证性

保证性是指服务人员的友好态度与胜任工作的能力，它能增强顾客对企业服务质量的信心和安全感。

5. 理解性

理解性不是指服务人员的友好态度问题，而是指企业要真诚地关心顾客，了解他们的实际需要（甚至是私人方面的特殊要求）并予以满足，使整个服务过程富于"人情味"。

以上五点基本上对服务质量的特性进行了概括总结，使抽象的服务变成了可操作的具体变量，从而具有了管理实践的意义。这也是服务质量评估的基础。

第四节 运输服务质量的含义及特性

一 交通运输服务的定义

交通运输服务是指为了满足旅客、货主的需要，运输组织与旅客、货主之间的接触、交易，并且运送、位移旅客和货物的过程，以及运输组织内部活动产生的结果。[①] 交通运输服务质量是运输组织、人员的服务，满足旅客、货主的明确或隐含需要的能力特性的总和。

交通运输服务质量的特征指标包括以下 6 个方面。

1. 功能性

交通运输服务质量的功能性指运送旅客和货物由起运地到达目的地，以及相关的旅客候车、候船、接送、行李和货物的起运、装卸效能和作用，这是运输服务质量最基本的特征。

2. 安全性

交通运输服务质量的安全性是指在运输过程中保证旅客的生命不受到危害，身体和精神不受到伤害，以及货物数量不少、物理形态和机械性能不变，不遭受丢失和损坏的能力。

3. 时间性

交通运输服务质量的时间性是运输服务在时间上能够满足旅客、货主需要的能力。时间性有及时、准时和省时 3 个方面。它既包括及时为旅客、货主提供运输服务，又包括按照车船票和运输合同，准时出发和起运并且准时到达目的地。

---

① 章俊元、胡鸿飞：《论交通运输服务质量环及其动力机制》，《武汉交通科技大学学报》1999 年第 23 期。

4. 经济性

经济性指旅客、货主为了得到不同服务所需费用的合理程度。这里所说的费用是指在接受服务的全过程中所需的费用，即服务周期费用。

5. 舒适性

舒适性是指旅客在接受服务的过程中，在满足功能性、安全性和时间性的情况下，服务过程的舒适程度。它包括车站、码头和运输车船的服务设施和设备的完备和适用、方便和舒适，环境的整洁、美观和有秩序。

6. 文明性

文明性是旅客、货主在接受运输服务过程中满足精神需要的程度。旅客、货主期望有一个自由、亲切、友好、自然和谅解的气氛。

二 公益性运输服务

在 1995 年的《图解公共支出理论》中，萨缪尔森提出了"公共物品"的概念。萨缪尔森认为，公共服务是指每个人的消费不会影响其他人的边际成本为零的服务。一般而言，我们通过研究物品的非竞争性和非排他性来考察公共物品。沈满洪、谢慧明指出公共物品的概念有狭义和广义之分，狭义的公共物品是指纯公共物品，即具有完全的非竞争性和非排他性，这种服务较为少见，常常以国防服务为例，表明此类服务一旦生产，所有人都将受益且不会对彼此产生影响。而广义的公共物品则还包含准公共物品，或指那些具有一定的非竞争性和非排他性的物品，这类服务比较常见，公民获得的诸如医疗、交通运输等服务都在此范畴之中。

维莫尔和闻宁对准公共物品的分类见图 1 - 1。

19 世纪后半期，德国社会学派学者 Adolf Wagner 指出，公益性服务的供给属于政府的社会责任，政府财政应当予以足够的支持，这一观点使得政府的职责扩大。到了 19 世纪末期，霍布森提出了"最大社会福利"的观点。他认为，经济是导致社会政治问题的重要原因，只有把社会福利改革作为重点，才能有效缓解并消除社会问题。在这一过程中，国家需要制定福利政策，还需要财政支持相关的事业，通过就业保障、医疗保障等多种社会保

竞争性　　　　　　　　非竞争性

	竞争性	非竞争性

图表内容：

不拥挤，私人物品，可由市场供给　NW1

NW2　拥挤，拥有消费外部性的私人物品，

不拥挤，收费物品在任何正价格下都会消费不足　NE1

NE2　拥挤的收费物品，如果价格等于边际社会成本，私人供给有效

不拥挤，免费物品在零价格下，供给会超过需求　SW1

SW2　拥挤，会出现过度消费、投资不足和资金分散

拥挤，具有消费外部性的周边公共物品　SE1

SE2　不拥挤，纯公共物品，私人供给不可能实现

可排他性

不可排他性

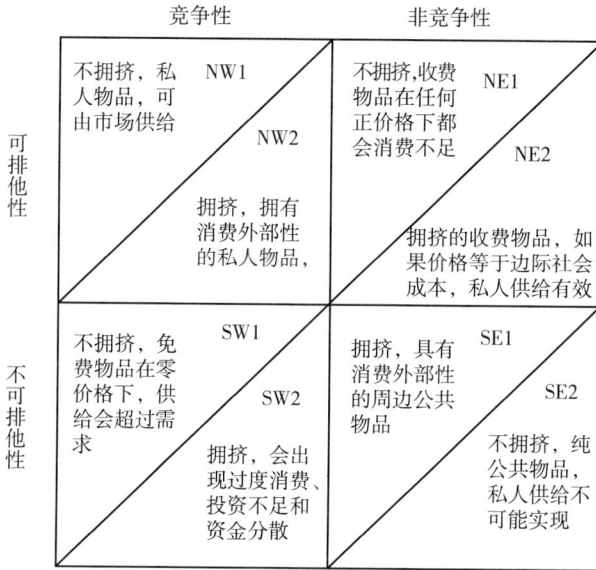

图 1-1　维莫尔和闻宁的分类

障措施，消除社会不公平问题，合理配置资源。

1920 年，庇古的著作《福利经济学》正式出版，这本书提供分析公益性服务的理论和分析框架。1954 年，萨缪尔森认为，公益性服务应该由政府提供，这样可以有效地避免市场失灵。在此之后，凯恩斯主义的经济思想成为西方经济理论的主流。西方国家的政策向干预市场倾斜，各种公益性服务的供给开始由政府管制。虽然这种模式的改变使社会福利得到了改善，但随之而来的则是较为严重的垄断问题，缺乏足够竞争的垄断服务开始滋生各种问题。服务的质量和效率极其低下，社会的不满情绪逐渐加重。20 世纪70 年代之后，西方国家反思以往的做法，转变其经营公益性服务的方式。政府的身份从公益性服务的垄断者变成了采购者，这一举措解决了大多数问题，并随着经济发展越来越成熟。

公共利益服务（Service of General Interest，SGI）。公共利益服务从属于具体的公共服务义务（Public Service Obligations，PSO）。

公共利益经济服务（Services of General Economic Interest，SGEI）。公共

利益经济服务是那些在没有政府干预的情况下不会被市场提供的、能够带来整体公众利益效果的经济活动。PSO 以委托代理的方式强加给供应商，同时遵循公众利益标准，这一标准保证服务提供商能够在履行义务的前提下提供服务。

公共利益社会服务（Social Services of General Interest，SSGI）。其中包括保障生命安全的社会保障计划和一系列其他基本服务，这些服务直接提供于起到一定防范作用和社会凝聚力或包容性作用的人。尽管一些社会服务（如法定的社会保障计划）不被欧盟法院认为是经济活动，但法院的判例明确指出这类服务的社会性不足，不能将其列为非经济活动。长期的公众利益社会服务因而涵盖经济和非经济活动两方面。

公共服务义务（Universal Service Obligation，USO）。USO 从属于 PSO，它确保某一成员国内所有的消费者和用户都能够得到某些服务。

公共服务（Public Service，PS）。公共服务这一词语出现在《欧盟运行条约》第 93 条的运输领域。然而，在这一领域之外，这一名词常常是混淆不清的。

从概念来看，SGEI 和 SSGI 从属于 SGI，即公共利益服务包含社会性质的服务和经济性质的服务，并且这两者的关系并非互斥的，具体关系见图 1-2。

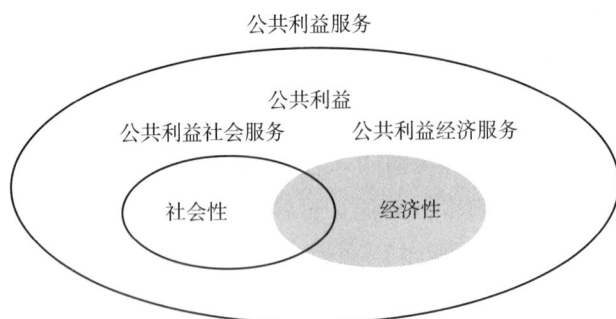

图 1-2 公益性服务概念关系

从以上内容来看，公共利益服务的概念更加丰富且具有一定的概括性，通过社会性和经济性两方面内容，对公益性服务做出了要求，却又没有限制在这一概念上。

第二章 中国交通运输服务研究框架

第一节 中国交通运输服务的多样性

一 路网可靠性

改革开放 30 多年来，国家将加快交通运输发展作为战略目标，实现了交通基础设施规模总量的快速增长。交通运输设施网络里程从 1978 年的 123.5 万公里增加到 2013 年的 879 万公里（见表 2-1）。

表 2-1 我国 5 种运输方式线路长度

单位：万公里

年份	合计	铁路	公路	内河	民航	管道
1978	123.5	5.2	89.0	13.6	14.9	0.8
1980	125.4	5.3	88.8	10.9	19.5	0.9
1985	139.5	5.5	94.2	10.9	27.7	1.2
1990	171.8	5.8	102.8	10.9	50.7	1.6
1995	247.6	6.2	115.7	11.1	112.9	1.7
2000	311.9	6.9	140.3	11.9	150.3	2.5
2005	416.6	7.5	192.5	12.3	199.9	4.4
2006	428.7	7.7	192.5	12.3	211.4	4.8
2007	456.0	7.8	196.2	12.3	234.3	5.4
2008	645.2	7.9	373.0	12.3	246.2	5.8
2009	648.4	8.5	386.1	12.4	234.5	6.9
2010	706.7	9.1	400.8	12.4	276.5	7.9
2011	789.8	9.3	410.6	12.5	349.1	8.3
2012	783.2	9.7	423.8	12.5	328.0	9.2
2013	879.0	10.3	435.6	12.6	410.6	9.9

二 铁路网络规模扩大、结构优化，为经济发展提供了基本保障

改革开放以来，国家加大了对铁路建设的投资。2013 年铁路营业里程达到 10.3 万公里，居世界第 2 位。其中复线里程 4.83 万公里，复线率达 46.8%；电气化里程 5.47 万公里，电气化率达 54.1%。目前，铁路已经覆盖了全国大部分地区和主要城市。铁路网规模进一步扩大，路网结构得到优化，运输限制明显减少，主要运输通道能力大大增强，基本打破了长期以来铁路对国民经济发展的制约。

三 公路通车里程迅猛增长，高速公路建设飞速发展，农村公路覆盖面明显扩大

改革开放 30 多年来，国家不断加强公路网的建设，公路基础设施建设迅速发展，在完善国道、省道干线公路的同时，加快高速公路和农村公路建设的步伐，整个运输网络的功能日趋完善，整体效率不断提高。30 多年来，我国公路建设投资数量之大、开工项目之多，举世瞩目。1988 年以来，国家积极推进高速公路网的建设，高速公路发展尤为迅猛。1988 年沪嘉公路建成通车，我国高速公路实现了零的突破。1988 年我国高速公路通车里程仅为 147 公里，到 1999 年突破 1 万公里，到 2002 年突破 2 万公里。高速公路的飞速发展，改变了我国的路网结构和通行条件。目前我国公路总里程、高速公路里程均居世界第 2 位。

四 港口基础设施规模明显扩大，专业化码头建设取得突破性进展

经过改革开放 30 多年的不断建设和发展，我国港口的基础设施规模明显扩大。1978～2013 年，全国主要港口生产用码头泊位数从 735 个增加到 31760 个。其中，万吨级深水泊位数从 133 个增加到 2001 个（见表 2－2）。目前我国基本形成了包括主要港口、地区性重要港口和其他一般港口三个层次的港口体系，在长三角、珠三角、环渤海、东南沿海、西南沿海五大区域

形成了规模庞大并相对集中的港口群。内河主要港口面貌也有较大改观。在长江、西江干线、长三角、珠三角地区建成了一批集装箱、大宗散货和汽车滚装等专业化泊位。30 多年来我国港口在国内外经济、贸易、科技发展的环境下，逐步发展壮大，从数量增长走向质量和效益同步发展阶段。

表 2-2　我国主要港口生产用码头泊位数

单位：个

年份	港口泊位数	其中：万吨级以上	沿海港口泊位数	其中：万吨级以上	内河港口泊位数	其中：万吨级以上
1978	735	133	311	133	424	0
1980	792	142	330	139	462	3
1985	844	189	373	173	471	16
1990	4657	312	967	284	3690	28
1995	6187	438	1263	394	4924	44
2000	32858	784	3700	651	29158	133
2005	35242	1034	4298	847	30944	186
2006	35453	1203	4511	978	30942	225
2007	35947	1337	4701	1078	31246	259
2008	31050	1416	5119	1157	25931	259
2009	31429	1554	5320	1261	26109	293
2010	31634	1661	5453	1343	26181	318
2011	31968	1762	5532	1422	26436	340
2012	31862	1886	5623	1517	26239	369
2013	31760	2001	5675	1607	26085	394

五　航空运输发展迅速，国际地位显著提高

改革开放 30 多年来，航空运输业基本建设投资规模不断扩大，尤其是 20 世纪 90 年代以来，国家不断加大对民航的投资，大力加强基础设施建设，使航空运输保障能力有了很大提高。1978 年改革开放初期，我国民航仅有 162 条短程航线、70 个机场，国际航线里程为 55342 公里。2013 年，国内登记的航线航班许可数量已占总许可数量的 88.3%，管理局管理的航线航班许可数量占 75.2%。涉及京、沪、穗三大城市的 63 条航线，每天均

拥有至少 12 个往返航班，实现了"空中快线"。同期，国内旅客运输量排在前 20 位的航线平均承运数量已达 6.35 人，该类航线的竞争程度进一步加深，以此指标与美国相比，我国该类航线的竞争度更高，形成了一个国内四通八达、干线与支线相结合以及联结世界主要国家和地区的航空运输网络。

六 管道运输事业有了较大发展，长输管道建设粗具规模

2013 年末，全国输油（气）管道里程为 9.85 万公里，是 1978 年的 11.8 倍。目前，我国已经形成了东北、华北、中原、华东和西北广大地区四通八达、输配有序的石油、天然气管网运输体系。全国 100% 的天然气、90% 以上的石油通过长输管道源源不断地输向炼油厂、化工厂及海运码头。"十二五"以来，我国的长输管道建设有了新突破，相继建成了一批长输管道，东北、华北、华东管网进一步完善。长输管道建设不仅在陆地上有所发展，而且也向海洋、沙漠延伸。

西气东输工程于 2002 年 7 月 4 日开工建设，2004 年 12 月 30 日全线供气，全长约 4000 公里。该工程是目前我国管径最大、管壁最厚、压力等级最高、技术难度最大的管道工程，创造了世界管道建设史上的高速度。它的建成和运营，开通了横贯东西的一条能源大动脉，标志着我国天然气管道建设整体水平上了一个新台阶。

第二节 中国交通运输服务的可靠性

一 时间可靠性

自 1997 年以来，我国铁路产业在铁道部主导下进行了 6 次大提速，提速这种内涵扩大再生产方式可以低成本提升铁路运输资源质量，实现重量、速度和密度的有机衔接，从而取得了良好的经济效益和社会效益。在铁路网络大规模扩充、技术装备水平迅速提高、铁路运输企业生产力布局不断调整的情况下，依托行政力量和政府信用，充分发挥政府宏观规划和提供公共物

品的职能，通过技术改造等内涵式扩大再生产方式进行铁路提速，可以有效节约交易成本，改善运输资源配置效率，为铁路运输企业市场化运营奠定良好的技术基础。

二 第一次大提速

1997 年 4 月，中国铁路实施第一次大面积提速，京广、京沪、京哈三大干线全面提速。以沈阳、北京、上海、广州、武汉等大城市为中心，开行了最高时速达 140 公里、平均旅行时速 90 公里的 40 对快速列车和 64 列夕发朝至列车，全国旅客列车平均旅行速度提升到 54.9 公里/小时。中国铁路网内允许时速超过 120 公里的线路达 1398 公里，允许时速超过 140 公里和 160 公里的线路分别延长 588 公里和 752 公里。货运方面首次开行了发到站直达、运行线全程贯通、车次全程不变、发到时间固定、以车或以箱为单位报价的"五定"货运列车，做到了双线日行 800 公里、单线日行 600 公里以上，实现了货运班列客车化和价格收费公开化，提高了直达列车比重，减少了货物列车改编作业，加快了车辆周转，提高了作业效率。

三 第二次大提速

1998 年 10 月，中国铁路第二次大面积提速。直通快速旅客列车在京广、京沪、京哈三大干线的提速区段最高时速可达 160 公里，在非提速区段的时速达到 120 公里。夕发朝至列车增加到 116 趟。广深线采用新时速摆式列车，最高时速达到 200 公里。全路旅客列车平均速度提升到 55.16 公里/小时。这两次提速对提升铁路客运竞争力有一定作用，令铁路运输在 1999 年实现扭亏为盈。

四 第三次大提速

2000 年 10 月，中国铁路第三次大面积提速。重点是亚欧大陆桥陇海线、兰新线、京九线和浙赣线。重新分类和调整了列车的等级和车次。全国铁路实行联网售票，400 多个较大车站可办理异地售票业务。全国列车平均旅行速度提升到 60.3 公里/小时。在实行第三次大提速前，特快、普快、普客列车车次并没有以字母区分，1 ~ 199 为特快，201 ~ 499 为普快，501 ~ 999 为普客，不同铁路局存在相同车次号的情况。改用字母后一段时间，经过调整，重号现象消除。

五 第四次大提速

2001 年 10 月，中国铁路实施第四次大面积提速和新的列车运行图。提速范围基本覆盖全国较大城市和大部分地区，对武昌至成都、京广线南段、京九线、浙赣线、沪杭线和哈大线进行提速。全国列车平均旅行速度提升到 61.6 公里/小时。

六 第五次大提速

2004 年 4 月，中国铁路实施第五次大面积提速。开行 19 对直达特快列车，主要范围是京沪、京哈等铁路干线，其中涉及上海铁路局的有 11 趟，包括 5 趟京沪直达列车。列车运行速度普遍提高，部分列车时速更达到 200 公里。全国列车平均旅行速度提升到 65.7 公里/小时。

货运方面，增开了最高时速达 160 公里的特快行包专列和快速行邮专列，以及冷藏、集装箱快运专列，并安排货物直达列车运行线 181 条，实现货物快捷运输。

第五次大提速后中国铁路网中时速可达 160 公里的线路里程达 7700 公里，时速可达 200 公里的线路里程达到 1960 公里。

七 第六次大提速

2007 年 4 月，中国铁路实施第六次大面积提速。在提速干线开行动车组列车，旅客列车时速可达 250 公里，全国列车平均旅行速度提升到 70.18 公里/小时。

货运方面，在既有提速干线开行时速 120 公里、载重 5000 吨货运重载列车。

自此之后，中国铁路终结了在既有线上再提速，并着眼于建设高速客运专线，使最高时速达到 350 公里。

六次大提速的实施，使铁路占地少、能耗低、污染小、成本低、运量大、速度快等比较优势得到进一步发挥，在综合交通运输体系中的骨干作用充分发挥，而这对于中国铁路实现现代化的战略意义不言而喻。中国铁路六次大提速，国内共有十多家机车车辆重点制造企业和几百家外围企业直接受益，实现了机车车辆制造水平的跨越。铁路第六次大提速，为时速 200 公里及以上动车组的开行创造了条件，为未来几年内即将建成的铁路客运专线做好了技术储备和演练，为中国经济的发展和腾飞做好预演。

八　容量可靠性

随着改革开放的不断深入和经济的发展，交通运输基础设施不断完善，旅客和货物运输量和周转量迅速增长。2013 年，全社会完成客运量 212.26 亿人次、旅客周转量 27573.40 亿人公里，分别是 1978 年的 8.27 倍和 15.8 倍；货运量 403.37 亿吨、货物周转量 164516.22 亿吨公里，是 1978 年的 16.2 倍和 16.7 倍。其中，全年全国铁路完成旅客发送量 21.06 亿人次，旅客周转量 10595.62 亿人公里；全国铁路完成货物发送量 39.61 亿吨，货物周转量 29031.61 亿吨公里。公路完成客运量、旅客周转量 185.35 亿人次和 11250.94 亿人公里，完成货运量、货物周转量 307.66 亿吨和 55738.08 亿吨公里。水运完成货运量 55.98 亿吨、货物周转量 79435.65 亿吨公里。民航完成客运量 3.5 亿人次，旅客周转量 5658.5 亿人公里，完成货运量 557.6 万吨，货物周转量 168.6 亿吨公里。随着我国港口基础设施的建设以及装卸设施、支持系统的配套，港口货物吞吐量特别是集装箱吞吐量大幅提高。2013 年港口货物吞吐量达 117.67 亿吨，比 1978 年增长近 42 倍。

九　安全可靠性

近年来，全国交通运输安全形势稳中好转，交通事故数和死亡人数呈不断下降之势（见图 2 - 1）。

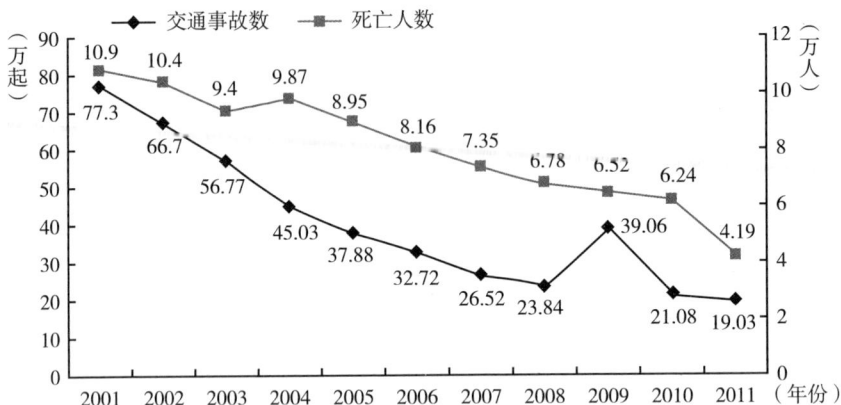

图 2 – 1　2001～2011 年交通事故数和死亡人数

第三节　中国交通运输服务的可持续性

交通运输可持续发展是在可持续发展理论背景下，基于既有运输体系存在不可持续性因素这一现实而提出的，因此，交通运输可持续发展的焦点就在于如何按照可持续性的基本要求实现交通运输与经济、社会、生态的协调发展以及交通运输部门自身的发展。由此，应该从以下 3 个方面理解可持续运输的基本内涵。

一　交通运输的经济可持续发展

交通运输系统作为社会经济系统的一个子系统，其可持续发展是社会经济可持续发展的重要组成部分。为适应社会经济可持续发展的要求，交通运输必须采取可持续发展战略。因此，交通运输的经济可持续发展包括以下两层含义。

第一，从运输与国民经济关系的角度，要求运输满足经济社会可持续发展对运输资源的需求。

第二，从运输系统内部角度，要求实现交通运输效率，即经济与财务的可持续性。

二　交通运输的社会可持续发展

运输的社会可持续性，即要充分发挥运输消除贫困以及拉动落后地区发展的功能，充分发挥运输调节与改善社会公平的作用，同时促进发展利益在社会所有成员间公平分享。实现交通运输的社会可持续发展，要由单纯追求数量扩张向注重综合效益和长期影响转变，要由满足个体需要向兼顾公众利益转变，要由单一的被动疏解向源流并重的双向控制转变。

三　交通运输的生态可持续发展

交通运输的生态可持续发展，即要求在推进交通运输系统建设与发展的同时，重视对生态环境的保护和资源的合理开发利用；在强调交通路网、河道扩张的同时，注意对交通系统的监管，保证交通运输与环境、生态保持协调与相容的关系。将运输业的发展对环境与生态的负面影响，特别是对人类生活与健康的负面影响最小化。

改革开放初期，交通运输与经济发展的不适应性日益突出，交通运输已成为国民经济发展中最薄弱的环节。由于运力不足，全国近 1/3 的加工能力处于闲置状态。旅客运输也处于全面紧张状态，"行路难"成为当时突出的社会问题。民用机场少，设施落后，飞机运力不足，买票难、乘机难的问题十分突出。在"八五"到"十一五"战略规划中，国家提出了一系列发展交通运输业的指导思想和方针政策，不断加大对交通运输建设的投资力度。1978 年，全社会完成交通运输固定资产投资额 63.6 亿元，"六五"和"七五"规划期间，年平均投资额分别为 103.0 亿元和 221.2 亿元。从"八五"规划开始，国家加大了对交通运输建设的投资力度，这一时期是我国交通运输建设和发展取得突破性进展的时期。"八五"规划期间年均完成交通运输业固定资产投资额 812.3 亿元，"九五"规划期间年均完成投资额 1997.1 亿元。"十五"以后，我国以前所未有的投资力度和建设速度年均完成交通运输业固定资产投资额 5313.6 亿元，2007 年达 12278.5 亿元，创历史新高。改革开放 30 多年来投资规模的不断扩大对加快基础设施建设起到了关键性的作用，交通运输业实现了跨越式发展。

第四节 中国交通运输服务的国际竞争力

一 中国交通运输服务的国际竞争力

交通运输行业是我国"走出去"战略的重要组成部分。多年来，我国交通运输企业通过跨国生产和跨国经营等多种方式探索交通运输装备"走出去"，其中我国铁路装备是交通运输业"走出去"的重要力量。

铁路运输常常被看作一个地区经济发展的命脉，这是因为铁路运输行业的发展不但意味着为旅客提供出行的便利，更标志着合理及充裕的物流方式与货物流量。近年来中国铁路事业的发展可谓蒸蒸日上，更加合理的售票方式，凸显实惠的票价，飞速发展的高铁建设，无一不推动着中国铁路事业走出国门、走向世界。

2014年我国铁路设备出口整体呈现快速增长态势，其中有9个月同比增速保持在20%以上。铁路轨道、机车等出口已经覆盖80多个国家和地区，无论是货物，还是技术、工程等的出口，都呈现迅猛的发展态势。我国铁路装备"走出去"正从初步的设备出口向建设、运营、维护等全产业链一体化输出模式转变。

根据测算所得，目前全球铁路市场容量为1600多亿欧元，2018年有望达到1900亿欧元，更有不少国家将高铁作为铁路发展的重点。由此可见，未来高铁将成为铁路市场重要的增长点，而中国高铁走出国门，不仅将为世界铁路事业做出重大贡献，便利当地人民的出行，同时也将促进国内经济的高速发展。

中国铁路作为国民经济的基础产业，对促进中国经济平衡发展发挥了极为重要的支撑作用，经过近些年的快速发展，中国铁路产业已经在国际市场上具备了一定的竞争优势，具有了一定的国际竞争力，为中国铁路产业在全球范围内完善市场布局、充分利用资源提供了可能。

如表2－3所示，2009～2013年，由于提前占领了亚洲市场与非洲市场，而且将市场逐渐延伸到欧洲，我国铁路产业在国际市场上的占有率飞速提升，目前基本锁定主导地位，领先德国8.4个百分点，这足以表明中国铁路产业具有很强的国际竞争力。

表2－3　铁路产业主要出口国国际市场占有率

单位：%

年份	中国	德国	法国	韩国	日本
2009	9.32	21.04	13.76	9.74	10.73
2010	12.13	22.34	12.54	8.36	9.67
2011	15.36	20.26	12.64	6.54	9.54
2012	24.26	19.43	11.76	4.31	10.42
2013	31.81	23.41	12.67	4.62	10.53

资料来源：铁路总局资料库。

中国高速铁路的规划和建设起步较晚，但凭借后发优势和"举国体制"，利用不到10年的时间即走完高速铁路强国40多年的发展历程，迅速进入全球高速铁路大国之列，其发展速度令世界震惊。

截至2014年12月26日，我国已经投入运营的高速铁路有42条，运营里程达1.49万公里，我国已经建成世界上规模最大的高速铁路网。同时，我国还储备和积累了世界上最成熟的高速铁路运营技术和最丰富的管理经验。

中国高速铁路的发展，将极大地提升中国装备制造业的国际地位，改变世界上关于中国制造低端的传统印象。因此，积极推动中国高速铁路装备"走出去"并带动中国从制造业大国向制造业强国加速转型已成为本届政府的施政思路。从2013年开始，作为中国高端制造代表的高速铁路经常成为高层领导人出访时推销的主要产品。同时，为了进一步整合国内产业资源，加快在高速铁路技术领域的创新，推动高速铁路"走出去"，从2014年10月份开始，国务院开始着手推进中国南车、中国北车合并重组，期望通过整合产业资源进一步增强我国在海外高速铁路市场的国际竞争力。

第三章　中国交通运输服务实践

自 1949 年新中国成立以来，我国交通运输业在 60 余年的发展过程中，基础设施及服务水平不断提高，取得了辉煌的成就。进入 21 世纪，在全国各个地方政府的积极努力之下，我国已经形成完善的综合交通运输系统。交通运输能力不断增强，交通运输行业的管理体制机制改革稳步推进，管理水平实现大幅提升，交通运输业为我国国民经济快速发展和多样化出行需求的满足奠定了坚实基础。

一　新中国成立以来交通运输业取得跨越式发展

新中国成立之初，我国交通运输业基础非常薄弱，运输工具以畜力车和木帆船为主。据不完全统计，新中国成立时，全国公路里程仅有 8.07 万公里，铁路里程只有 2.18 万公里，而且铁路车辆以蒸汽机车为主，内河航道里程仅 7.36 万公里，民航线路里程总计 1.13 万公里，其中小型飞机仅有 12 架，中短程航线仅开通 12 条，简易机场只有 30 多个。当时，我国的交通运输网络布局极不合理，东部沿海地区拥有全国大部分的铁路、公路，而西南、西北地区，铁路和公路基础设施极为匮乏。

新中国成立后，我国开始有计划地加大在交通运输领域的资金投入，各类交通运输方式均实现了较为迅速的发展。十一届三中全会后，随着我国经济的快速发展，薄弱的交通运输基础设施逐渐成为制约我国经济发展的最大瓶颈。交通运输系统无法支持快速的国民经济发展，成为我国面临的重大问题。在这种情况之下，党中央、国务院针对全国交通运输业的发展进行了深刻的调研分析。为了解决我国交通运输业与经济发展之间的矛盾，党的十二大提出要把能源和交通运输作为国民经济发展的重点对象，同时要求各个地方政府将解决交通运输问题列为首要任务，同时党中央、国务院和各级政府同步出台一系列政策法规，对交通运输业基础设施建设及服务发展进行大力支持，极大地促进了我国交通运输业的发展。

进入20世纪90年代，加快交通运输业发展成为我国优先发展的战略目标，在政府一系列政策和资金支持下，我国交通运输业基础设施建设取得巨大进步，交通运输能力不断加强，交通运输设施设备水平明显提升。

二 综合运输网络基本形成

新中国成立以来，我国交通基础设施设备的总量快速增加。交通运输设施网络里程，新中国成立初期为18.74万公里，改革开放初期为123.51万公里，截至2013年，已经达到878.97万公里（不含村道）。其中，2013年公路里程435.62万公里，是改革开放初期的4.89倍；铁路里程为10.31万公里，约为改革开放初期的2倍。管道输油气里程从1958年的0.02万公里增加到2008年的9.85万公里，增加了492倍。2013年规模以上港口生产用码头泊位为3.176万个，比改革开放初期增加3.1705万个。民航航线里程从新中国成立初期的1.13万公里增加到2008年的410.6万公里，民用机场2008年达到193个，比新中国成立初期增加158个。

我国交通运输行业经过不断的发展，已经形成较为完善的综合运输体系。其中，由高速公路和国省干线公路构成的"五纵七横"公路运输干线已经基本建设完成，由高铁和普通铁路构成的运输通道已经基本覆盖全国主要城市和地区，以北、上、广、深为基础城市形成的全球性航空运输网络取得较快发展，以现代化且功能齐全的港口基础设施为基础的航运系统基本形成。

新中国成立以后特别是1978年实行改革开放后，我国在铁路、公路、航空、港口等运输领域均取得较大成就。由新中国成立初期的单一运输方式转向多种运输方式综合协调发展的局面，极大地促进运输能力提升。目前，我国已经基本形成以公路为基础，以高铁及普通铁路为框架，结合现代化航空、港口运输的布局科学、发展协调、环境友好的综合型现代化交通运输体系。

第四章 中国综合交通运输服务的展望

交通运输业的健康持续发展是国民经济社会正常运行发展的基石，根据交通运输行业"十二五"规划，我国将进一步完善交通网络，继续升级现有运输设备，提高行业的运输能力与服务水平，充分发挥现代科技的作用，推进行业信息化水平建设，提高能源利用效率，致力于建设更加环保、高效的交通运输方式，提高交通运输各个环节的安全性。其中，交通运输服务目标如下。

按照规划，在营运客车方面，中高级客车占比要大于40%；在货车方面，重型车的占比不低于25%，厢式货车的数量不低于25%，特殊类专用车占比不低于10%；将内河货运船舶的标准化水平提高至50%。

扩大服务地区范围，推动联运发展，如空铁联运、江海联运、水铁联运，提高运输效率。扩大农村地区客运的覆盖范围，保证所有具备条件的乡镇和92%的建制村通客车。

提高行业运作效率。提高公路质量，保证国道平均运行速度不低于60公里/小时；升级内河港口的设备，完善相关基础设施建设；提高沿海港口的装卸货速度，平均在港时间降低15%；航班准点率要争取达到80%；物流行业货物时限达标率达85%。

提高城市公共交通的供给量。要保障300万人口以上的城市，万人公交车拥有量大于15辆，100万~300万人口的城市以及100万人口以下的城市，分别大于12辆和10辆。

基于我国经济社会发展对交通运输的巨大需求，交通运输行业的大规模建设与大发展还将持续。通过提高行业服务水平与服务质量，提升运输能力，为国民经济的发展提供保障。

一 继续加大力度，建立健全综合交通运输体系

尽管交通运输行业 30 年来在整体上得到了较大的发展，但相比于国民经济发展的需求，我国交通运输总体上表现为供给不足、发展不均衡，为进一步完善全国交通网络，优化交通网络的布局，更好地指导交通运输行业的发展，交通运输部结合我国的实际情况，于 2014 年提出"四个交通"战略，即建设综合交通、智慧交通、绿色交通和平安交通。

1. 加快发展综合交通

为了满足国家经济发展的需求，交通建设要坚持适度超前的原则，在规划和建设过程中，需要在地区之间、不同运输方式之间合理配置资源。具体来说，要从几个方面来推进：加强规划引领，科学规划交通运输体系；促进有效衔接，加快综合运输枢纽建设；完善综合运输发展的体制机制，争取到2020 年，我国的综合交通运输系统呈现"网络设施配套衔接、技术装备先进适用、运输服务安全高效、支持保障科学有力"的发展态势，为全面建成小康社会提供有力的交通运输保障。

2. 加快发展智慧交通

结合现代信息技术，提升行业的信息化水平。具体来说，有 4 个方面的内容：加快综合交通信息资源整合与利用；促进信息技术在行业监管、运行管理和服务领域的深度应用，促进物联网、移动通信、云计算以及大数据分析等新一代信息技术的发展，加快智能交通的标准化工作；抓好重大科技研发，促进科技成果转化为交通运输生产力；围绕重大工程建设，提升运输服务效率和水平，大力推进关键性技术的突破发展，加快市场、企业、科研机构相结合的技术创新平台建设。

3. 加快发展绿色交通

坚持环保理念，提高交通运输行业各个环节的能源利用效率，综合考虑经济效益、社会效益以及环境效益。具体从以下几个方面开展工作：推进绿色、循环、低碳的交通基础设施建设；推广使用环保型运输设备，提高运输设备的能耗和排放标准；建设集约高效的运输组织体系；加快绿色交通领

域的法律法规建设，建立绿色交通的监督和管控机制，研究制定"交通运输节约能源条例"等法规及配套规定；加大政策激励，大力推进区域性试点和主题性示范项目，我国已经确定了26个低碳交通运输体系建设试点城市。

4. 加快发展平安交通

把安全发展的理念融入我国交通运输的各个方面。把保障人民群众出行安全放在首位，推进安全生产长效机制建设，提高交通运输安全发展的防、管、控的能力。在加快发展平安交通方面，第一，要坚持"常""长"二字。加大对重点领域的监管力度，不留死角，不留盲区，不打折扣，不走过场。第二，开展平安交通建设试点示范工作，及时总结经验，组织经验交流，固化平安交通建设的实践经验。完善平安交通的监管和考核标准，切实加大对平安交通建设活动的考核和指导力度。总之，"四个交通"是相互关联、相辅相成的，综合交通、智慧交通、绿色交通和平安交通共同引导着我国交通运输行业的发展。

二 转变交通运输发展方式，实现可持续发展

当今世界，能源与环境保护问题日益严峻，交通运输行业有着巨大的能源需求，也会给环境带来直接和间接的影响，解决交通运输行业发展与环境保护之间的问题，已经成为不能避免的话题。"十二五"期间，交通运输行业在高速发展的同时，还要注重转变发展模式。为实现国民经济的可持续发展，交通运输行业在发展过程中应当提高能源利用效率，具体包括以下几点：实现观念的转变，在全社会范围内树立节约能源、提高资源利用效率的观念，制定并实施引导政策，积极倡导环境保护；全面发展，在加快建设交通基础设施的同时，加大对项目运行期间的各项补贴；创新发展，重视现代科技的作用，提高交通运输行业科技化与信息化水平；绿色发展，广泛运用新工艺、新材料和新能源，打造绿色交通和环境友好型交通，实现交通运输行业的可持续发展。

三　转变政府职能，提高交通运输管理水平

为适应我国交通运输发展的需求，减少各个环节的行政阻碍，提高部门之间沟通协调的效率，有必要改革现有的交通运输管理体制。首先，从长远来看，需要扩大交通运输部的权利与管理范围，实现多种运输方式（公路、铁路、水路、航空和管道）的集中统一管理。其次，从目前来看，交通运输行业需要规范发展，包括完善监管制度，提升服务水平和质量，充分发挥市场的作用，推动行业市场化改革。政府需要明确其职能，发挥监管和引导市场力量的作用。最后，要加强安全管理。交通系统的安全性直接关系到公众的生命财产安全，加强交通系统的安全防范意识，特别是要提高大容量的公共交通系统的事故预防能力和应急处理能力。

四　争取在国际交通运输领域的话语权、发展权

我国交通运输业在未来发展过程中，要借鉴国外先进的经验，加强与国外在交通领域的沟通和交流，从而使我国交通运输行业与世界同步。另外，应积极承办或参与国际交通运输行业的重要会议，参与行业规则的制定，获得国际上的话语权，为我国企业开拓海外市场营造良好的国际环境。加强国内外的学术交流，提高我国交通运输领域的学术水平，通过国内外学者的交流与合作，为交通运输领域的技术、管理、投融资等问题提供理论指导。鼓励国内交通运输企业参与国际合作，通过合作的方式掌握关键技术，提升我国在交通运输领域的国际竞争力。加强国内外的民间交流，更为广泛的民间交流与合作有利于促进我国交通运输行业的发展，也有助于提高我国在这一领域的国际地位。

五　加快交通运输人才队伍建设

重视交通运输人才的培养，具体来讲有以下 4 个方面：一是提高管理团队的整体素质，通过培训、交流、考核等方式，全面提高管理人员的管理技能和业务水平，吸引优秀人才进入交通运输系统，为行业注入新鲜血液，推

动行业创新与改革发展；二是提高基层从业人员的素质，包括设立职业资格考试制度，对从业人员的个人素质和从业水平进行严格把关，对从业人员进行再教育与再培训，不断提高其从业能力，提升交通运输行业的服务水平；三是重视交通运输人才的培养，优化高职、本科、研究生的相关专业结构设置，为本行业培养多层次的技术人才和管理人才；四是编制行业人才规划，用以指导人才输入和培训工作。

第二部分 行业运输服务篇

第五章 铁路运输服务篇

第一节 铁路运输业运行概况

铁路总公司不断投入,铁路建设速度不断加快,截至 2015 年,我国的铁路营业里程达到 12.1 万公里,已经达到世界领先水平,其中高速铁路的发展更为迅速,营业里程为 1.9 万公里,已经达到全球第一。截至 2015 年底,中西部铁路营业里程超过 9 万公里,约占全国铁路营业总里程的 74%。近年来,铁路总公司不断推动铁路市场化的进程,提出并实施了相应的客货运改革措施,达到了增运、增收的良好目标。2015 年国家铁路完成旅客发送量 25.35 亿人次,完成货运总发送量 33.58 亿吨,货运周转量 2.42 万亿吨公里。

中国铁路总公司发布的 2015 年年度财务报告显示,铁路总公司 2015 年实现税后利润 6.81 亿元,比 2014 年增长 7%,负债合计约为 4.09 万亿元,2015 年还本付息约 3385 亿元。从 2015 年情况来看,铁路总公司实现收入合计 9162.6 亿元，比 2014 年减少 7.9%。从收入结构来看，铁路总公司 2016 年第一季度和 2015 年度均出现"货运降、客运升"的态势。

一 铁路运输业实现持续较快增长

1. 铁路运输基础设施建设情况

2014 年全年共投产新线 8427 公里，其中高速铁路 5492 公里。拉日铁路、沪昆高铁长怀段、贵广高铁、兰新高铁、南广高铁等相继开通运营。全年对铁路建设的投资额突破 6600 亿元，占已完成的铁路固定资产投资额 8088 亿元的 82%。

2015 年全年共投产新线 9531 公里，其中高速铁路 4407 公里。郑焦铁路、合福高铁、哈齐高铁、吉图珲高铁、成渝高铁等相继开通运营。全国铁路完成固定资产投资额 8238 亿元。为国家"一带一路"战略服务，高铁"走出去"迈出坚定步伐，进一步推进我国与俄罗斯、蒙古、印度、泰国等其他国家的合作交流，与时俱进，开拓创新。最近几年我国铁路固定资产投资额如图 5-1 所示。

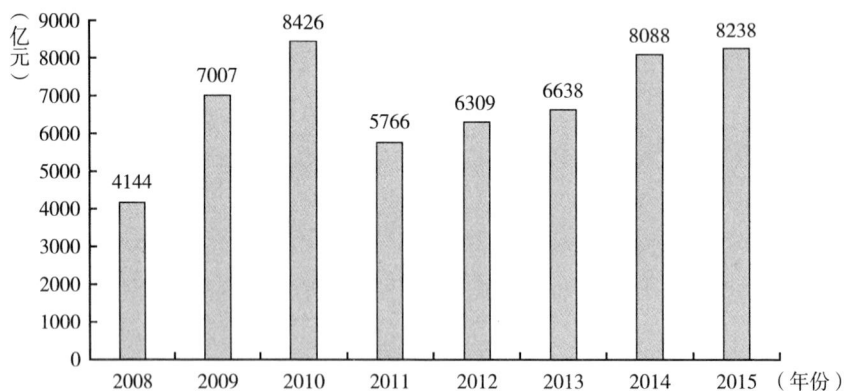

图 5-1　2008~2015 年我国铁路固定资产投资额

2. 路网规模与路网密度

随着铁路投资的加速，我国铁路路网规模不断扩大，路网密度不断提升。截至 2015 年末，全国铁路营业里程达到 12.1 万公里，其中高铁营业里程达到 1.9 万公里。路网密度为 126 公里/万平方公里，而 2014 年为 116.5 公里/万平方公里。其中，复线里程约为 6.4 万公里，比 2014 年增长 12.3%，复线率为 52.9%，比上年提高 2.1 个百分点；电气化里程为 7.4 万公里，比上年增长 13.8%，电气化率为 60.8%，比上年提高 2.5 个百分点。西部地区铁路营业里程为 4.8 万公里，比 2014 年增加 4401 公里。截至 2015 年末，全国铁路营业、复线、电气化里程如图 5 - 2 所示。

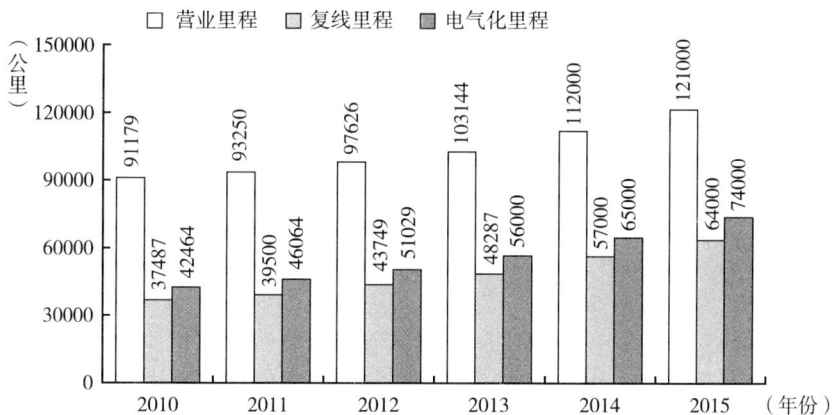

图 5 - 2　2010～2015 年全国铁路营业、复线、电气化里程

在我国高铁技术不断提升的基础上，近年来高铁建设运营取得了一定成就。截至 2015 年，高速铁路运营里程达到 1.9 万公里，占世界高铁总里程 60% 以上，近年来累计总里程变化如图 5 - 3 所示。

3. 移动装备

截至 2014 年末，全国铁路机车拥有量为 2.11 万辆，比 2013 年增加 261 辆，其中和谐型大功率机车 8423 辆，比 2013 年增加 1406 辆。内燃机车占 45%，电力机车占 55%。全国铁路客车拥有量为 6.06 万辆，比 2013 年增加 1800 辆。其中，空调车为 5.21 万辆，占 85.9%，比 2013 年提高 3.3 个百分点。"和谐号"动车组 1411 组、13696 辆，比 2013 年增加 103 组、3232 辆。全国铁路货车拥有量为 71.01 万辆。

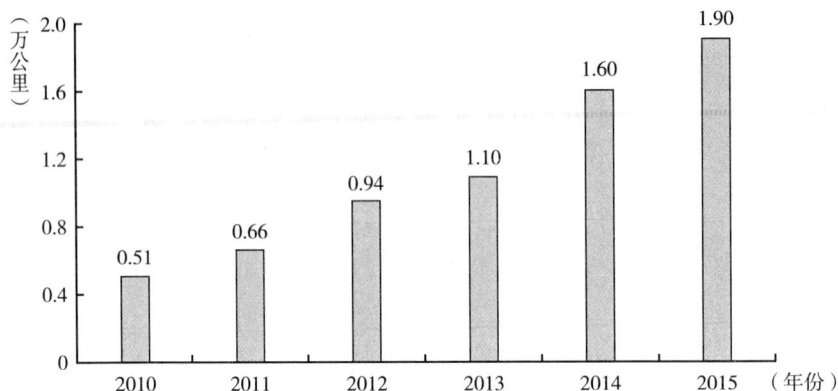

图 5 - 3 2010 ~ 2015 年全国高速铁路累计营业里程

截至 2015 年末，全国铁路机车拥有量比 2014 年减少 69 辆。其中，内燃机车占 43.2%，比 2014 年下降 1.8 个百分点；电力机车占 56.8%，比 2014 年提高 1.8 个百分点。全国铁路客车拥有量为 6.46 万辆，比 2014 年增加 0.4 万辆；动车组 1883 组、17648 辆，比 2014 年增加 472 组、3952 辆。全国铁路货车拥有量为 72.3 万辆。

4. 信息化的铁路运输

在如今信息化大发展的背景下，铁路运输业信息化是我国铁路进一步发展的重要方向。铁路信息化指的是彻底改变之前的传统产业，将铁路的各项活动如客货的营销、铁路的管理、铁路系统的内部控制等融入信息、通信等高新技术，不断改善用户的乘车体验，提高系统的可控性、安全性，将铁路运输做得更加现代化，更好地为客户服务，凸显铁路的公益性质。

我国铁路信息系统经过多年的发展，综合竞争实力大大提升。具有代表性的是列车调度指挥系统、铁路客票发售与预订系统、铁路运输管理信息系统。

（1）列车调度指挥系统。

列车调度指挥系统具备记录分析调度指挥信息、校核车次号、自动报点、统计正晚点、自动绘制运行图、下达调度命令及计划、自动生成行车日志等功能，这大大减少了人工疏忽大意造成的危险，提高了列车调度的安全性，为乘客的生命财产安全提供了保障。

（2）铁路客票发售与预订系统。

这个系统是乘客接触最为频繁的系统。该系统为解决"购票难"问题而开发，虽然该系统目前仍然存在一定的问题，但不可否认的是，其建设和运用彻底改变了手工作业方式，提高了铁路客运的经营水平和服务质量。随着信息化技术的推进，系统处于一个不断完善的阶段。

（3）铁路运输管理信息系统。

铁路运输管理信息系统实时收集列车、机车、集装箱以及所运货物的动态信息，对列车、机车、集装箱和货物进行节点式追踪管理，实现货票、确报、编组站、区段站、货运站、货运营销及调度系统的计算机管理，大大提高了铁路运输生产的效率。

专栏 5 - 1——铁路系统的网络服务日臻完善

自铁路政企分离以来，铁路改革就一直受到人们的广泛关注。中国铁路总公司响应时代的号召，采取了一系列措施，使铁路部门从一个相对垄断的部门逐渐变得公开、透明。中国铁路总公司始终将乘客的利益放在首位，不断提高服务质量，并且针对目前新媒体的不断发展，及时更新系统，将新的更好的元素加入铁路建设中去。新媒体在铁路系统的应用就是中国铁路总公司不断适应移动互联网快速发展新形势的历史见证。同时，该系统契合当下社会公众的心理和思维方式，使旅客能以最便捷的方式获得所需信息，真正为旅客带来了便利。

二 "中国铁路"新媒体服务平台正式上线

由中国铁路总公司发布的"中国铁路"新媒体服务平台正式上线，该平台涵盖其同名官方微博、官方微信、铁路 12306 手机购票客户端。今后，除了守在电脑前刷票或在冷风中排队，旅客可以随时随地通过"中国铁路"

手机客户端订购火车票，并且可以通过手机客户端退票、改签。

"中国铁路"新媒体服务平台是更好地服务社会公众的方式，是中国铁路总公司在移动互联网上发布铁路资讯的权威渠道，是服务社会公众的新入口。将旅客的服务需求进行分类，根据不同的服务需求采取不同的方式，使社会公众可以用自己最习惯、最熟悉、最便捷的新媒体方式获得所需的信息服务。

三 中国铁路客户服务中心（12306网站）上线

中国铁路客户服务中心（12306 网站）是铁路服务客户的重要窗口，客户通过登录本网站，可以查询旅客列车时刻表、票价、列车正晚点、车票余票、车票代售点、货物运价、车辆技术参数以及有关客货运规章。铁路货运大客户可以通过本网站办理业务。

1. 12306网站的发展历程

12306 网站于 2010 年 1 月开通试运行。用户在该网站可查询列车时刻、票价、余票、代售点、正晚点等信息。售票系统在北京时间每天 23：00 至次日 7：00 进入维护，在此期间不提供服务。

2011 年 1 月，我国 18 个铁路局（公司）所在地分别成立了铁路客户服务中心，并公布了服务热线。

2013 年 11 月，12306 网站新增支付宝支付通道。

2013 年 12 月，改版后的 12306 网站上线。新版网站增加了自动查询、自动提交订单、有票提醒等功能，但是并未增加之前流传的自主选座等功能。

2013 年 12 月，12306 手机客户端正式向外界开放以供下载。

2014 年 7 月，昆明铁路局尝试推行网购车票快递服务。旅客使用二代居民身份证在网站购票并且不晚于列车开车前 36 小时的，可自愿选择办理车票快递服务。服务区域内暂定每件收费 17 元，在网购火车票时与票款一并支付，每件不超过 5 张车票，且限一个地址。车票送达时，收件人凭乘车人的二代居民身份证原件（可自动识读）接收车票。

目前，12306 网站支持银行卡网上支付、银联在线支付和支付宝支付三种付款方式。

2. 12306网站面临的问题

（1）身份证验证漏洞。

2014年1月6日，发现使用假身份证可以订票。12306网站称，该网站未与公安系统联网，对身份证号信息没有审核环节。目前对身份证进行审核环节的，只有车站售票窗口、公安制证窗口和进站验票处及代售点。1月14日，国务院新闻办称，12306网站创建12306联网身份证系统。2014年3月1日，12306网站新闻办公布启用身份信息核验，未通过核验的身份信息不能完成购票。

（2）证书问题。

在新版订票页面中，中国铁路客户服务中心使用了HTTPS以加密数据，但是中国铁路客户服务中心并未采用得到广泛认可的数字证书认证机构的证书，而是采用了由自己签名的证书，证书机构的名称为"Sinorail Certification Authority"（SRCA）。当浏览器检测到其根证书库当中没有"SRCA"这个证书时，就会出于安全性的因素阻止用户访问网站。为此，12306网站要求用户手动安装根证书以便浏览器放行。此方法并非对所有浏览器有效，在使用某些浏览器时用户需要单独进行设置。另外，每个SSL数字证书都有一个密钥。一般密钥一旦失窃，正规认证机构及系统厂商就会宣布此证书无效。对于较小的认证机构，一般为证书设立一个证书吊销列表（CRL），当密钥失窃时，证书会自动被列为失效。SRCA的证书没有CRL，系统厂商也不会专门为此发布一个更新版本。因此黑客可能会利用这个密钥以SRCA的身份发放证书。一旦黑客把这个证书颁发给了一些恶意网站，安装了SRCA证书的浏览器将放行这些网站，就无法抵御由此引发的恶意攻击。为此有人在网络上提出用户在购票之后立刻将SRCA的证书设置为不受信任或者只是单独将购票页面加入浏览器信任列表的建议。当用户开始进行支付的时候（访问pay.12306.cn的时候），中国铁路客户服务中心就会向用户出示一份Verisign签发的有效证书，但是只能保证用户在支付时的安全，不能保证黑客不会利用SRCA密钥再次签发假证书进行恶意攻击。

（3）稳定性。

中国铁路客户服务中心的稳定性曾受到社会公众的抨击。虽然存在各种各样的问题，但 12306 在硬件配置上仍是目前全球性能最强的客运网上售票系统，运行效率较低的原因在于客运列车票务系统特殊的数据库结构及其数据更新方式（每买一张车票需要更新相应线路的所有车票数据）。但是，特殊的数据库结构并不是 12306 不稳定的原因，问题的实质依然是铁路客运能力在"春运"期间显得捉襟见肘，无法同时满足所有人的需求，在这种时期，"一票难求"的问题仍然存在于各普通客运列车线路以及高速型列车线路。

四　铁路运输领域政策解读

1. 铁路安全管理条例

2013 年 7 月 24 日国务院第 18 次常务会议通过《铁路安全管理条例》，自 2014 年 1 月 1 日起施行。

《铁路安全管理条例》新增 13 条铁路安全管理内容，进一步明确了政府和有关职能部门的职责，对违规获取高额铁路工程补偿款、划定铁路沿线建构物规划禁区、轻体漂浮物隐患治理等事项做出了具体规定，对全面推进铁路安全管理的法治化，更好地保障公民的人身财产安全具有重要的现实意义。

2. 铁路旅客车票实名制管理办法

2014 年 12 月，交通运输部发布《铁路旅客车票实名制管理办法》，并于 2015 年 1 月 1 日起施行。

（1）保障旅客生命财产安全，增强售票公平性。

该办法明确了铁路旅客车票实名制的内涵和适用范围，自 2012 年 1 月 1 日起，所有旅客必须凭本人有效身份证件购买车票并乘车，并对每张身份证购买车票的时间进行了详细的规定，在很大程度上抑制了"黄牛党"倒买倒卖赚取差价的行为，为维护我国的社会秩序贡献了一分力量。

（2）体现政企分开要求，加强铁路运输企业责任。

铁路运输企业的主体责任方应检查现场和操作条件，配备人员和设备应符合要求，加强对系统管理人员的培训和管理，保障系统和设备的保密性，保护乘客的身份信息和车票实名制管理信息等关键信息。此外，铁路管理部门应该加强监督检查，处理投诉报告。从企业管理方法上体现政府职能，依据依法监管的原则，促进企业开展安全生产，从而维护铁路运输的稳定可靠发展，提高铁路运输服务质量。

（3）为旅客提供多种便利。

铁路总公司发布各种新规，让广大乘客可以快速买票和进站乘车。大力推动组织管理和科学技术的创新，鼓励采用互联网、电话以及其他购票方式。同时，通过铁路运输企业官方公布的管理条例对乘客行为及车票进行管理。

3. 铁路旅客运输安全检查管理办法

2014 年 12 月，交通运输部发布《铁路旅客运输安全检查管理办法》，该办法于 2015 年 1 月 1 日起施行。

（1）加强铁路运输安全管理。

该办法把保证乘客的人身安全以及保障乘客合法权利作为铁路运输服务的重点，并完善铁路运输过程中的安检系统，根据国家铁路局会同公安部规定并发布的禁止或者限制携带物品的种类及其数量，工作人员将对乘客及其随身携带、托运的行李物品进行安全检查，确保列车的安全运行。

（2）落实铁路运输企业的主体责任。

该办法在维护铁路车站安全秩序，防止铁路旅客运输安全事故的发生，不断推进相关企业的安全主体责任，提升安全管理水平等方面进行了详细规定：铁路运输企业及相关供应商应积极进行安全防范制度的建设，制定完善的操作流程和检验标准；加强车站的安检防范和管理工作，为安全检查提供必要的场地和作业条件。

（3）落实政府监管职责。

该办法从政企分开、转变职能、依法监管角度对铁路监管部门的职责进行了详细的规定，铁路运输监管部门应积极制定相关规章制度对运输全流程进行监督和检查，大力惩处违法违规的现象和行为。同时，针对工作人员的行为管理，从职业素养方面进行了详细的规定。

4. 铁路旅客运输服务质量规范

《铁路旅客运输服务质量规范》于 2015 年 1 月 1 日起施行，涉及高铁中型及以上车站服务质量规范、高铁小型车站服务质量规范、普通大型车站服务质量规范、普通小型车站服务质量规范、动车组列车服务质量规范、空调列车服务质量规范、非空调列车服务质量规范7个部分。

第二节　铁路旅客运输服务概述

一　铁路客运运营服务概况

2014年全国铁路旅客发送量完成23.57亿人次，比上年增加2.51亿人次，增长率为11.9%；全国铁路旅客周转量完成11604.75亿人公里，比上年增加1009.13亿人公里，增长9.5%。

2015年全国铁路旅客发送量完成25.35亿人次，比上年增加1.78亿人次，增长率为7.6%；全国铁路旅客周转量完成11960.60亿人公里，比上年增加355.85亿人公里，增长3.1%。

1. 铁路旅客运输可靠性持续增强

2015年，全国铁路运输过程中，实现特别重大或重大事故零发生率，此外，较大事故发生6起，同比持平。国家铁路未发生责任较大事故。同时铁路交通事故死亡人数为1037人，减少死亡195人，10亿吨公里死亡率为0.29（见图5-4）。

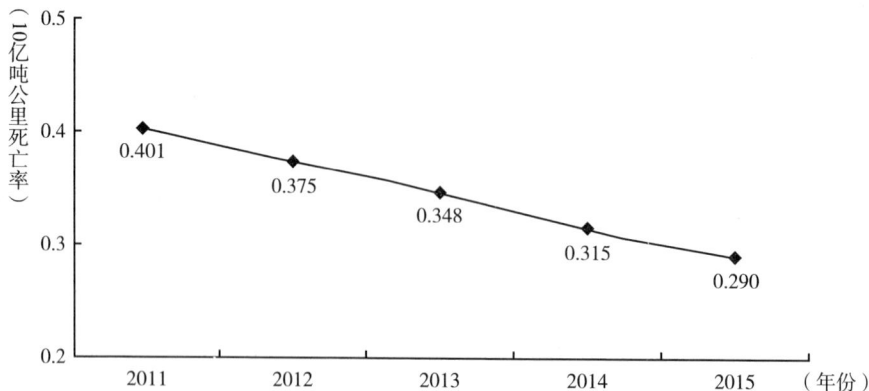

图5-4　"十二五"期间铁路交通事故10亿吨公里死亡率变化趋势

2. 高速铁路运营安全情况

截至 2014 年底，全国高铁营业里程达到 16456 公里，比上年增加 5428 公里，增长 49.2%；全年高铁发送旅客 7.03 亿人次，占总旅客发送量的 29.83%。高铁综合检测列车定期对全国高铁进行轨道检测，累计检测总里程 40.4566 万公里，优良率达到 99.99%，平均轨道质量指数（TQI）为 2.9，大大优于 5.0 的管理标准。高铁综合检测列车定期对全国高铁进行接触网检测，累计检测里程 446269 公里，各条高铁弓网接触压力、拉出值、受流参数等安全检测数据均满足相关管理标准，弓网运行质量良好。

截至 2015 年底，全国高铁营业里程达到 19762 公里，比上年增加 3306 公里；高速铁路发送旅客 9.61 亿人次，比上年增加 2.71 亿人次，增长 39.3%，占总旅客发送量的 37.9%。高铁综合检测列车定期对全国高铁进行轨道检测，累计检测总里程 856559 公里，其中 200 ~ 250 公里/小时区段平均轨道不平顺质量指数为 3.5，250 ~ 350 公里/小时区段平均轨道不平顺质量指数为 2.9，各项指标均优于管理标准。高铁综合检测列车定期对全国高铁进行接触网检测，累计检测总里程 947036 公里，各条高铁弓网接触压力、拉出值、受流参数等安全检测数据均满足相关管理标准，弓网运行质量良好。

3. 铁路旅客服务情况不断改善

继续深化客运改革，完善售票组织方式，强化车站服务措施。实现 12306 网站技术升级，推出手机购票业务，推广自动售取设备。210 个车站实现二代居民身份证刷卡进站功能。

专栏 5-2——围绕高铁的人性化服务体系逐渐成形

中国的高速铁路建设始于 2004 年，在我国不断加强高速铁路建设的基础上，我国的高速铁路已在国际上达到领先水平，我国成为拥有全世界最大规模以及最高运营速度的高速铁路网的国家。截至 2014 年，我国的铁路营业里程已超过 11 万公里，其中高铁已突破 1.5 万公里。高铁的建设如火如荼，2015 年有数千公里新线投产，高速铁路的总运营里程达 1.9 万公里，居世界首位。

近几年，随着我国"四纵四横"高速铁路网的逐步完善，如何更好地服务广大旅客逐渐成为铁路部门关注的重点。经过几年的摸索，铁路总公司已经形成一系列配套服务设施及服务规范，主要表现在以下3个方面。

（1）大运量、高密度、公交化。

凭借速度快、运能大、安全舒适等自身优势，为大众出行提供了有力的交通运输保障。另外，高速铁路开通后，发车密度不断提高，部分线路实现24小时不间断运行，极大地促进了乘客数量的提升。同时，高铁"公交化"以及城际高铁的开通，极大地方便了乘客的出行，受到广大乘客的青睐。

（2）电子化。

高铁动车提供了以电子信息技术为核心的便捷服务，网络售票、电话订票、电子支付票款等，面对高峰期高度集中访问的挑战，新推出的手机订票客户端仍然能快速高效地完成任务。为减少购票时旅客的时间成本和方便乘客随时取票，增加了全国的车站售票窗口、自助取票机以及社区代售点。同时，中国铁路总公司扩充了95105105订票电话，提供实时询问服务。

（3）信息化。

高铁动车等设备检查维修于夜间火车停运之后到黎明这段时间进行，在繁忙的工作之后，每列动车组都出综合体检报告。综合体检报告对动车中下载的数据进行分析，并与相应的标准进行比较，全面合格的方可再次行驶。例如，全国第一台高铁设备综合巡检车每月对沪宁、沪杭、宁杭三条高铁的轨道结构等相关问题进行一次巡检。由于全部都是自动化检测分析，有效避免了之前人工检查的冗杂性，检查效率提高了20多倍。该设备也大大提高了检测的精确度：检测精确度达到毫米。并且，巡检车的体检系统能够保证其时效性，在短时间内即可给出下行线设备状况良好的设备检测报告。

二　围绕高铁推出的人性化服务

2014年，铁路行业为了提升高铁的服务质量，推出了一系列人性化服务，不断增强高铁在运输行业的市场竞争力。

1. 为进军快递行业推出高铁快递业务

随着我国快递行业的不断发展，以顺丰、圆通、申通等为代表的快递公司已占据了中国快递行业的大片江山，加上互联网购物的迅猛发展，快递业在中国的前途一片光明。但从快递业的现状来看，"快递不快"已成为一种普遍现象。由于高铁本身的准时性、成本较航空运输低、不受天气影响、不受交通堵塞影响等天然优势，因此高铁是快递业追求速度最合适的运输方式。从 2014 年 4 月 1 日起，中铁快运在广州、深圳等 20 座城市陆续推出 3 项以高铁为依托的快递业务：当日达、次日达、次晨达。标志着快递行业在高铁这一交通模式变革下的新趋势，也给快递行业带来全新变化。

高铁快递服务在北京、天津、石家庄以及哈尔滨等 20 个城市试运行，极大地促进了便于运输、重要性较高的包裹的及时运送。高铁拥有速度快、可靠性高、不受天气条件变化影响的优势，并且与同类别快递相比，价格更容易让乘客接受。因此，前景一片光明。

早在 2012 年，广铁集团公司就开通了广州南至长沙南之间的快递业务，让客户提前享受了快捷、高效的快递服务。这次高铁快递试水，采用了"集散中心—站点—快递员"的城市经营网络，建立以铁路为主、与公路及航空相配合的综合运输体系，未来将可以为客户提供快捷、准时、高效的高铁快递"门到门"服务。

2014 年 9 月，中国铁路总公司宣布，高铁快递将新增青岛、成都、重庆、大连、厦门等 22 个办理城市，至此全国可办理高铁快递的城市达 45 个。

2. 高铁继续推出车票打折活动

随着运输市场竞争的日益激烈，高铁开始慢慢推行打折活动，以吸引更多的乘客。自 2013 年 7 月 10 日至 8 月 31 日，京广、京沪高铁部分动车组列车实行打折。为适应市场需求，高铁不断探索市场化方法，部分京沪、京广高铁 G 字头动车组商务座、特等座、一等座票价存在打折现象，有的甚至打到了七折。另外，最受欢迎的二等座票价也出现了打折的情况。

近年来，高铁面临激烈的航空运输竞争。在机票价格不断下降并且经常打折的趋势下，越来越多的乘客选择航空出行。京广高铁票价打折后，一等座票价与机票价格相比显现出了优势。一等座相对而言比较舒适，考虑到飞机常常晚点，部分乘客会改坐高铁出行。在折扣方面，在铁路部门所列出的90趟特惠车次中，普遍存在打八折的现象，G205次（北京南到南京南）甚至出现了打七折的现象。以G105次列车为例，打折后从北京到上海全程的商务座票价可节省近350元，一等座票价可节省近200元。

高铁首次出现打折票是一个非常好的迹象，高铁打折的幅度应更灵活一些。从已经公布的火车票打折情况看，这些打折限定条件太多，优惠列车不是发车时间太早，就是到达时间太晚。此外，在打折时间上，主要集中在周一至周四。打折的幅度要更大一些，范围要更广一些。

3. 车票预售期延长至60天

铁路总公司2014年11月宣布，自2014年12月1日起，铁路互联网售票、电话订票的预售期将逐步延长至60天而不是之前的20天。这一规定的实行被视为铁路部门便民利民、服务百姓的新举措。售票期延长，旅客的购票时间将更为充裕，同时也为广大旅客购票出行提供了更多的选择。

中国铁路高速发展，铁路运力、速度不断提升，中国已进入高铁时代。到2014年底，又有一批新线开通运营，铁路客流量不断冲击一个又一个高峰，客运压力不断加大，延长火车票的预售期，给铁路部门带来了极大的便利，其可通过对以往数据的分析来了解一段时间的旅客出行情况，为未来可能出现的问题采取有效的举措，如加开临时列车等，使运力资源的效率得到最大化的提升，尽可能满足旅客的出行需求。具体来讲，延长客票预售期主要从以下3个方面考虑。

一个是更好地方便乘客购票。近几年铁路部门为了满足旅客便捷出行的需求，积极推进客运以及货运改革，推行实名制、网络订票等服务，受到社会各界和绝大多数乘客的好评。与此同时，很多乘客希望铁路部门延长车票预订时间，从而能够提前安排旅行计划。针对这种需求，有关部门进行了全面的调查研究，认为调整相关举措是十分必要的。

二是充分利用铁路运输资源。伴随着铁路基础设施建设的不断加快和铁路网络的不断完善，不断有新建铁路开始运营，通过延长车票预订期限，相关部门可以获得早期铁路客流数据，也会有相对充裕的时间来分配铁路运输资源，这样不仅可以更好地满足旅客的出行需求，还可以将相应的资源充分运用。

三是服务质量。在高速铁路既成网络的背景下，铁路客票相对紧张的情形主要出现在春节、暑假等时间段。延长车票预订时间，乘客不仅可以提前购买旅游旺季票，还可以提前购买返程票，一次性解决问题，从而改善乘车体验。同时，该项举措的实施，还可以让乘客提前了解铁路运输能力。在春运等客运高峰的情况下，合理选择不同的交通工具，如飞机、大巴等，做出更适当的安排。

设置逐步宽裕的预售期是国际上各种交通运输方式的普遍做法：德国最大的铁路运输公司 DB 的预售期为 92 天；英国部分铁路客运公司的预售期为 3 个月；法国国家铁路公司 SNCF 是法国最大的国营公司之一，虽然各类列车的预售期不完全相同，但均提供了较长预售期，国内 TVG 及开往周边国家的列车车票预售期为 3 个月，开往英国的欧洲执行列车预售期达到 6 个月；而美国 MARK 公司，最多可提前 11 个月预订车票。此次调整预售期，是我国铁路客运服务进步、与国际接轨的具体表现，售票期延长，在春运、暑运客流高峰段，旅客可按计划一次性解决往返问题，同时，根据票务情况，在车票紧张的条件下，提早安排，合理选择其他交通工具，不至于因购票匆忙而买不到票，打破美好出行计划。为了使运力资源得到最大限度的利用，铁路总公司提前做出规划，制定了完善的退票、改签等规定。另外，铁路部门也对售票系统进行了完善，旅客在购买行程相冲突的车票时会得到提醒。

铁路部门坚持"三个出行"服务理念，市场化改革以来，不断提升管理效能，根据新形势、新要求，完善服务方式，使服务更加人性化。延长售票期是铁路部门服务民众的又一举措，为人性化服务注入了新的暖流，向民众展示了铁路部门改革的决心。

4. 推出高铁卧铺新服务

为更好地满足广大旅客的出行需求，从 2015 年元旦至春运期间，铁路部门将在北京与广州、深圳间，上海与广州、深圳间，增开 8 对夕发朝至高铁动卧列车。高铁动卧 20：00 发车，耗时 11 个小时，第二天 7 点到达，动卧分两人间和四人间，还推出了免费晚餐服务。动卧列车能保证乘客在白天正常工作，晚上的休息不受影响，给商务客人带来了福音。高铁动卧车厢比普通卧铺更加宽敞，更加舒适，同时在车厢内设置 24 小时开放的餐车。另外，为每个卧铺铺位提供热水壶、液晶电视、充电电源、车内空调、阅读灯、衣架、拖鞋以及耳机等，高铁动卧的软硬件水平已经直逼甚至超过飞机头等舱。

高铁动卧不仅能满足人们的旅游需求，还增加了乘客出行的选择机会。自高铁动卧票开始售票以来，电话订票、互联网和移动电话订票期为 30 天，车站窗口、自动购票机的预售期为 28 天。春节期间从 1 月 5 日开始售票。铁路部门在价格方面，首先尝试动态定价机制，即根据日期的特点实行浮动，乘客越早订票，价格就越便宜。除了春节的高峰期外，票价的变化不是很大。

高铁动卧是铁路部门针对市场需求创造的新产品，是在对客运旅游需求进行调研的基础上提出的，也是将一个创新的方法应用到具体实践中，让人们真正感受到铁路的发展给人们带来的好处，而且还为进一步提升铁路的人性化服务，充分利用高速铁路运力资源来满足乘客的需求提供了可能。高铁动卧在夜间进行，不仅节省乘客在白天的时间，也更适合旅客旅游、探亲。高铁动卧为乘客创造了一个安全、方便、舒适的环境，更好地满足了乘客的出行需求，同时也为广大乘客带来了愉快的旅行体验。

5. 推出燕郊至北京动车组，助力两地火车通勤

燕郊与北京一河之隔，在地理位置上，燕郊离北京市中心约 30 公里。由于市区租房成本大，大量的工作人员选择燕郊作为住处，这让燕郊成了距离北京最近的"睡城"。多年来，人们早上和晚上站在公交车站等车已经成为燕郊的一个象征。

目前，燕郊至北京站共有 4 趟列车通过，运行时间均在 35 分钟以上。其中，K7752 次和 T5688 次列车硬座车票均为 9 元。动车一等座票价 13 元，

二等座票价 10.5 元。从燕郊站到北京站，动车运行时间仅为半个小时。为了进一步方便燕郊在京工作人员往返两地而建设的绿色交通，其票价应在乘客可接受范围之内。

燕郊至北京动车组，在细节上仍然存在需要完善的地方，比如发车时间不是特别符合通勤族的实际情况。

三　各铁路局开展的个性化服务

1. 北京铁路局推出的人性化服务

（1）旅游预约服务。

北京铁路局在京沪高铁列车上推出旅游预约服务，旅客可通过电子订单预约北京旅游项目。在铁路走向市场的新形势下，北京铁路局拓展了列车旅游产品新渠道。北京客运段与中国铁道旅行社合作，率先在京沪高铁列车上推出了旅游预约便民服务项目。旅客可以通过电子订单预约由下车到景点再返程的全程旅游服务。同时，列车长可以将旅客的电子订单发到中国铁道旅行社的营销平台上。在旅客抵达北京后，中国铁道旅行社将主动及时和旅客联系，做好全程旅游服务。

（2）车票快递服务。

2014 年 9 月，北京铁路局推出车票快递服务，乘客在中国铁路客户服务中心网站买票后，可选择送货上门业务。车票快递服务由快递公司按照国家有关规定收费。每一个相同的地址，收件人不能接收超过 5 张票，同一地址接收 2~5 张票，按两张票收取快递费。北京铁路局推出火车票快递上门服务，在一定程度上是为了争抢快递这块千亿市场的大蛋糕，利用快递火车票的契机，逐步提升"铁路快递""高铁快递"的品牌知名度。

2. 天津站的"365"服务模式

天津站秉承"和谐驿站、真情相伴"八字理念，努力将真实的亲情、真挚的友情、真切的同情"三真、三情"和"真心实意、有情有义"的服务贯穿全过程，时刻为旅客提供优质的服务。

"365"服务的"3"是指无干扰服务、无障碍服务、无缝隙服务"三大目标服务"；"6"是指售票服务多样化、进站服务快速化、候车服务人性化、检票服务自助化、乘车服务有序化、出站服务便捷化"六化流程服务"；"5"是指自助、关注、情注、扶助和特助"五助特色服务"。

"三大目标服务"面向的是所有的旅客。其中，无干扰服务，就是坚持服务无形而又无处不在，旅客没有需求表现，绝不主动上前打扰；无障碍服务，即通过完备的专用服务设备和措施，给予有残障的旅客和遇到临时困难的旅客及时、必要的帮助，让旅客在车站充分感受出行的便捷；无缝隙服务，就是不断完善服务措施和办法，努力做到所有服务程序、环节无缝对接、不留空白，确保旅客组织和服务工作严密有序。

"六化流程服务"，同样面对所有的旅客，重点满足旅客在购票、进站、候车、检票、乘降和出站主要流程单元中的共性需求。比如，候车服务人性化，天津站根据车站普速、高铁同步运营的实际，实行分区候车、各区域分设服务台；设置绿色景观，美化候车环境；统一设计商业布局，健全商业网点功能；大区广播和小区广播相结合，满足旅客的各类普遍需求。

"五助特色服务"，是指满足不同旅客的个性化需求。"自助"，就是发挥高铁客站设备、设施先进的优势，鼓励旅客自取所需、自助出行，以服务知识水平和素质较高的人群为主。"关注"，就是坚持时时关心、处处注意，动态关注旅客每一时、每一点的服务需要，主动观察、超前预想、迅速反应，在旅客需要服务和帮助时，及时提供服务，此举主要是照顾自助出行能力较弱的旅客，弥补"自助"服务的不足。"情注"，就是注重服务的情感注入，适时通过广播、视频、背景音乐、宣传提示等内容，让广大旅客感受到温馨、舒适和愉悦，主要是满足旅客的视觉、听觉和感觉的个性需求。"扶助"，重点是对行动不便的旅客实行"一条龙"服务，对遇到困难的旅客提供"便民箱""爱心账号"等服务，提供有力的扶持和帮助，让有种种困难的旅客都能走得了、走得好。"特助"，主要是针对京津城际和津秦高铁开通以来外籍乘车旅客日渐增多的情况，推出特别语言服务，提升高铁客运服务质量。目前，天津站已初步构建了一套外语服务体系，实现了大小区广播双语化，并着手从高铁服务人员中选拔了多名分别具有英语、日语、韩语等语言特长的职工，成立翻译小团队，适时为外籍旅客提供特定的必要的语言服务和帮助。

3. 杭长高铁的人性化服务

杭长高铁的座位非常干净舒适，高铁列车上的一等座和二等座，椅子背部可以进行前后调整，并可以转向调整，极大地方便了同行乘客。同时，三人座中间的座位具有凹形弧度，这样，过道的空间得到扩大，方便了乘客的进出。商务座是皮质沙发椅，脚下一部分可以放平，足够成年人舒舒服服地躺着，还带有多媒体影音设备，乘坐舒适度绝对不亚于飞机头等舱。

目前杭长高铁上提供三种类型、营养搭配科学的中式套餐供乘客选择，价格分别是 15、30、40 元一份。车上还提供各种丰富的小食，包括星巴克咖啡、哈根达斯冰淇淋。

杭长高铁为旅客提供了专门的车厢作为母婴护理台，方便给小朋友换尿布、喂奶。每组座位下方都有电源插座，不用担心手机电量不足。车厢专门设置了蹲厕和坐厕，并设置了方便残障人士的扶手、紧急按钮等设施，处处彰显了人性化的服务理念。高铁还推出了针对孩子跑动的"宝宝贴"，有些爱跑动的小宝宝，乘务员会给他们贴一个纸贴，上面写着他们的座位号，根据座位号，可以迅速找到他们的家长。

4. 武广、广深高铁的人性化服务

在两条高铁运营准备期间，广铁集团就非常注重高铁服务的新内涵。百姓的生活因为高铁的到来发生了极大的变化，高铁也使社会进一步发展。高铁以不断满足旅客需求为服务理念，为了使旅客满意，广铁集团加大服务力度，增加新的硬件设施，创建一流的服务标准。

从 2011 年开始，广铁集团已投入近 5000 万元，对包括武广、广深高铁在内的所有客运设备设施进行全面检查，对车站的电梯、空调、座位、站台等进行全面检查。对车站的卫生进行彻底整治，不留死角。同时，广铁集团加大服务硬件、软件投入，动车高铁组和普快列车全部实现互联网和电话订票，且支持电子支付功能。增加售票窗口，不仅市区有售票点，而且延伸到

乡镇。

在武广、广深高铁各站完善电子设备，为乘客提供免费的轮椅、推车、急救药品，无偿地替乘客搬运行李。建立投诉处理制度，落实首问首诉负责制，为旅客提供咨询投诉服务。将客服中心、车站咨询台收集的咨询和投诉信息全部建档立案，明确责任人，明确答复期限，确保件件有登记、有回复，自觉接受社会和旅客监督。加强对保洁、物业人员的作业管理，确保候车厅、站台等场所清洁明净，为旅客提供舒适的旅行环境。

在奔驰于粤、湘、鄂之间的高速动车上，广铁集团实行"无干扰"服务，即"有需求，有服务；无需求，无干扰"。开展应需服务，无偿为乘客提供中英文服务手册、一次性纸杯、药品、充电器等。做好贴心服务，在列车上配备各种温馨提示，设置"爱心卡座"。列车广播增加沿途车站所在地城市风景名胜、旅行小知识介绍以及天气预报等。在一等车厢积极推行"人机合一"航空式服务，满足不同旅客的需求。

深圳北、广州南、长沙南等高铁车站为团体旅客提前开辟专门的安检通道。为老、弱、病、残、孕重点旅客提供专人服务，允许其提前进站。为一等座旅客设置专门候车区，并免费提供茶水、报纸、杂志等。

5. 兰新高铁配备清真餐饮

2014 年 12 月 26 日，兰新高铁正式开通。为更好地服务西北旅客，兰新高铁上配备了清真餐饮，以满足新疆、青海、甘肃少数民族旅客的饮食需求。

为了提高旅客列车餐饮服务质量，规范动车餐饮管理，切实把 CRH 动车组餐饮服务打造成高原动车的全新品牌，青藏铁路公司管辖段与疾控所一并到专业的食品配送企业进行选餐，通过防疫部门审核确定了 4 种富有地域特色的清真餐、素食餐（15 元 2 种，30 元 1 种，45 元 1 种）。

冷藏餐食温度要求为持续不高于 10℃，保存时间不超过 24 小时，供餐前可通过车载的微波炉进行加热，加热后食品中心温度不低于 70℃，以保证食品的新鲜和安全。

除提供冷藏餐外，动车组上也有专门的食品供应商供餐，经过防疫站审核，筛选了7种3个价位的清真、素食常温链餐食（45元2种，35元2种，15元3种）。同时组织了41种商品货源，其中酒水类14种，卤肉类9种，休闲类18种，最大限度地满足旅客需求。

为保证动车组供餐安全，按照食品安全卫生及防疫站要求设计建设了冷藏库和商品库，制定了相关管理制度，对动车组餐食专门印制了"CRH"专用价签，严格规范餐食配送标准，力求为旅客带来更加安全放心的人性化服务。

6. 上海铁路局推出订餐服务

2014年7月，上海铁路局推出了动车组订餐业务，乘客只要上车前提前打12306客服热线，上车时，乘务员就会把订的餐送到其面前。据统计，目前上海铁路局的动车车次并没有全部覆盖订餐业务。如有订餐意愿，乘客在购票后可以打订餐电话，告诉乘务员自己的座位号。电话订餐的类型有两种：一类是面条，另一类是套餐。套餐分为15元、30元、40元，面条分为炒面和汤面，价格都是15元。

7. 广州南站的多样化服务

目前，广州南站的商旅服务项目已经达到飞机的服务标准。提供这些服务的是广东铁青商旅公司，该公司主要承担高铁站的旅客延伸服务，致力于打造高铁沿线城市中高端品牌推广中心，提供渠道建设、时尚发布、营销拓展、品牌孵化、融资顾问、休闲娱乐等综合服务项目。自2013年10月以来，已开通广州南站、深圳北站、长沙南站3个服务网点，即将推出虎门站、福田站、拱北站、韶关站……其中在广州南站设有4个问讯台，深圳北站5个，长沙南站2个。

广州南站周边部分酒店提供高铁站往返酒店接送服务。常见于航空公司的人员接送服务，目前高铁上也有了，铁青商旅为有需要的旅客提供单点接送站服务或双点接送站服务，像老人乘坐高铁就不用家人全程陪同了。

四 国内外铁路运输服务现状分析

自英国发明第一台蒸汽机开始，铁路就成为世界各地运输的主力。对日本、法国、德国3个国家进行考察，借鉴其经验，从而提高我国铁路运输服务质量。

1. 日本铁路运输服务发展现状

日本铁路主要进行客运经营，他们秉承"以人为本"的观念，时刻关注旅客的需求动态，为旅客提供令其满意的服务，保证旅客安全、按时到达目的地。

日本铁路总的来说可以分为3类：市区内的铁路、连接市区与周边地区的市郊铁路、连接城市的城际铁路。根据几十年的经验，日本铁路客运服务有以下特点。

（1）售票方面。

日本的新干线全部实现互联网售票，在车站售票处有很多自助机，人工售票为辅助方式。通过售票机，旅客能查询所有车次的时间及运行情况，也可以了解吸烟、禁烟车厢在哪里。乘客检票进站、出站时实行自助模式。上车补票的乘客需要找到列车长，完成补票工作。客运站通过地面售票和无线售票情况，来确定列车是否超员。在日本，旅客可以在全国各个窗口购买自己要的座位、车次，也可以用互联网或者电话订票。另外，乘客也可以通过旅行社购票。

（2）站车的特色服务。

站车的特色服务包括高峰期为女性乘客准备专属车厢，每个车厢为老、弱、病、残、孕等旅客配置6个特殊座椅。普通列车上会有1~2个绿色车厢。乘务员进出车厢都要给乘客鞠躬行礼。一些铁路公司会在大站外设置外国人服务中心，使用日、英、韩、中4种语言提供服务。对于顾客丢失的东西，车站实行失物招领互联网政策，对VIP客户，车站提供免费停车服务。

车站配备专业护理人员，为特殊人群提供服务。特殊的乘客需要服务时，可通过客服中心或者电话联系车站工作人员，可获得全程接送服务。护理人员都是经过专业培训的，为旅客提供全方位的服务。同时，JR东日本公司设置客运服务中心，及时反馈乘客的意见和投诉，通过整合和分析，不断提高服务水平，为旅客打造一个完整一流的客运服务中心。所有车站服务人员，无论从事任何职位，只要乘客有需求，就尽可能去帮助乘客解决问题，让乘客心满意足。

（3）服务设施建设。

城市内会设立多个乘车大站。一般候车室都在一楼、二楼，出站口通过地下通道出来，充分节省空间。从检票口到候车大厅，设置多部电梯、各种银行ATM机，还有旅客就餐区，提供免费无线信号。旅客通过闸机检票上车时，存在站台高度差的时候，一般有自动扶梯或垂直电梯。

客运站充分考虑到残疾人的需求，除了大量的扶梯和垂直电梯以外，还专门设置了残疾人无障碍通道。设置了残疾人专用厕所和自动售票机。同时配备专业人员进行指导操作，使操作更加人性化。进出口站台处还设置了引导盲人的小鸟叫声。

各车站在设置引导标志时非常重视标识的一致性和明确性。保证旅客在看到第一块标志的时候，能够很容易地找到下一个标志，并且有明确的箭头指示。在进出站口换乘区，指向明确的引导标语。不同的车站在布局设计引导系统时，都非常在意标志的方向、统一性，标志的间隔距离一般为10米。道路两侧都有标志，标志放置明显，让旅客非常容易看到，并且可以按照提示轻易地找到方向。在旅客容易产生错误认识的关键地方设置更大的、更明显的提示显示屏，显示屏上显示旅客需要的信息，如车站最近发车情况、车站候车区域、相应的列车时刻表、车站内各个区域的信息等。车站内各个显示屏通过网络连接，达到同步性，保证在不同区域的乘客看到的信息是相同的。

（4）额外服务。

在动车车站，旅客可以自己选择座位，还可以在列车上购买各种旅行必备用品，如充电宝、旅游地图等。车站还为旅客提供各种预订服务，如预订酒店、餐厅、出租车等，在很大程度上为旅客的出行提供便利。

2. 法国铁路运输服务发展现状

欧洲高速铁路的典型代表——法国国铁的经济效益非常好，对全面的质量管理很重视。在"以人为本"思想指导下，法国国铁十分重视客运服务。

而且，法国国铁结合站车服务实践，让旅客进行评价，根据这个来衡量客运服务的质量，并对其中存在漏洞的地方进行改进。

（1）票务服务。

法国铁路客运车票的预订与发售实行代理制度。其中，车站发售的车票占80%，代售点发售的车票占20%。法国国铁购票和订票有以下5种方式：①车站窗口，旅客可在窗口购买各种列车的车票；②自动售票机，旅客可以通过自动售票机购买车票，但是，自动售票机只接受本国的信用卡和发售本国车票；③代售点，一般是旅行社及一些航空公司代售车票；④互联网，预订车票后可以凭给出的预订号码，在车站自动售票机上输入购票；⑤电话预订，旅客在家中拨打电话订票，4天前预订免费送票，4天以内凭银行卡在车站自动售票机取票。另外，法国国铁承诺列车晚点超过30分钟，按票额的30%以交通券的方式进行补偿。

（2）站车服务。

站票分离是法国铁路客运部门实行的相应政策，车站不仅承担列车到发调车作业，同时提供车站乘客服务。具体承诺主要有以下10项：①方便换乘，出入方便；②清晰明确的导向信息；③购买车票、换票和检票方便；④候车环境和卫生条件良好；⑤明显的铁路标志；⑥团体旅客、残障旅客服务良好，在发生列车延误的情况下存在中转旅客服务和问讯服务等；⑦候车条件安全安静；⑧乘坐列车舒适、整洁，各项设备处于良好的运用状态；⑨列车到发准时，尽可能减少延误；⑩安全的列车到发。

（3）附加服务。

旅客在乘坐列车时，可以随身携带没有重量限制的3件行李。此外，还有旅行陪同服务及小汽车运输租赁服务等附加服务。

3. 德国铁路运输服务发展现状

德国的铁路网络完善，为旅客提供全方位服务。旅客在旅行前、旅行中、旅行后，都能通过铁路客服得到帮助。

（1）票务服务。

德国铁路客服部为旅客提供多种车票，包括单程票、往返票、联程票。

旅客最早可以提前 2 个月购买。购票方式有如下 5 种：①人工售票口，通过计算机进行售票；②自动售票机，分为长途自动售票机和短途自动售票机；③网上购票，列车会提供一部分座位供网络订票者预订，旅客不用去专门售票处，在家里就可以在网上订购车票，同时也可以自行打印车票；④电话订票，旅客拨打订票电话，取票时可以选择自行到自动售票机取出，也可以通过邮寄的方式把票送到家里；⑤代售车票，除了客运站以外，商店或者旅行社等都有权申请车票代售业务。

（2）站车服务。

由德国铁路客运站为乘客提供的"3S"服务是指服务（Service）、安全（Sicherheit）、清洁（Sauberkeit）。"3S"监控中心全天监控行李寄存箱、电梯的状况和站内卫生，也能协调全站的生产服务工作来保证旅客的安全、服务设施的完好和站内的整洁卫生。任何有困难的乘客都可以得到"3S"系统的帮助。

通过完善的 IT 技术，德国铁路为旅客提供即时的旅行信息咨询服务，实现列车到站、离站信息实时显示，使旅客能够通过各种渠道获得出行信息。电子时刻表软件不仅能查询旅客列车，还可给出街道示意图以及换乘地铁、汽车信息。

德国铁路部门在列车上通过提供一系列服务使旅客的旅途变为一种享受，如提供报纸、杂志，在每个座位上设置音频频道。

（3）附加服务。

德国铁路部门与 Hermers 合作，为乘客提供上门托运行李服务，并为携带大量行李的旅客、带婴儿的旅客、老人提供专门的服务。所有列车都有为残障人士准备的包间，并为行动不便的旅客建立机动灵活的服务中心来实现人性化的服务目标。德国铁路客运部门联合 DB Carsharing 公司开展汽车租赁服务，保证旅客到站后不会在车站滞留。车站外还特地设有收费低廉的停车场，旅客可以在车站外租赁自行车。

4. 中国铁路运输服务发展现状

中国铁路线路分为既有线路和高速铁路线路两种。虽然近年来投资修建许多高铁线路并且已经投入运营，但是由于目前我国铁路以既有线路居多，而且既有线路的票价相对较低，因此现阶段我国铁路旅客运输以既有线路运输为主。

（1）票务方面。

目前铁路售票以车站售票为主，代理售票为辅。旅客能在车站售票窗口购票，也可以在代售点购票，还可以拨打电话订票。根据列车等级和车辆类型，我国铁路客运部门向乘客提供普通车票、快速车票、特快车票以及高铁动车组车票。每一类车票又分为硬座车票、软座车票、硬卧车票和软卧车票。目前我国铁路无论是售票还是检票都是以硬票为主，但会慢慢由硬票转化为软票（电子票）。提高铁路的整体服务水平，更方便旅客的购票和出行，提升我国铁路客运的国际水平。

（2）站车服务。

行李运输方面，以往均为人工操作，根据货物运输的距离、物品的重量、经过的站点、运输物种类等信息，对行包运输价格、搬运费、装卸费、标签费、保险价格等进行累计，算出总价格，然后手工开票，整个过程非常麻烦。通过向国外一些先进国家学习，建立现代化的管理系统，整合全部行包受理站的系统，可以清晰地了解全部运输过程，更好地服务社会，提高行包运输服务质量。

铁路安检部门规定，为了保护乘客的人身安全和财务安全，我国铁路部门在入站口设置安检设施，实行人工和机器共同检查。同时装有监控系统、火灾自动报警器和防盗系统，全方位保证国家和个人的利益不受侵害。

五　铁路运输服务质量评价

服务质量是服务满足要求的特征集合。此特征用来区别不同类别的产品或服务的概念。铁路客运服务质量是指服务能够满足规定和潜在需求的特征和特性的总和，是指服务工作能够满足被服务者需求的程度，是企业为使目标顾客满意而提供的最低服务水平，也是企业保持这一预定服务水平的连贯性程度。

1. 铁路客运服务质量的关键因素

铁路客运的服务是生产和消费同时发生的。服务是一项无形的产品，但是它和有形产品一样，有自己的质量特征。在运作过程中，客运服务部门必须保证旅客顺利到达目的地。

（1）安全。

安全是铁路部门最基本的要求，包括人的安全和物的安全。人的安全是指旅客和工作人员的人身安全，物的安全包括旅客的财产安全和铁路运输设备的安全。其中，旅客财产安全是指旅客的行李在乘车全程无损坏、无丢失，铁路运输设备安全是指各个硬件正常运行、无损坏。

（2）准确。

列车要做到准时发车，准时到达目的地。保证旅客对号入座，正确上下车，清晰明确地提醒每一站目的地，使旅客能准确无误地下车。

（3）迅速。

迅速是指缩短旅客办理业务的时间。

（4）经济。

经济是指铁路客运部门收取经济合理的价格，减少旅客在乘车过程中的费用。

（5）便捷。

通过增加售票窗口和代售点，改进旅客进出站方式，使旅客上下车、行李运输等更加方便。

（6）舒适。

完善车厢内部的设备，提升列车运行技术，尽最大努力满足旅客舒适性方面的需求，同时在服务态度上做到最好。

2. 铁路客运服务质量评价指标体系

根据铁路客运服务质量的特征（安全、准确、迅速、经济、便捷和舒适），并结合国内外在铁路客运方面的实际情况，列出了以下5个大类评价指标。

（1）可靠性。

准确提供已经答应的服务，如保证货物安全无损及时地到达目的地。

（2）响应性。

为客户提供服务，保证迅速办理。比如，减少办理手续，到货后及时通知收件人，减少提货手续，开通客户反馈意见通道，对客户的意见和建议认真听取等。

（3）保证性。

比如，工作人员对业务知识的掌握十分充分，能够为客户解答疑问。耐心地为顾客解答，使用礼貌用语，用词准确，工作态度认真。

（4）移情性。

为顾客提供个性化服务的能力。例如，了解旅客的出行需求。

（5）有形性。

有实体设施、设备、人员和传播材料。

此外，还可根据铁路旅客运输自身的特点提炼如下 3 级指标（见表5-1）。

表 5-1　铁路客运服务质量评价指标

	一级指标	二级指标	三级指标
铁路客运服务质量评价体系	供给水平	基础设施	营业里程
			增长率
		运输装备	客运机车拥有量
			增长率
		运输效率	旅客发送量、周转量
			增长率
		固定资产投资	全年完成固定资产投资额
			增长率
	旅客感知服务质量层面	有形性	购票平台设计是否合理
			向导系统完备情况
			上下车位置标示明显程度
			自助查询设备配备情况
			自动检票系统配备情况
			卫生服务设施完善情况
			车内信息报告媒介完善程度
			通信网络完善程度
			车站附近配套的公共交通网络完善程度

续表

一级指标	二级指标	三级指标
铁路客运服务质量评价体系	旅客感知服务质量层面	
	可靠性	随身财物丢失率
		准时将货物送达目的地（准时率）
		投诉率
		能够保证旅客安全（列车事故率、伤亡率）
	经济性	票价是否经济合理
	舒适性	乘务人员是否热情礼貌
		人工售票服务工作人员态度
		是否提供热水及其他
		座椅舒适程度
		车厢内服务设施卫生情况
		车厢内拥挤程度
		候车服务
	保证性	服务人员业务知识是否充足
		工作人员是否有耐心，服务用语是否标准
		工作人员是否认真负责
	响应性	投诉渠道的种类
		投诉处理的及时性
		投诉反馈结果的满意度
	移情性	对特殊乘客是否进行特别关注
		延伸服务

第三节 铁路货物运输服务概述

一 铁路货物运输运营服务概况

2015 年，全国铁路完成货运总发送量 33.58 亿吨，货运总周转量 23754.31 亿吨公里，比上年分别下降 11.9% 和 13.7%。2010～2015 年全国铁路货运（含行包）总发送量如图 5-5 所示，2010～2015 年全国铁路货运（含行包）总周转量如图 5-6 所示。

（万吨）

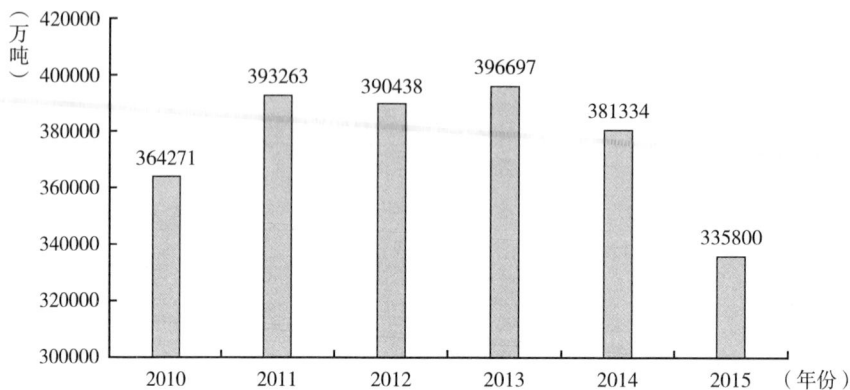

图 5 - 5　2010 ~ 2015 年全国铁路货运（含行包）总发送量

（亿吨公里）

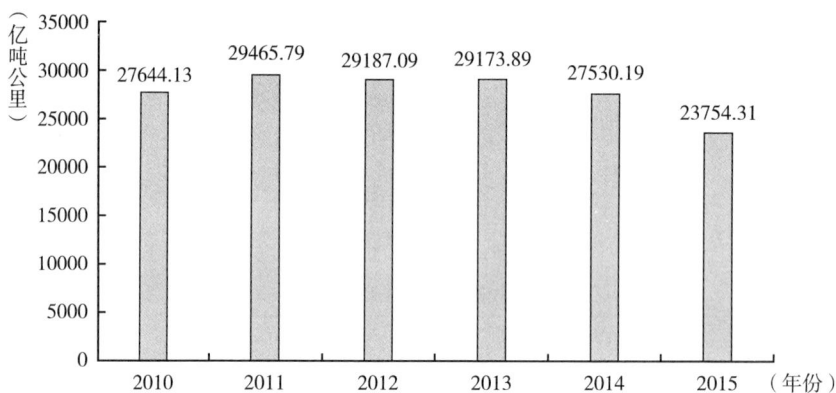

图 5 - 6　2010 ~ 2015 年全国铁路货运（含行包）总周转量

专栏 5 - 3　聚焦铁路货运改革

为进一步改进铁路服务工作，充分体现铁路体制改革的成效，铁路部门积极推进货运组织改革。2013 年 5 月，铁路总公司制定货运改革策略，开拓铁路市场，充分发挥铁路大运力、低运价、节能环保的优点，更好地服务大众，在瞬息万变的市场中应变自如，为经济发展做好基础工作。

二　首轮改革内容

2013 年 6 月，铁路总公司对铁路货运做出了调整计划。重点在于简化货物运输过程中的受理手续，实行规范化收费，全方位送货上门。

1. 改革货运受理方式

简化货物运输过程中的受理形式，让顾客能够更加便捷快速地办理手续。一是减少不必要的手续。取消客户的货运计划申报手续，对客户全面开放。二是顾客可以多种方式发货。可以拨打铁路客服电话 12306，可以拨打铁路货运受理电话，可以在铁路服务中心网点击"我要发货"，也可以叫铁路部门的服务人员上门服务。

2. 改革运输组织方式

铁路货运中心对来办理运输服务的顾客，采取随时随地受理的方式，除了国家规定的限制物品外。一是对货物运量大、货源稳定、能够提前确定运输需求的货给予运力保障。这类货物办理手续是客户与铁路公司签订运输协议，客户提前告知铁路部门运输要求，然后铁路部门将客户要求整理到月度计划表里，根据公司技术设施情况，制定运输方案。二是对其他货物，根据客户需求，随时随地受理。

3. 管理规范运输收费

一是谨慎按国家收费标准来收费，遵守法律规定，明确收费项目和标准，所收费用向公众公开。接受价格主管部门检查，同时让广大社会群众进行监督。二是建立"一口价"收费模式，对运输所产生的费用，用一张货票来解决。

4. 开展"门到门"全程物流服务

做到一条龙服务、一个部门管理、一个窗口受理、一口价收费、一套系统控制。一条龙服务是指根据客户要求，到指定地点去取货，然后经过转运，到达收货人指定地点；一个部门管理是指铁路运输部对整个业务进行统一管理；一个窗口受理是指客户所需办理的所有手续，都由一个窗口的工作人员受理；一口价收费是指明确收费标准和价格并收取所有费用；

一套系统控制是指系统收集货运的所有信息，为客户提供高效率的信息服务。

三　新一轮货运改革内容

为了更好地实现铁路的市场化，充分发挥铁路货运网络的支点作用，降低社会运输成本，铁路总公司从 2014 年 9 月开始在全国铁路体系中实施组织变革。[①] 主要内容包括以下 4 个方面。

1. 取消订车环节，进一步实现货物全面敞开受理

长久以来，铁路运输都要提前对车辆进行预订。这对铁路货物运输在过去 20 年的发展发挥了重要的作用，在一定程度上缓解了能源运输紧张的局面。进入 21 世纪，随着我国市场经济的不断发展，铁路运输部门的运输能力进一步提高，运输市场也随之变化，以前的车辆提前预订方式已经不再适应当前的经济体制。从 2012 年开始，我国以电子化形式受理客户需求，但是提前订车的问题还是存在。

新一轮货运改革就是为了实现业务受理公开化。为此，铁路部门对流程和操作页面重新进行了设计，业主只需输入一些最基本的信息如运输货物、重量（体积）、发到地、收货人或发货人、发货日期，就可以了。这种方式可以帮助业主省去多个中间环节，如订车、订舱、与铁路多个部门联系、找货运代理等。同时，基于铁路内部的运输组织方式而规定的货物重量、大小、面积等方面的限制也大大放开。

2. 开展零散货物快运业务，满足零散货物运输需求

2014 年 9 月以来，铁路总公司开展了铁路货运快递业务，在发展的前期阶段，业务量达到预期，具有广阔的发展空间。

一是构建全国范围内的铁路货运快递体系。配备 4000 多个铁路营业站，直接开放，接受零散货物。在北京至上海、广州、哈尔滨等主要运输通道开通 8 对铁路货运快速列车。全国各地距离较近的铁路局之间展开积极合作，

[①] 参考 http：//finance. sina. com. cn/chanjing/b/20141206/162921013994. shtml。

开通多列跨地区、跨路局的货运快速列车，形成了干道加支线的合理布局，解决了零散货物无法受理的问题，加速了货物的收集、装车和运输。二是零散的货运量正在上升。开通铁路零散货物运输快递业务以后，全国铁路每天的货物运输量从一开始的 1 万吨迅速增加到 6 万吨，并保持良好的增长趋势。

3. 实行完全清晰的货运"一口价"，推进铁路运价市场化

铁路零散货物运输从 2014 年 9 月开始，经过不断发展，到目前为止，形成了与市场紧密结合的货物快速运输计价估值系统，在政策规定的区间形成了公开透明的市场化价格体系。同时，在不断发展的过程中，推行新型运输费用报价方式，对全社会货物运送统一实施完全明确的价格，不断推进市场化进程。

4. 拓展铁路货运市场，开通多种班列

为适应不断发展的市场需求，从 2014 年 9 月开始，铁路总公司推出多种班列。

（1）国际班列。

在"一带一路"战略的指导下，铁路总公司开通 3 条通往欧洲的铁路货运线路，不断推进和发展国际货物联合运输业务。在东、中、西 3 条通道上开设中欧班列运行线，最高时速均达到 120 公里，日行驶里程超过 1000 公里。其中，东部通道始于东南沿海地区，经满洲里（绥芬河）出境；中部通道始于华北地区，经二连浩特出境；西部通道始于中西部，经阿拉山口（霍尔果斯）出境。自 2014 年以来，已经开通的欧洲列车总计 244 列。在 2014 年 12 月实施新版铁路运行图后，中国至欧洲的班列由原来的 7 列增加到 19 列，中国至中亚地区的班列由原来的 10 列增加到 15 列，这一改革方式使中欧、中亚之间的商业机会大大增加，为经济发展形成巨大的支撑作用。

（2）电商班列。

为促进公铁联运方式发展，降低快递能耗水平及社会物流总成本，铁路部门与电商企业合作，在北京、上海、广州、深圳等大型城市开通了 3 对高

速电商班列，运行速度为 160 公里/小时。每天的运输量达到 50 万件，与开通之前相比，效率提高了 1/5，同时列车的准点率一直保持在 98% 以上的高水平。

众所周知，电商物流一直以来都是以航空和公路为主，选择比较单一，铁路电商专列的加入，无疑进一步完善了物流网络，更能促进物流业的合理有序竞争和发展。而且，这一次开行的电商特快专列除与各快递公司进行合作外，定位也相当务实，这必将使铁路在市场化改革中更加贴近市场，为铁路进一步深化改革抢占先机。

铁路电商专列的开通，是铁路未来改革发展的必然选择。笔者希望铁路部门积极释放快递运输潜能，在增加电商专列数量的同时，妥善做好"门对门"服务，让电商专列越跑越快、越跑越好。蒸蒸日上的电商专列将成为快递中长途运输的领跑者，给广大快递消费者带来更快、更安全的快递服务。

（3）高铁行包。

为了响应物流市场需求，针对重量轻、面积小的货物，铁路总公司为全国客户提供"当日达""次晨达""次日达"服务。从发展状况来看，在高铁网络不断完善的基础上，开通高铁行包服务的城市数量不断增加。同时，由于其快速高效，高铁行包服务越来越受到客户的青睐。

（4）自驾游汽车专列。

在国家法定节假日出游的群体越来越多，这一现象也推动了铁路运送汽车的业务发展。2014 年的"十一"期间，铁路部门针对自驾游客户开通了"浙江自由行"的私家车运输列车。同样，在 APEC 会议期间，针对四川、浙江、陕西等 6 个地区的游客，开通了铁路运送专项列车。在未来的发展过程中，铁路总公司及其下属路局，将不断根据市场需求，提供更好、更便捷的汽车运输服务。

四　国外铁路货物运输服务现状分析

国际上许多国家如美国、加拿大、德国等，在铁路运输方面，均形成了一套独特的体系，面向客户组织生产和营销，在货物运输的过程中，积极引进先进的科学技术和管理手段，构建铁路运输服务框架，在以客户为导向的基础上，不断推进营销、设计和服务，并在各个方面实现高效率的运营方式。

1. 美国铁路货物运输服务现状分析

美国的货运铁路均为私营铁路，不享受政府的财政支持，经营活动由行业协会协调。美国货运铁路按年营业额分为3类，年营业额超过2.5亿美元的为Ⅰ级铁路，年营业额为0.2亿~2.49亿美元的为Ⅱ级铁路，即地区铁路，而年营业额不到0.2亿美元的为Ⅲ级铁路，即地方铁路。截至目前，美国的Ⅰ级铁路名义上有7家。

除了大宗商品运输外，美国铁路货运方式主要为联合运输，运输比重不断攀升，对美国铁路货运起着非常关键的支撑作用。运输模式是在不同的城市和地区，利用铁路运输、汽车运输相结合的方式，实现"门到门"服务。这一运输模式的收入比例在美国整个铁路运输收入中达到17%。

美国的Ⅰ级铁路都是上市公司，有资格发行出售股票，从而获取投资。同时，这些上市公司还可通过发行债券的方式筹集所需资金。美国政府不对铁路进行直接资金支持，只是每年对其进行贷款担保。

货运营销在美国铁路部门占非常重要的地位。货运营销的价格由营销部门确定，同时收集客户对货运的要求，由调度部门调整。1990年初，美国与太平洋铁路公司共同建立客服中心，将客户多种需求及运输的各种调度问题集中在一起，通过信息中心和运输作业现场的数据分析，及时满足顾客的要求，提高办事效率和市场竞争力。

2. 加拿大铁路货物运输服务现状分析

为了使企业更好地发展，加拿大铁路有专门的客户支持中心（CSC），设有客户支持部门、运输运单处理部门和运输过程管理部门，使顾客在托运过程中从始至终都能享受到服务。对货运VIP客户，会派专门业务人员为其提供服务。CSC对服务对象进行了分类，分为内部客户和外部客户。外部客户是指通过加拿大铁路公司将自己的货物进行托运并付费的客户，内部客户是指运输过程中的服务人员。对外部客户，CSC 根据客户需求提供服务；对内部客户，CSC 要给他们提供及时的数据和稳定的信息流，保证他们的正常工作。业务流程如图 5 - 7 所示。

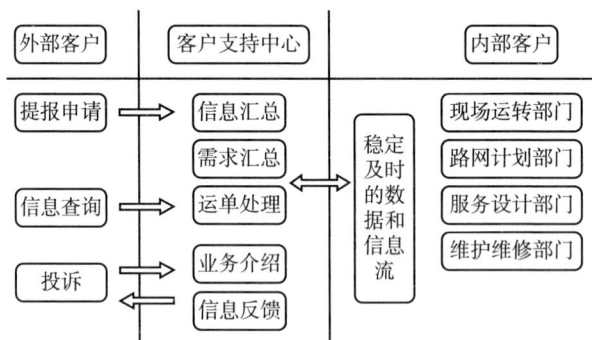

图 5 - 7　加拿大客户支持中心业务流程

3. 德国铁路货物运输服务现状分析

1991 年 1 月，德国铁路控股公司成立了自主经营的德国铁路货运公司；2001 年 6 月，德国铁路控股公司对货运公司的部门进行了重新规划，将物流部门规划成装车运输部，为各部门提供物流运输支持。2004 年 6 月，德国铁路控股公司已有 6 个运输管理公司和 15 个异地德国铁路货运中心。2006 年，物流部单独出现，形成了一种新的送货到门的运输方式，使德国铁路更好地发展。

在货物运输过程中，德国铁路控股公司对其他运输公司进行收购和兼并，用此方法取长补短，弥补货物运输发展中的缺陷。

加强货运中心的建设。为了增加铁路在货运市场的利益，德国认为要建立货运中心。经过不断发展，2008 年，德国铁路运输体系基本形成，全国范围内设立 40 个货运中心，其中有 33 个已经在运行，通过多年的发展，德国铁路发展模式不断走向成熟。

重视联运发展和货物存放地建设。典型例子为德国鲁尔工业区的哈根卷钢现代化物流仓储中心，该仓储中心从货物运输的全过程出发，为客户提供运输和配送服务，形成一整套服务体系，已成为一种现代化仓储形式。

德国铁路货运公司在杜伊斯堡建立了客服中心，具体业务流程见图5-8。

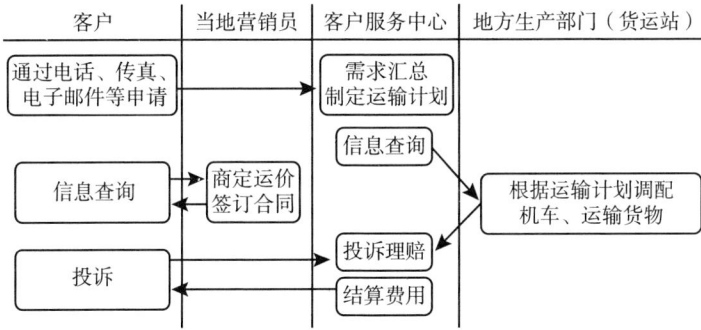

图5-8　德国铁路货运公司客户服务中心业务流程

客户服务中心实行全天候不间断服务，方便客户任何时间办理和咨询业务。客户服务中心采用高科技，通过电话、传真、电子邮件等为客户提供服务。客服中心将货物运输计划发送到各个地方的货运站，地方的货运站根据发来的信息，确定运送货物的车辆。货物送到后，与客户联系，告知客户。客服中心根据顾客订立的运输合同，定期结算费用。对危险货物和军事运输保留打印的运输单，其他普通货物全部使用电子运单。

4. 国外铁路货运服务发展特点

（1）提高货物送达速度，发展快捷运输。

最近几年，由于货主更加希望货物及时送往目的地，各国的铁路部门纷纷不断努力加快送货速度。法国铁路运输部门的运输时速从以往的120～140公里普遍提高到160公里，采用早晨发货下午到达的运输方式。列车运输模式及线路相对稳定，比如，部分铁路运输货车周一至周四双向开行，一组有20或22辆，承载量为800吨。整合列车用量为1100吨。高速邮政列车时速高达270公里，它是由高速旅客列车改造而成的。法国铁路部门积极研发新式高速运输专列，使铁路客运和货运相结合，从而使铁路运输能力得到充分利用，提高运输效率。

自 1995 年以来，德国铁路货运的最高时速可达 160 公里。德国铁路每天在全国最重要的 23 个经济中心运行 70 列联合运输直达货物列车，并对运输距离进行分类。超过 1200 公里的保证 36 小时内到达，1200 公里以内的可以在 18 小时内运达。在运输集装箱、流动货箱以及半挂车箱时，列车运行时速为 100 ~ 120 公里。

日本铁路货物运输具有不同的特点，其货物运输的列车均可实现直达，列车类型可以分为直达和集装箱两个大类。直达列车的时速最高可达 110 公里，轨道偏窄的货运列车时速最高可达 160 公里。

美国有 160 多个城市有快速货运网络，占据了整个美洲大陆。铁路在运行过程中，一些路段时速可达 125 公里，部分路段时速可达 145 公里。

（2）提倡多式联运，发展综合运输。

在欧洲和美洲的很多国家，国家运输体系非常庞大，包括铁路、公路、航空、水运等多种运输方式。在运输过程中提供一站式服务，运输费用一次性付清，发生突发状况时统一理赔，提供送货到门的便捷式服务。各种运输方式之间可以很好地配合和衔接，提高服务水平，让顾客满意，在运输市场上站稳脚跟，提高国家的综合交通运输水平。

目前法国已经拥有成熟的联合运输网络，全国有 27 个省会城市与巴黎之间开启了 134 列联合运输车。采用公路和铁路相结合的运输方式，此种方式的运输量占货运总量的 25%。大多数公路和铁路联合运输在夜间进行，时速为 120 ~ 160 公里。

德国政府对铁路联合运输的发展提供了很大的政策保障，使德国的铁路联合运输网络体系不断完善，市场成熟度不断提高。

（3）发展国际运输通道，实现区域互联互通。

经济全球化日益发展，生产要素也随之不断变化和流动。很多国家越来越重视国际铁路运输通道的问题。

从严格意义上讲，国际化运输通道存在两种完全不一样的方式，一种是在两个大陆或大洲之间的大陆桥通道，另外一种是同一板块不同国家之间通过铁路连接。比如，美国的过境运输和国内运输将为加拿大带来 40% 的收入。美国境内铁路有 9000 公里是加拿大太平洋铁路公司的。美国 10 多个州都有加拿大太平洋铁路公司的业务。由于区域内铁路相互贯通，北美的铁路运输更加方便快捷，从而能获得更大的利益。

（4）建立客户服务中心，推行货运集中化管理。

近几年，国外铁路发展的趋势和方向非常多元化，但是在铁路集中化管理这一关键领域，各国都积极开展了货物运输模式改革。具体措施包括，针对货物运输受理的地点进行重新规划并建立新的客户服务中心。同时，在国家层面的客户服务端口，引进先进的信息技术，构建市场化、网络化、集成化的客户服务平台，从而使铁路货运服务更加完善。典型例子如加拿大国家铁路客户服务中心。这一中心可以提供多样化的服务，主要的服务功能为受理并分配加拿大国内的跨境货物运输业务，能够为客户提供的运输服务包括货物运输列车的预订，预订单的受理，列车运输过程中的实时信息查询，受理并反馈客户的投诉，货物运输费用的结算，运输过程中的保险理赔以及综合运输的组织和管理服务。加拿大铁路公司在加拿大铁路运输业中占主要地位。为了使企业更好地发展，加拿大铁路公司有专门的客户支持中心，设有客户支持部门、运输运单处理部门和运输过程管理部门。

（5）整合中小货运站，建设综合物流基地。

一些发达国家通过整合中小型货运站来提高货物运输效率，以达到节约成本的目的。首先，对全国各地的铁路货运量进行分析，在关键的货物集散地建立与运输量相匹配的区域性现代化物流中心或物流园。建设配套的物流设备，针对货物的运输全过程进行监控和管理，包括货物运输、商品包装、仓库储存、货物装卸、人工搬运、信息流通以及信息化处理等，从而削减运营费用，达到集约化管理的目的。比较典型的物流园区包括建于 1985 年的德国不来梅物流园区，园区距不来梅空港 6 公里左右，占地约 200 万平方米，仓库存储面积 33 万平方米，其中铁路仓储面积 20 万平方米，且内含铁路、公路、内河港口等多种交通方式。日本东京的铁路货物站点，占地面积为 144 万平方米，其中装卸作业面积所占的比例为 6.25%，共计 10 个装卸站台，形成了一个运行成熟、效益良好的高效率铁路集装箱货物运输基地。占地面积达 312 万平方米的美国 BNSF 芝加哥物流园区，多式联运区占地约 125 万平方米。

（6）加强市场营销，改进管理理念。

国外铁路的发展都把客户的需求作为核心点，把货运营销作为工作重点。比如运输价格，美国在铁路货运方面制定了详细的规定，针对不同线路、客户、运输速度以及货物重量进行了差异化定价方式，具有非常完善的价格体系。比如成本控制，加拿大对铁路货物运输中的固定成本和可变成本进行统计计算，并形成了非常规范的成本体系。比如产品组合，综合分析国外的铁路运输发展，绝大部分国家对货运产品进行差异性开发，从而满足不同客户的需求。例如，欧洲铁路的货物运输产品是根据不同线路、运输速度等价格影响因素而设计的。

（7）提高信息技术水平，为货运服务提供有力支撑。

无论是集中化经营还是以客户为导向的营销策略，都离不开先进技术的支持。在欧美发达国家，由于物流信息技术的不断发展和应用，以电子信息和通信技术为基础构建的货物运输服务体系对铁路货运提供了巨大的帮助。先进技术的引进不仅可以使各种不同方式的联合运输绩效得到提升，还可以通过网络化的管理为客户提供实时货物运输信息，实现物流运输体系的信息化、技术化、无纸化，达到系统高效率运行的目的。同时，由于国际化综合运输的需求，先进技术的应用可以使跨国运输的货物无缝衔接，实现更大的运输效益，减少运输成本。例如，美国、德国、日本等国家均把人工智能、大数据分析等现代化信息技术应用于铁路货物运输服务的信息系统，从而使服务信息系统的功能大幅度提升，实现随时随地发布预订、申请、查询等服务信息，极大地便利了客户。

五 铁路货物运输服务质量指标体系

根据铁路货物运输服务质量的特征，并结合国内外在铁路货物运输方面的实际情况，具体的评价指标体系见表 5-2。

表 5 - 2 铁路货物运输服务质量指标

一级指标	二级指标	三级指标
供给水平	基础设施	营业里程
		增长率
	运输装备	货运机车拥有量
		增长率
	运输效率	货物发送量、周转量(港口吞吐量)
		所占比例
		平均营运速度
	固定资产投资	全年完成固定资产投资额
		增长率
顾客感知服务评价	可靠性	能够保证货物安全(列车事故率)
		准时将货物送达目的地(准时率)
		投诉率
	响应性	办理业务是否简单便捷
		货物到达目的地以后能否及时通知
		提取货物是否方便快捷
		投诉渠道如何,对投诉的应对是否及时
	保证性	服务人员的业务知识是否充足
		工作人员是否有耐心,服务用语是否标准
		工作人员是否认真负责
	移情性	能否为货主提供个性化服务(代收货款、票据抵押)
		能否将货主利益放在第一位
		了解客户的个性化运输需求
	有形性	货场货位的布局是否合理
		站点设施配置〔数量、质量(仓库装卸设备等设施是否先进)〕
		门对门服务水平
		业务平台设计是否合理
		客户能否快速获知业务办理流程和全程的物流信息
	经济性	票价设计是否合理

(一级指标最左列为「铁路货运服务质量评价体系」)

第四节　我国铁路运输服务发展趋势

一　国家加强铁路运输服务质量的监管

最近几年，铁路的基础设施建设飞速发展。铁路运输能力的发展虽然已经基本上满足国民经济发展的"量"的需求，但对其所提出的"质"的要求仍难以适应。可尝试从以下几个途径入手，加强中国铁路运输服务质量监管，提高政府监管的效率。

1. 将保持铁路基础设施投资的较快增长作为提高服务质量的物质基础

铁路运输服务是依托于网络、设施、运输工具等实体之上的一种服务，均衡合理、衔接畅通的铁路运输网络是实现优质服务的物质基础。提高铁路运输服务质量首先要继续发展和完善全国铁路网。具体表现为：一是构筑区域性铁路交通系统，加强区域内的紧密联系；二是统一规划，建设铁路的综合运输枢纽，提高区域综合交通运输系统的效率。

在新的城镇出现的同时，铁路的基础设施更加需要进一步建设。《铁路建设"十二五"规划》提出，2015 年，铁路营业里程要比以往多 2.9 万公里。

2014 年 12 月 14～20 日，国务院总理李克强访问哈萨克斯坦、泰国、塞尔维亚，将铁路发展推向国际，一部分以铁路建设为主的项目已经进入实施阶段。

2. 将科技进步作为提高服务质量的技术保障

科技进步在铁路运输中的表现：一是改进铁路基础设施和铁路运输工具，创造更加快捷的交通运输条件；二是改变交通运输的运营管理条件，进而提高管理效率。例如，运用先进的电子信息技术（包括传感器信息采集技术、信息传输技术等）将人（包括驾驶者和管理者）、运输工具、运输线路有机结合起来，成为一个运行有序的智能化的系统，极大地提高运输效率，在规避运输过程中的安全风险和消除隐患的同时，不断提升运输服务的质量。

3. 完善制度，发挥铁路运输服务人员的主观能动性

服务人员是铁路运输服务中最活跃的生产要素。在铁路运输服务中充分调动服务人员的主观能动性是提高服务质量的关键一环。要让服务人员以高度的责任心、十足的工作热情投入工作之中，前提是要在用工、薪酬、奖惩激励等制度设计方面做到科学、合理，以此来激发交通运输服务人员的主观能动性。毋庸讳言，我国交通运输服务人员的队伍建设目前还没有达到这样一种理想的状态，尚需不断的制度改革来推进和完善。

二　铁路货运部门努力提升自身服务能力和水平

1. 提升铁路信息化水平

铁路现代化的主要标志是铁路信息化。具体内容包括在运输全过程中，把先进的信息通信技术与铁路运输管理、组织和业务体系相结合，通过技术化、信息化降低铁路运输生产成本，提升铁路运输服务质量，增强安全运输可靠性，提高铁路运输生产率，改造传统产业，实现铁路运输现代化。

铁路信息化的全面提速是为了实现我国铁路现代化。通过加快铁路信息化建设，推进铁路现代化建设。当前提升运输能力和技术装备水平，都离不开铁路信息化的技术支撑。铁路信息化对铁路各生产要素起着重要的催化作用，将全面覆盖客货营销、经营管理、技术装备、运输组织等各个方面。信息化作为客运专线最主要的组成部分，充分体现了其高科技的一面。实施既有线路改造需要通信信号等先进的技术设备，推行调度集中需要信息化与之相匹配，推进机车车辆的现代化也需要先进的信息化技术来保证。铁路信息化的全面提速是我国铁路实现安全运输的重要保障。随着列车速度的快速提升、列车密度的不断加大、列车载重的日益增加，铁路信息化是确保运输安全的重要技术基础。

搞好铁路信息化，积极推进铁路信息化建设，确保铁路运输的可靠性，既能够促进安全技术装备本身的效能发挥，又能够充分发挥铁路信息系统的作用。

2. 铁路客运

（1）安全方面。

在铁路服务质量领域，保证人身安全和货物安全是排在第一位的，是其他服务质量的前提条件。从这个角度出发，铁路总公司及其下属路局应大力开展安全防护和应急措施建设，并制定相关法律法规对存在安全风险的地方进行规范，从根本上保证乘客的安全出行，为提升客运服务质量提供保障。

（2）车内卫生和环境方面。

铁路总公司的运营业务范围较广，涉及路局较多，在保障服务质量、满足乘客需求上应增加大量的人力和物力。不同线路开展不同的基本服务，有条件的路局还可以针对不同乘客的需求开展特色服务、精品服务。同时，铁路运输相关部门还可以不断扩大营销宣传，使乘客在出行期间时刻注意车内的设施，主动保持车内卫生，从而努力改善旅客的乘车环境。

（3）铁路工作人员服务方面。

近年来铁路客运服务发生了翻天覆地的变化，但并没有完全抹除残留在旅客心中的旧痕，加上一些细节问题处理不当，旅客经常误认为"铁老大"还是放不下身段。基于此种情况，铁路总公司的工作人员应该端正服务态度，依据并遵守《铁路旅客运输服务质量监督监察办法》和《铁路旅客运输服务质量标准》，同时，公司和部门层面应积极开展员工职业素养和服务水平的培训，规范铁路运输服务的考核标准，从而不断提高铁路服务质量。另外，重视模范带头作用，高层管理者应走在服务的第一线，组织工作人员进行内部沟通交流，提升特色服务质量，从而为铁路乘客提供更加完善的服务。

（4）继续改善 12306 中国铁路客户服务中心。

到 2014 年，经过不断的改进，新版 12306 网站中无内置广告，页面简洁，在使用的过程中设有隐藏不需要的车次、自动选择列车类型、自动开始刷票、过滤不可预订的车次、过滤发站不完全匹配的车次等多项选择功能，很显然，新版 12306 网站具备了"抢票"功能。

2014 年，12306 网站经历了 297 亿次的高峰日访问量，成功度过春运前售票最高峰。但是从总量看，火车票依然供给紧张，高峰期更加难买。如何让购票网站顺畅并且高速运行，保证更多出行者如愿买到票，铁路部门在服务方式与质量上仍需进一步探索。

3. 铁路货运

（1）构建多层级的铁路快捷货运网络。

根据《中长期铁路网规划（2008 年调整）》《铁路"十二五"物流发展规划》的要求，我国铁路在主要繁忙干线实行客货分线运输，构建地区性、区域性、全国性 3 个层次的铁路物流节点网络，其中区域性铁路物流节点城市 98 个，全国性铁路物流节点城市 42 个。在铁路物流节点城市建设约 300 个专业型铁路物流中心、160 个二级铁路综合物流中心、80 个一级铁路综合物流中心。通过增加铁路物流基地的物流节点和 18 个集装箱物流中心，积极提升铁路货运营销能力。以全国性的站点、货运中心和交换中心为基础建立铁路运输体系，不断提升综合物流运输效率，减少货物运输时间。此外，根据不同铁路运输市场的需求，构建完善的货物营销系统。

（2）提升快捷货运产品服务质量。

不断提升铁路的货物运输竞争力，铁路总公司应积极制定针对不同客户、不同线路以及不同产品种类的运输策略，针对普通、快速以及特快等不同运输速度的列车进行产品设计，依据市场变化对不同时效和不同价格的货运产品进行特殊设定，如高铁快运、城际列车以及固定时期开行的列车等。此外，不断推进与地区物流系统的衔接，探索双赢的合作模式，为客户提供更加便利的物流服务，从而不断丰富铁路快捷货运的产品层次，增强客户对铁路运输的依赖性。

（3）铁路货运部门通过多种合作方式实现资源优势互补。

铁路运输服务市场中货物、需求等的不断变化，不断推进我国铁路货运列车及相关设备的关键技术突破，不断推出更加现代化的运输设施变得尤为重要。同时，应对铁路货运中的运输产品进行整合，有效利用现有铁路的运输能力，从而使铁路运输的组织方式更加科学合理。此外，实现多种运输方式有效衔接，促进"门到门"运输，不断吸取国外铁路货物运输服务的先进经验，为我国现代化铁路货物运输提供有力支撑。

（4）充分发挥多式联运的优势。

我国交通运输行业多式联运经过多年的发展，形成公路、铁路、航空以及水运紧密结合的完善运输服务体系。多式联运需要科学的顶层组织和管理制度，应积极探索基础设施建设、运输通道的衔接、物流资源的整合、结算体系的统一化以及信息资源共享等领域的变革，从而实现我国多式联运的服务标准化、网络化，保证运输体系高效率运行。同时，铁路作为交通运输领域的重要组成部分，运量大、经济环保、网络化布局以及安全可靠的特点使其成为多式联运中的主要力量。

第六章　公路运输服务篇

第一节　公路运输业运行概况

一　公路运输业实现持续快速增长

1. 公路运输基础设施建设情况

2015 全年完成公路建设投资 16513 亿元，比上年增长 6.8%（见图 6 - 1）。其中，高速公路建设完成投资 7949.97 亿元，增长 1.7%。普通国省道建设完成投资 5336.07 亿元，增长 15.7%。农村公路建设完成投资 3227.27 亿元，增长 6.5%，新改建农村公路 25.28 万公里。纳入《集中连片特困地区交通建设扶贫规划纲要（2011~2020）》的 505 个贫困县完成公路建设投资 3474.72 亿元，增长 0.9%，占全国公路建设投资的 21.0%。

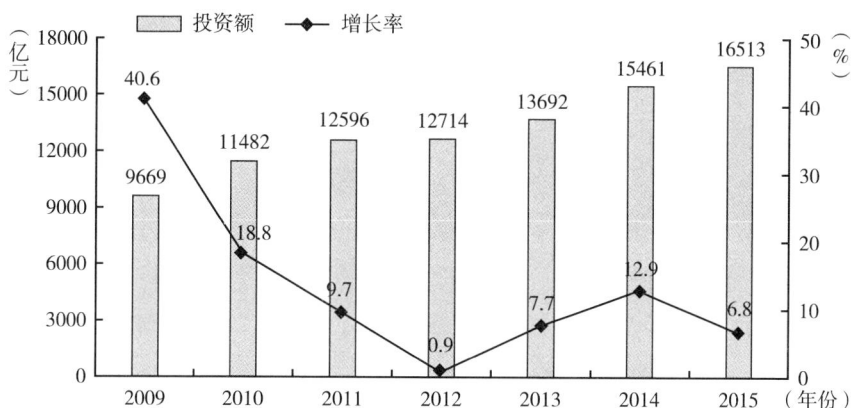

图 6 - 1　2009~2015 年公路建设投资额及增长速度

2. 公路通车里程建设情况

公路通车里程进一步增长，技术质量明显提升。截至 2015 年末，全国公路总里程 457.7 万公里，比上年末增加 11.3 万公里（见图 6－2）。公路密度 47.7 公里/百平方公里，提高 1.2 公里/百平方公里。公路养护里程 446.6 万公里，占公路总里程的 97.6%。

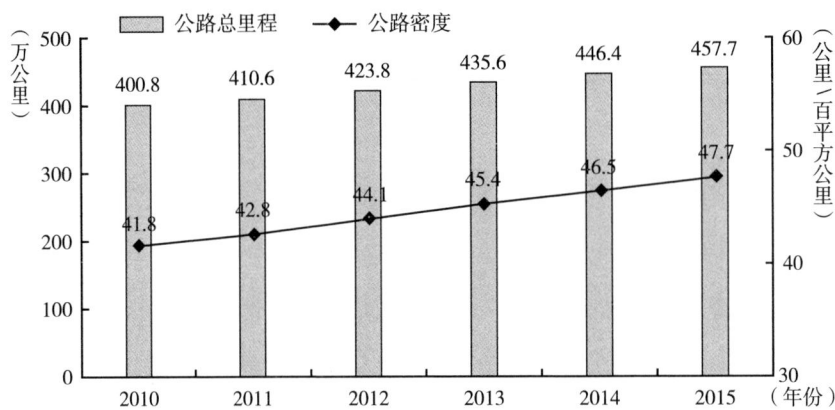

图 6－2　2010～2015 年全国公路总里程及公路密度

2015 年，全国等级公路里程 404.63 万公里（见图 6－3），比上年末增加 14.55 万公里。等级公路占公路总里程的 88.4%，提高 1.0 个百分点。其中，二级及以上公路里程 57.49 万公里，增加 2.92 万公里，占公路总里程的 12.6%，提高 0.3 个百分点。

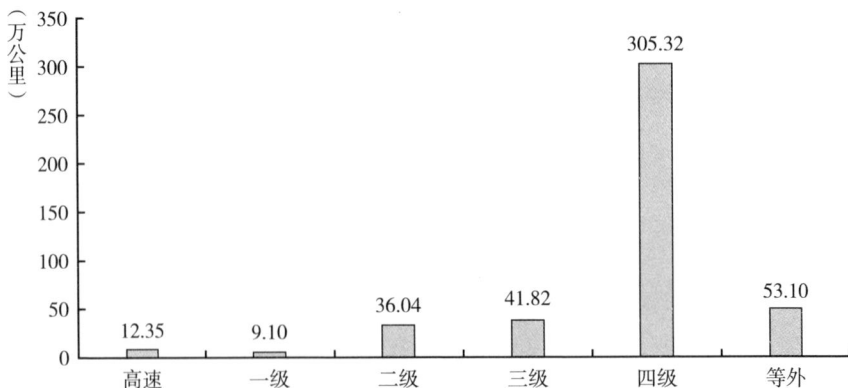

图 6－3　2015 年全国各技术等级公路里程构成

2015 年，各行政等级公路里程分别为：国道 18.53 万公里（其中普通国道 10.58 万公里）、省道 32.97 万公里、县道 55.43 万公里、乡道 111.32 万公里、专用公路 8.17 万公里，比上年末分别增加 0.61 万公里、0.69 万公里、0.23 万公里、0.81 万公里和 0.14 万公里。全国高速公路里程 12.35 万公里，比上年末增加 1.16 万公里（见图 6-4）。其中，国家高速公路 7.96 万公里，增加 0.65 万公里。全国高速公路车道里程 54.84 万公里，比上年增加 5.28 万公里。

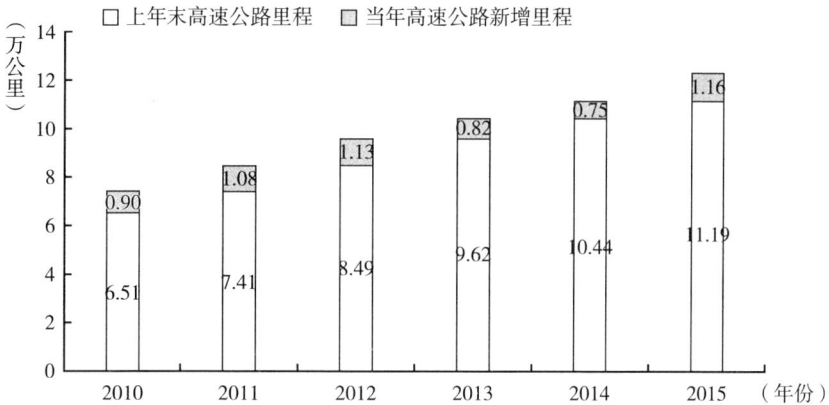

图 6-4　2010～2015 年全国高速公路里程

2015 年，全国农村公路（含县道、乡道、村道）里程 398.06 万公里，比上年末增加 9.90 万公里，其中村道 231.31 万公里，增加 8.85 万公里。2015年全国农村公路里程构成见图 6-5。全国通公路的乡（镇）占全国乡（镇）总数的 99.99%，其中通硬化路面的乡（镇）占全国乡（镇）总数的 98.62%，比上年末提高 0.53 个百分点。通公路的建制村占全国建制村总数的 99.87%，其中通硬化路面的建制村占全国建制村总数的 94.45%，提高 2.68 个百分点。

2015 年，全国公路桥梁 77.92 万座、4592.77 万米，比上年末增加 2.20 万座、334.88 万米。其中，特大桥梁 3894 座、690.42 万米，大桥 79512 座、2060.85 万米。全国公路隧道为 14006 处、1268.39 万米，增加 1602 处、192.72 万米。其中，特长隧道 744 处、329.98 万米，长隧道 3138 处、537.68 万米。

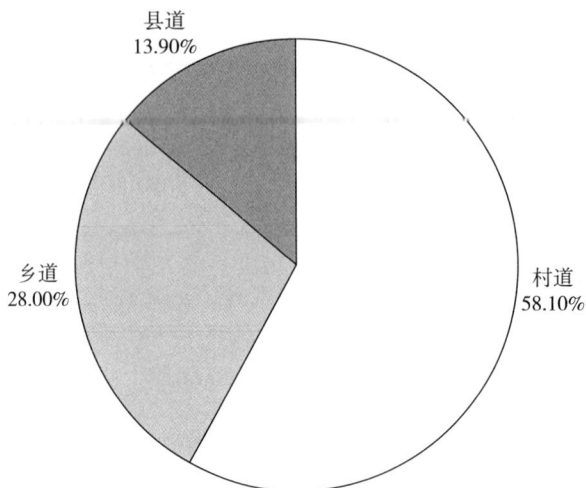

图 6 - 5 2015 年全国农村公路里程构成

2014 年，我国公路交通系统稳步推进安全生产标准化和制度化建设，安全生产形势稳中向好。公路交通安全生产事故防控取得了不错的效果，道路客运重特大事故大幅减少，特别重大道路客运事故达到"零控制"目标，没有出现死亡 10 人及以上的重特大事故，为全国安全生产形势的持续稳定好转做出了积极的贡献。1996～2013 年一次死亡 10 人以上道路交通事故变化情况如图 6 - 6 所示。

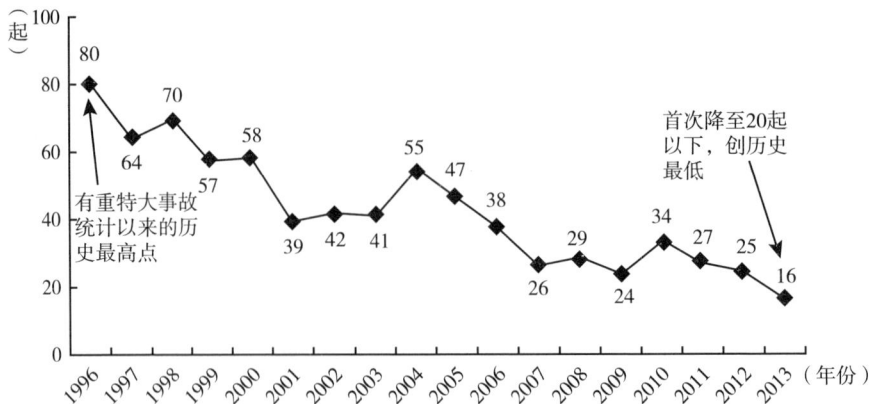

图 6 - 6 1996～2013 年一次死亡 10 人以上道路交通事故变化情况

二　公路运输领域政策解读

2012 年 7 月，国务院出台《重大节假日免收小型客车通行费实施方案》。该方案实施后，7 座及 7 座以下的载客车辆（包含允许行驶的摩托车），可在我国法定节假日及其连休日，如春节、清明节、端午节、国庆节等期间，在高速公路免费通行。免费通行的收费公路为符合《公路法》和《收费公路管理条例》规定，经依法批准设置的收费公路（含收费桥梁和隧道）。该方案的实行能够使整体公路管理效果和服务质量得到提升，车辆行驶与居民出行更加便捷。

2012 年 12 月，交通运输部发布《危险货物道路运输管理规定》，该规定自次年 7 月 1 日起实施，包括专职安全管理人员制度，剧毒化学品、爆炸品道路运输从业人员考试制度，危险货物道路运输豁免制度，以及举报制度和事故报告制度等制度建设内容，强化了危险品的货运安全问题，有利于服务质量的提升。

2013 年 1 月，公安部颁布《机动车驾驶证申领和使用规定》《公安部关于〈机动车登记规定〉修改的决定》。通过实施新规，提升了汽车驾驶人的技能，有利于从根本上提高客货运的安全水平。

2013 年 9 月，随着我国经济的不断发展，为了满足群众对运输服务的需求，同时为了提高运输服务水平，交通运输部颁布了关于改进交通运输服务的若干指导意见，指导意见涉及许多方面，为之后诸多政策的实施拉开序幕。

2014 年 4 月，出于进一步落实《公路水路交通运输信息化"十二五"发展规划》和《公路水路交通运输信息化"十二五"发展规划推进方案》的需要，加快推进省域道路客运联网售票系统建设，满足人民群众网上购票的需求，交通运输部办公厅发布了关于加快推进省域道路客运联网售票系统建设有关事项的通知。

2014 年 12 月，交通运输部印发《12328 交通运输服务监督电话管理办法》，以加强对 12328 交通运输服务监督电话（以下简称 12328 电话）的管理，提高 12328 电话的运行效率。

2014 年 12 月，交通运输部出台《农村道路旅客运输班线通行条件审核规则》，目的在于规范农村道路旅客运输，提高农村道路旅客运输的安全性，平衡城乡交通运输服务水平。

2014 年 12 月，交通运输部颁布《关于全面深化交通运输改革的意见》。该意见提出针对我国交通运输业服务的重要发展方向和规划，不断推进交通运输服务体系建设，积极提升交通运输行业服务质量水平，从而为经济、政治、社会以及文化发展提供强力支撑，最终形成运行有效、经济环保的综合交通运输网络，不断促进我国交通运输服务系统的现代化，完善交通运输治理体系，提高治理能力。

专栏 6 - 1　国内外高速公路服务区服务概况

高速公路服务区包括休息区、停车区和辅助设施三部分，在高速公路沿线规定区域为过往车辆、人员提供服务。其中服务项目较少的也被称为停车区，总体上也属于服务区。随着时代的进步与社会的发展，服务区的建设和管理在高速公路运营管理体系中发挥着越来越重要的作用。在我国高速公路发展的过程中，服务区的建设和管理参考了国外的相关方案。

三　国外高速公路服务区概况

国外高速公路服务区发展早，其规划与建设经过了几十年的演进，国内的服务区建设可以参考其相关经验。除了提供停车、购物、洗手间、饮食、车辆维修等服务外，各个国家的高速公路服务区会根据实际情况，提供不同的服务。例如，在一些西方国家，服务区会为人们提供天气咨询服务。国外高速公路服务区之间距离的设定，一般会综合考虑车速、路况与旅客行为等外部因素，部分国家服务区间距信息如表 6 - 1 所示。

表 6 - 1　国外主要国家高速公路服务区主要参数概况

国家	设施种类	间距(公里)	备注
美国	停车区	16 ~ 24	交通量大的区域
		32 ~ 48	交通量小的区域
日本	停车区	5 ~ 10	—
	服务区	50	
英国	停车区	5 ~ 10	—
	服务区	16 ~ 27(平均 19)	
德国	停车区	5 ~ 10	—
	服务区	50	
法国	停车区 A	8 ~ 10	—
	停车区 B	25 ~ 30	
	加油设施	40 ~ 50	
	服务区	100	
荷兰	加油设施	20 ~ 30	—
匈牙利	停车区	20 ~ 30	—

1. 美国高速公路服务区发展现状

美国的高速公路设计了很多出入口，寻找服务区非常方便。美国联邦政府出台了统一的服务区法律与标准，具体的实施与规划过程由州政府结合当地情况来制定。20 世纪 70 年代，联邦政府制定了发展公共交通系统的方案，以提高资源利用效率，加大环境保护力度。20 世纪 90 年代，美国颁布了"冰茶法案"，旨在提高交通运输系统的安全性，并且强调了科技的重要性。在服务区的规划与建设过程中，联邦政府会一次征用超额土地，为未来可能的开发留下余地，开发过程中实施分区域、分阶段建设的方案，实施适度超前的规划与征用方案，避免了土地的重复征用。美国高速公路服务区的经营主体包括联邦政府、州政府、市政府和个人，每个服务区的具体设计方案综合了路况和司机需求等因素，这也导致服务区之间的距离不固定，两个服务区的间距可能为数公里，较长的可能会超过 100 公里。在美国，进出高速公路很方便，这也让司机很容易到达服务区。

2. 日本高速公路服务区发展现状

日本政府颁布了一系列法律政策，该国的高速公路服务区规划非常规范。1979 年，日本政府出台了《关于公路的规划设计研究》；1980 年，日本政府发布了《日本公路设计手册》，该手册制定了高速公路的相关技术与设计准则。1991 年，日本政府对多条高速公路的服务区进行实地调查，然后根据调查结果对该手册进行了修正。修订涉及服务区设施与设计规划等内容，具体包括服务区范围、服务设施内容、用地限制、机械与通信设备、匝道规划与绿带规划等。

此外，日本通常会将高速公路服务区精心设计成一道风景线，结合自然环境对服务区的外观进行设计，使服务区与自然融为一体。服务区除了提供服务功能外，也发挥着沿途风景线的作用。

3. 欧洲各国高速公路服务区发展现状

欧洲高速公路服务区非常具有实用功能，追求实用的设计理念，服务区占地面积小，较少使用人力资源，具备汽车服务和人员休息功能。为了保障道路交通的安全，欧盟规定卡车、长途客车的司机和车辆连续驾驶 3 小时就必须休息，通过车载监控设备对司机行为进行监控，违反规定就会面临惩罚。因此，欧盟地区休息区的间距一般较短，通常间距为 10 公里，但是休息区间距并不是严格限定于此，一般会根据实际情况进行设计与规划。欧盟的服务区间距大致为 40 公里，服务区提供加油等简单服务，以保障汽车的正常行驶。除此之外，欧盟还设有综合服务区，其服务功能较前者多，不过综合服务区之间的距离会更远。

英国高速公路服务区是由非公共部门运营的，英国交通部将服务区租赁给非公共部门（企业或个人）。根据规定，企业或个人通常可以获得 50 年的运营权，服务区需要保持 24 小时营业，其中停车、厕所等服务是不用付费的。服务区大多会提供加油、购物、住宿等服务。有的服务区还会设置客运站，并且有通过外地的客运班车，能够为旅客提供非常便捷的交通服务。

法国高速公路服务区通常设计在道路的一侧，对面车道的汽车经过特定的匝道驶入服务区，这种设计能够降低成本、提高收益。法国的服务区不仅发挥着高速公路服务区的作用，有的服务区还会结合当地的实际情况，实施一些娱乐或文化观光项目。

德国高速公路服务区与高速公路网是一起规划与建设的，值得关注的是，餐饮娱乐等业务已经成为很多服务区的主要业务，而加油等传统功能已经成为其附属业务。

四　国内高速公路服务区建设运营现状

1. 国内高速公路服务区发展概况

根据交通运输部出台的《交通运输"十二五"发展规划》，2015 年，基本形成全国高速公路网络。

2. 我国高速公路服务区用地规模

我国服务区（含停车区）平均用地面积为 89 亩，有 56% 的服务区占地面积少于 80 亩，32% 的服务区面积为 80～150 亩，12% 的服务区面积大于 150 亩。我国将占地面积大于 30 亩的称作服务区，占地面积小于 30 亩的称作停车区。据统计，我国服务区占比为 85%，服务区平均面积约为 100 亩；停车区占比为 15%，停车区平均面积约为 20 亩。根据现行规定，"四、六车道高速公路服务区的用地规模不宜超过 60 亩/处—80 亩/处"，目前多数服务区符合这一规定。随着高速公路的不断建设，在建服务区的占地面积不断扩大。国内早期建成的服务区占地面积普遍较小，而近期建设的服务区占地规模分化较大。

3. 我国高速公路服务区基础设施

高速公路服务区通过建设相应的基础设施，为来往车辆、人员提供停车、汽修、加油、饮食等一系列服务，在保障车辆正常运行的同时，让驾驶人、旅客得到休息。根据服务区的"总体使用状况"统计数据，被评价为"宽松"的服务区占 14%，被评价为"正常"的占 62%，被评价为"满负荷"的有 24%。由此可见，我国大部分服务区能够满足社会的需要，也有一部分服务区是超负荷运转，其规模已经不能满足社会的需要，不过其中一部分已经完成或正在进行扩建工作。从地区的角度来分析，我国西部服务区的使用率低于东部。从服务设施的使用情况来看，停车场的拥挤程度为33%，是最拥挤的一项服务设施；洗手间的拥挤程度略低于前者，为30%；加油服务的拥挤程度为26%；餐饮服务的拥挤程度为25%。在节假日和周末，服务区的拥挤问题会更严重。

4. 我国高速公路服务区运营管理体制

我国高速公路服务区不同服务项目的经营方式是有差异的。通常情况下，服务区将加油站、商店、饭馆、汽修店等收费服务外包出去，由私人经营；停车场、洗手间等免费服务，由高速公路管理部门负责维护。许多服务区的营业收入能够覆盖公共设施的维护费用，不过在扣除折旧费用后，绝大多数服务区是亏损的，少部分服务区的经营收入甚至低于公共设施的维护费用。有的地方政府用高速公路通行费来弥补，有的地方政府则统筹服务区的收支，以此来解决服务区的收支问题。除此之外，有的服务区提供换乘车站，使旅客出行更加便捷；有的服务区设置了土特产超市，为来往司乘人员提供本地特色产品；还有的服务区借鉴国外的经验，在服务区结合当地旅游特色，以多种经营方式来增加收入，解决收支不平衡问题。2014年，杭金衢高速公路衢州服务区，我国首家真正意义上的汽车旅馆宣布开业。在这里，顾客不仅可以享受舒适的休息环境，还会有诸如24小时免费停车、加油、购物、吃饭，以及汽车维修等服务。未来，汽车旅馆还将逐步在每一家门店配备特斯拉目的地充电桩，这也是特斯拉目的地充电桩第一次被引入高速公路服务区。

5. 我国高速公路服务区应急保障

当高速公路出现突发事件时，服务区能够发挥应急保障的作用，如作为物资储存中心、救援物资补给地点、临时医疗中心、应急指挥中心、人员安置点，同时服务区也是各类救援车辆理想的集结点。交通便捷的服务区还能够作为紧急疏散中心，提供临时通道。2007年，我国第一家高速公路医疗急救站成立于杭金筒高速公路诸暨服务区，旨在发挥应急救助作用。近年来，高速公路服务区的应急保障功能得到广泛的重视与认可。

第二节 公路旅客运输服务概况

一 公路客运运营服务概况

2015 年末全国拥有公路营运汽车 1473.12 万辆，比上年末减少 4.2%。拥有载客汽车 83.93 万辆、客位 2148.58 万个，比上年末分别减少 0.8% 和 1.9%（见表 6 – 2）。其中，大型客车 30.49 万辆、客位 1324.31 万个，分别减少 0.6% 和 0.1%。

表 6 – 2　2010～2015 年全国载客汽车及客位数变化情况

年份	2010	2011	2012	2013	2014	2015
营运客车(万辆)	83.1	84.3	86.7	85.26	84.58	83.93
客位数(万个)	2017.1	2086.7	2166.6	2170.26	2189.55	2148.58

资料来源：《2015 年中国交通运输行业发展统计报告》。

2015 年，全国营业性客运车辆完成公路客运量 161.91 亿人次、旅客周转量 10742.66 亿人公里，比上年分别减少 6.7% 和 2.3%，平均运距 66.35 公里。截至 2015 年末，全国有 99.01% 的乡镇开通了客运线路，乡镇通车率比上年末提升 0.06 个百分点；94.28% 的建制村开通了客运线路，建制村通车率比上年末提升 0.96 个百分点。

二 国外案例分析

1. 美国灰狗长途客运公司旅客运输现状分析

美国灰狗长途客运公司（简称美国灰狗）于 1914 年成立，在美国、加拿大和墨西哥等国家之间提供长途旅客运输服务，同时也是该地区唯一的公共客运服务公司，该公司的成功经验，值得我国道路运输业参考和借鉴。

美国灰狗在全美提供广泛的客运服务，构建了城市与乡村交通网络，公司拥有超过 2600 辆汽车和 1800 多个售票点，每年为 2500 万名乘客提供长途旅行服务。每辆汽车喷绘着奔驰的灰狗，这也极大地提升了其品牌形象与影响力。

（1）灰狗巴士配置。

美国灰狗拥有 MC－12、102D3、102DL3／D4500、G4500 和 Prevost X3－45 五款豪华车型，均为加拿大客车制造商客车工业公司制造。美国东北部地区运营着最新款的 Prevost X3－45，该款大巴的设计体现了安全性与人性化，为乘客提供了更大的个人空间，拥有更加可靠的安全带，乘客还能够调节灯光。

（2）人性化服务满足多种需要。

乘车环境舒适。美国灰狗建立了高素质的驾驶员团队，通过方便的运营线路与班次，使旅客享受一段满意的旅程。灰狗的车辆拥有宽阔、舒适的座位，车内还提供空调、电视机、洗手间，乘坐环境和客户体验得到很大的改善。

出行廉价便捷。灰狗巴士的票价远低于飞机票价，约为后者的1/2。与自驾出行相比，乘坐灰狗巴士可以免去驾驶疲劳之苦。灰狗巴士的车票可以灵活使用，乘客持有效期内的车票可以选择任何车次去往目的地。

线路网络完善。美国灰狗与诸多客运公司建立了合作关系，在客运线路、时间上互为补充，很多客运公司根据灰狗的客运线路与站点制定相应延长线，共同构建更为完善的交通网络。

满足多种需要。美国灰狗可以为团队提供包车服务，服务对象包括旅行团、会议人员、部队、学校等。

提供快递服务。美国灰狗还经营快递业务，该公司在加拿大开展了大量的快递业务，每年为数百万名客户提供此项服务。

在美国长途客运总量中，灰狗公司每年的旅客运量占比达到70%。公司非常重视现代科技，特别是互联网与信息技术，灰狗公司采取了许多措施来增强自身实力与核心竞争力，包括以下 3 个方面。第一，建立公司官方网站。1995 年，美国灰狗公司建立了自己的官网，提供价格、距离、时间、站点等信息。第二，便捷的全国联网售票。乘客可以通过 6 种渠道购买灰狗的汽车票，包括从经销商处购票、到站点购票、网上订票、电话订票、找人代为购票以及预约订票。国外乘客可以在灰狗的官网订票，然后使用信用卡支付，可以在任何灰狗长途汽车站取票。第三，安全管理有效。灰狗公司对巴士采用了全程跟踪，控制中心能够随时定位巴士的位置；控制中心掌握着车辆的油表、行驶速度等详细信息；控制中心监控驾驶员的开车时间，避免出现疲劳驾驶的情况；控制中心还会注意行驶过程中的违规驾驶情况，并且会及时处理。

（3）美国灰狗的启示。

一是企业在经营管理过程中，必须高度重视客户，以客户为中心，为客户提供更为优质的服务。在灰狗的管理体系中，其核心就是客户服务。灰狗一直使用先进的运输巴士，为乘客提供更好的旅途体验。灰狗高度重视信息化管理与监控，提高了自身的管理水平。这对我国的运输企业有一定借鉴意义，国内运输企业应该结合实际情况，以客户为中心，以客户需求为导向，提升运输服务水平。

二是通过企业重组并购的方式，建立具有竞争力的运输品牌，提供具有优势的运输产品。在100多年的发展过程中，灰狗公司经过多次兼并与重组，但是其经营观念并未改变，尽力保持在特定区域里独家经营，在扩大品牌效应的同时，合理分配已有资源，尽量减少与其他企业的竞争与冲突。从灰狗的经历可以看出，企业做大做强的一个有效方式就是兼并与重组，这一点值得国内的运输企业参考与借鉴。

三是运输企业应该认识到先进运输工具的重要性。近年来国内长途客运企业的车辆性能有所提升，乘客的舒适性与安全性也有所提升，但是与国外相比仍有差距。国内短途客运与城市公交企业的运营车辆能够发挥运输作用，但是极少考虑乘客的舒适性。我国运输企业应该重视运输工具的安全性、舒适性，提升乘客的乘坐满意度。

四是运输企业应该积极采用现代信息技术与科学技术。信息技术的使用有利于企业提高竞争力，在乘客体验、运输过程等方面都有积极的推动作用。管理部门可以积极引导运输企业，实现信息化与现代化经营管理模式。

五是运输企业应该提高运输团队的素质。一线的运输从业人员包括驾驶员和相关服务人员，这些从业人员整体素质偏低，影响了企业的经营管理效率，也影响了企业的服务水平，不利于运输企业的发展。首先，国内运输企业应该重视从业人员的素质培养，达到优化运输服务的目的。其次，运输企业应该通过先进的信息管理系统与科学技术，为团队提供可靠的资源与服务。

2. Megabus 的经营之道

Megabus 是 Coach USA 的子公司，成立于 2006 年 4 月。开始时，仅在芝加哥设有一个总站，提供来往于芝加哥等 7 个美国中部城市的巴士服务，每天运行。票价从 1 美元起价，实行网络购票，仅提供单程票价。到现在 Megabus 来往于北美 120 个城市，拥有 10 个汽车总站，分别位于亚特兰大、芝加哥、洛杉矶、纽约、费城、匹兹堡、旧金山、得克萨斯、多伦多和华盛顿。Megabus 平均每年载客 600 万人次，发车 20 万次。Megabus 是北美最大的来往于不同城市的巴士公司，以其独到的经营方式，受到越来越多旅客的青睐。

Megabus 不像灰狗巴士那样沿途停靠许多小镇，Megabus 采取点对点的路线，中间不随意停靠休息，让乘客能尽早到达目的地，通常停靠点为学校校区、大城市的巴士转运站或火车站。

Megabus 巴士座位宽敞，搭配电影屏幕，可以免费无线上网，还提供报纸和咖啡。仿效航空公司，上车只能携带一件小型随身袋和一件不超过 23 公斤的行李。

Megabus 最特别的地方是售票方式，只有网络或电话可以订票，网络订票需加收 50% 的手续费，如果改期要按照当时的票价再补差额跟手续费。

Megabus 以低成本的经营模式而闻名，最便宜的车票只需 1 美元，另加每次交易 1.5 美元的手续费。巴士公司以 "No-frills" 服务形式运作，不提供非必要的服务。此外，Megabus 亦运用了航空业界常用的 "Yield Management" 经营模式售票，根据乘客不同的需求特征和价格弹性定出不同的车费标准，以确保公司在出售廉价车票的同时可以赚取最大的利润。比如，需求较低的班次票价会较低，较早订票的乘客也有机会以较低的价格买到车票，限制较少的车票价格会较高等。

尽管票价低廉，但是 Megabus 为客户提供先进舒适、安全可靠的双层巴士，车上有免费无线网络信号、电源插座、安全带、洗手间，并且设有轮椅通道等。司机们具有丰富的巴士驾驶经验。Megabus 一直保持着美国交通部联邦汽车运输安全管理局的最高安全评价——满意。

研究数据表明，截至 2012 年，Coach USA 已成为北美最大的巴士公司。

三 公路旅客运输服务质量评价指标

1. 公路客运服务质量的内涵

旅客运输服务质量的含义是旅客在被运送的过程中，对各个环节所提供服务的满意程度。主要包括以下 7 个方面：安全性、及时性、服务性、舒适性、经济性、方便性和文明性。

基于上述概念，本书将公路客运服务质量定义为：公路客运服务质量是指服务的效用及旅客需要的满足程度的综合表现。对于乘客来说，服务质量跟服务结果与过程相关，安全是乘客考虑的首要因素，也是客运服务质量中最重要的因素。服务质量包括技术性、功能性和安全性质量。

（1）技术性质量。

技术性质量指服务的质量标准、条件、硬件设施等能否满足乘客的需求。对于旅客运输企业来说，首先需要有适宜的等车、候车场所；其次应该有方便快捷的设备，包括车票销售设备、显示与提示设施和咨询设备等；再次，运输企业需要提供合适的车票预订与取票方式；最后，运输企业应该重视互联网购票方式，为乘客提供便捷的订票服务。

（2）功能性质量。

功能性质量指服务过程的质量。运输产品的生产与消费是同时完成的，功能性质量指服务流程、态度等能否使乘客满意。乘客对服务的评价，往往会受到一线工作团队的直接影响。服务过程的质量不仅取决于运输企业所提供的服务，还与乘客自身因素相关，前者包括服务时间、环境、流程、方式、态度，后者包括乘客受教育程度、脾气、举止等。为了提高运输企业的功能性质量，经营主体可以优化运输各个流程的服务，在候车区域提供更加方便、快捷、温馨的服务；在巴士上预备一些紧急物品，以满足乘客的不时之需，提供读物与影像服务也能减少旅途中的乏味；在特定线路上，运输企业还可以安排乘务人员为乘客提供导游介绍等服务。

（3）安全性质量。

运输服务中最重要的一个因素就是安全。总体来看，除安全外，客运质量还需要达到及时、经济、方便、舒适、文明的要求。其中，"安全"要素被放在首位，也是最重要的要求。"安全"不仅指旅客的安全，同时还包括旅客所携带物品的安全。

2. 公路客运服务质量的特征

公路客运服务质量强调的是乘客的体验，没有明确的标准，而一般的商品有量化准则和参考标准；乘客会将预期服务水平与实际服务水平进行对比，然后形成对服务质量的评价；运输服务结果与服务过程都会影响乘客的评价；客运服务质量难以制定评判标准，其中一个重要的原因在于，乘客对服务质量的评判标准不是一直不变的，该标准存在个体差异，而且会随时间而改变。

根据上述特征，结合行业实际情况，具体的评价指标体系见表6-3。

表6-3　公路客运服务质量评价指标

一级指标	二级指标	三级指标
公路客运服务质量评价体系	供给水平	基础设施	营业里程
			增长率
		运输装备	客运机车拥有量
			增长率
		运输效率	旅客发送量、周转量
			增长率
		固定资产投资	全年完成固定资产投资额
			增长率

一级指标	二级指标	三级指标
公路客运服务质量评价体系	旅客感知服务质量层面	购票平台设计是否合理
		向导系统完备情况
		上下车位置标示明显程度
	有形性	自助查询系统配备情况
		自动检票系统配备情况
		卫生服务设施完善情况
		车内信息报告媒介完善程度
		通信网络完善程度
		车站附近配套的公共交通网络完善程度
	可靠性	随身财物丢失率
		准时将货物送达目的地(准时率)
		投诉率
		能够保证旅客安全(列车事故率、伤亡率)
	经济性	票价是否经济合理
	舒适性	乘务人员是否热情礼貌
		人工售票服务工作人员态度
		是否提供热水及其他
		座椅舒适程度
		车厢内服务设施卫生情况
		车厢内拥挤程度
		候车服务
	保证性	服务人员的业务知识是否充足
		工作人员是否有耐心,服务用语是否标准
		工作人员是否认真负责
	响应性	投诉渠道的种类
		投诉处理的及时性
		投诉反馈结果的满意度
	移情性	对特殊乘客是否进行特别关注
		延伸服务

第三节　公路货物运输服务发展概况

一　公路货运运营服务概况

2014 年末全国拥有公路营运汽车 1537.93 万辆，比上年末增长 2.2%。其中载货汽车 1453.36 万辆、10292.47 万吨位，比上年末分别增长 2.4% 和 7.1%。普通货车 1091.32 万辆、5241.45 万吨位，分别增长 1.0% 和 4.7%；专用货车 45.58 万辆、490.59 万吨位，分别减少 1.4% 和 4.6%。

2015 年末拥有载货汽车 1389.19 万辆、10366.50 万吨位，比上年末分别减少 4.4% 和增长 0.7%。其中普通货车 1011.87 万辆、4982.50 万吨位，分别减少 7.3% 和 4.9%；专用货车 48.40 万辆、503.09 万吨位，分别增长 6.2% 和 2.5%。2010～2015 年全国载货汽车及吨位数变化情况见表 6－4。

表 6－4　2010～2015 年全国载货汽车及吨位数变化情况

年份	2010	2011	2012	2013	2014	2015
营运货车（万辆）	1050.2	1179.4	1253.2	1419.48	1453.36	1389.19
吨位数（万吨）	5999.8	7261.2	8062.1	9613.91	10292.47	10366.50

资料来源：《2015 年中国交通运输行业发展统计报告》。

2015 年，全国营业性货运车辆完成货运量 315.00 亿吨、货物周转量 57955.72 亿吨公里，比上年分别增长 1.2% 和 2.0%，平均运距 183.99 公里。

二　国外案例分析

全球最大的公路货运企业之一——罗宾逊全球物流公司，其卡车运输网络为全美最大，截至 2013 年末，公司营业收入突破 128 亿美元，在世界排名第 237 位，其中，80% 的利润属于公路运输领域，而颇为特殊的是，罗宾逊公司的卡车数量为零。通过轻物流模式，作为已经拥有超过百年历史的物流供应商，原本属于劳动密集型行业的公路货运公司表现十分优异，轻物流把整合资源、对接上下游产业、沟通协同视为重要的一环，因而不会消耗过多资源。

1. 轻车辆

罗宾逊全球物流公司超过 80% 的营业收入来自公路货运领域，但是其公司没有任何车辆。公司依托综合信息平台，将其自身视为"无车承运人"，协调各方资源，目前已有 63000 家运输企业与罗宾逊合作，签署协议，成为罗宾逊承运人，并拥有超过 100 万辆卡车，凭借巨大的规模成为全球最大的公路货运企业，罗宾逊的线路网络覆盖了整个美国，具有强大的议价能力。由于科技进步与互联网发展，对卡车企业而言，网络注册的方式十分方便快捷。

2. 轻地产

仓储物流中心（物流地产）对公路物流服务链来说，具有极其关键的作用。罗宾逊的物流业务覆盖了北美洲与南美洲，但是在物流地产方面，公司并没有投入大量资金，而是通过信息服务平台，高效率地利用合作企业的资源，从而使效益最大化。同时，罗宾逊在各个地区建立分支机构和网点，这些分支机构不配备仓库和货运设备，但是有了解当地客户的服务人员，这些服务人员能够为罗宾逊提供关于客户需求的一手资料，他们是客户信息收集环节的关键因素，从而可以快速地为客户提供便捷的点到点服务。

3. 轻劳力

传统观念基本将公路运输业视为需要投入大量人力资源的行业，到 2013 年末，德邦物流公司雇用人数超过 3 万人，中邮速递物流公司雇用至少 10 万人，在我国，物流业及其子行业对劳动力资源方面的成本消耗超过了总成本的一半。

罗宾逊的公路运输规模居全球榜首，与其他物流公司相比，其自有运输车辆、物流地产数量较少，无须花费过多人力成本。统计表明，2014年，罗宾逊仅有员工11000名，而美国最大公路运输企业之一世能达，分公司遍布全球28个国家和地区，共计有15500名司机，但营业收入只有罗宾逊的50%。

轻物流模式得益于公司对其他环节和要素的重视，首先是对现代信息科技的重视，其次是使用合理的融资模式，再者就是注重对员工的培训与筛选。以上可以概括为重互联网、重资本和重人才。

4. 重互联网

随着科技的发展，信息化极大地提高了运输企业的效率，对于物流行业来讲，信息化可以打破传统物流的藩篱，实现高效快捷的物流。

罗宾逊有两个信息平台，就是这两个平台使得与之合作的公司和客户的收益不断增加，达到双赢局面。其中，TMS信息服务系统是罗宾逊公司与运输公司之间的沟通桥梁，Navisphere信息服务系统是罗宾逊公司与客户公司之间的沟通桥梁。

首先，Navisphere收集货主企业的运输信息与相关需求，然后将以上资料传送到TMS，TMS将以上信息处理之后，为货主企业提出合理的运输方案。Navisphere和TMS信息服务系统，大大降低了货主与运输企业的搜寻成本，使双方能够快速匹配。

罗宾逊的Navisphere和TMS信息平台，有利于物流供应和需求的快速匹配。客户企业可以利用信息服务中心，在任何时间查询到运输产品的具体信息。

5. 重资本

完善的资本市场能够满足企业发展过程中的融资需求，罗宾逊在经营管理过程中非常注重对资本的使用。与传统物流公司不同，罗宾逊公司注重信息技术平台的建设，而不是在物流仓储、运输物力和人力方面大量投入。同时，为了使信息服务设备在全行业中保持领先地位，信息平台需要花费7000万美元更新，而超过70%的部分用于TMS平台。在罗宾逊轻资产发展方式的导向之下，其资金流量具有很大优势。同时，由于其股东都是大型金融机构，具备强大的资本杠杆，因此，相比其他企业更有市场竞争力。

6.重人才

罗宾逊在发展过程中相当重视科技创新，该公司拥有近600个IT工程师，这一团队是企业创新的关键。公司特别注重人才培养，在员工招聘、培训和上岗的整个流程中，公司制定了非常严格的管理制度，同时，公司内部多样化的学习方式使员工素质达到非常高的层次。作为一家上市公司，罗宾逊采用员工控股的方式进行激励，公司大部分股份由员工共享，从而保证了员工的稳定性，减少员工流失的风险，使公司架构处于非常稳定可靠的状态。

三 公路货物运输服务质量评价指标体系

根据公路货物运输服务质量的特征，并结合国内外在公路货物运输方面的实际情况，具体的评价指标体系见表6-5。

表6-5 公路货物运输服务质量评价指标体系

一级指标	二级指标	三级指标
公路货运服务质量评价体系	供给水平	基础设施	营业里程
			增长率
		运输装备	货运机车拥有量
			增长率
		运输效率	货物发送量、周转量(港口吞吐量)
			所占比例
			平均营运速度
		固定资产投资	全年完成固定资产投资额
			增长率

续表

一级指标	二级指标	三级指标
公路货运服务质量评价体系	可靠性	能够保证货物安全（列车事故率）
		准时将货物送达目的地（准时率）
		投诉率
	响应性	办理业务是否简单便捷
		货物到达目的地以后能否及时通知
		提取货物是否方便快捷
		投诉渠道如何，对投诉的应对是否及时
	保证性	服务人员的业务知识是否充足
		工作人员是否有耐心，服务用语是否标准
		工作人员是否认真负责
	移情性	能否为货主提供个性化服务（代收货款、票据抵押）
		能否将货主利益放在第一位
		了解客户的个性化运输需求
	有形性	货场货位的布局是否合理
		站点设施配置〔数量、质量（仓库装卸设备等设施是否先进）〕
		门对门服务水平
		业务平台设计是否合理
		客户能否快速获知业务办理流程和全程的物流信息
	经济性	票价设计是否合理

（注：一级指标列还含"顾客感知服务评价"）

第四节 我国公路运输服务发展趋势

一 国家加强对公路运输服务质量的监管

近年来，公路基础设施建设迅猛发展，公路运输能力的发展虽然已经基本上满足国民经济发展的"量"的需求，但对其所提出的"质"的要求仍难以适应。可尝试从以下几个途径入手，改善公路行业运输服务质量，提高政府监管效率。

1. 将公路基础设施投资的较快增长作为提高服务质量的物质基础

公路运输依托设施、路网和车辆，均衡合理、衔接畅通的交通运输网络是实现优质服务的物质基础。提高道路运输服务质量首先要继续发展和完善全国公路网。具体表现为：一是构筑区域公路交通系统，加强区域内的紧密联系；二是统一规划，提高区域综合交通运输系统的效率。

2013 年，《国家公路网规划（2013 年～2030 年）》出台，对我国的国道、高速公路进行了进一步规划和调整。按照该规划，全国普通国道包括 12 条首都放射线、47 条北南纵线、60 条东西横线和 81 条联络线，总长度约为 26.5 万公里。国家高速公路包括 7 条首都放射线、11 条北南纵线、18 条东西横线，以及地区环线、并行线、联络线，总长度达到 11.8 万公里。此外，规划远期展望线 1.8 万公里，主要建设在西部地区。

未来，我国会继续加强农村与欠发达区域的公路建设，以平衡城乡、区域发展。此外，城市交通基础设施建设的重心向公共交通转移，以轨道交通为发展焦点。

2. 将科技进步作为提高公路运输服务质量的技术保障

科技进步在道路运输中的表现：一是改进公路基础设施和公路运输工具，创造更加快捷的交通运输条件；二是改变公路运输的运营管理条件，进而提高管理效率。

3. 完善制度，发挥公路运输服务人员的主观能动性

服务人员是公路运输服务中最活跃的生产要素，在公路运输服务中充分调动服务人员的主观能动性是提高服务质量的关键一环。要让服务人员以高度的责任心、十足的工作热情投入工作之中，前提是要在用工、薪酬、奖惩激励等制度设计方面做到科学、合理，以此来激发公路运输服务人员的主观能动性。

二　行业层面

1. 由单一运输方式向综合运输体系转变

综合交通运输是我国未来发展的重点方向，单一的运输方式难以满足社

会的需求，合理规划多种运输方式，综合布局运输网络，构建与设计综合交通枢纽将是未来发展的大趋势。提高公路网络与交通枢纽之间的可达性，提高枢纽之间的可达性；合理设计城际铁路站点与城市交通枢纽，提高交通工具之间转换的便捷性；结合轨道交通站点、城市公共交通枢纽和机场等，合理规划综合交通枢纽，创造更为便捷的运输条件与出行方式。

2. 公路里程持续增加，逐步形成通达的公路交通网络

根据政府"适度超前"的建设思想，公路的大规模建设仍会持续。根据规划，在高速公路建设领域，全国将逐渐构造完善的高速公路网，保证在建线路的正常施工，并且进一步规划与建设新线路。加快建设国家高速公路网的新线路。区域间的高速公路对于带动区域经济发展非常重要，也是协调区域发展的重要保障，因此各级政府应该进一步推动区域之间的高速公路建设。有条件的城市应该重视规划绕城高速，并且对其建设提供支持。

加大对国道的改造力度。国道是我国公路运输网络的重要组成部分，为了满足经济发展对道路的要求，需要提高其道路标准与技术等级。通过对国道进行改造，提高我国二级及以上公路的比例。

加快建设专项公路。首先是加快农村公路的建设，建设农村公路能够带动我国广大农村地区的经济发展，增强农村地区与外界的联系，提高农民福利，因此意义重大。其次是加快口岸公路的建设，通过口岸公路的建设与完善，加强与周边国家的交流，为双方提供可靠的贸易通道与环境，推动贸易往来与经济合作，为国际经济交流提供重要保障。

3. 升级现有运输设备，优化运输组织，提高运输服务水平

高性能的运输设备（主要指车辆）有利于保护环境，提升乘客体验，减少能源消耗，对全社会都有积极的作用。国内的运输企业不断地改造、升级运输车辆，数据显示，2015年国内中高级营运客车比例达到40%。运输企业间广泛的合作与交流，能够实现优势互补，这也是优化运输组织的方式之一。

三　企业层面

1. 发展智能运输系统

智能运输系统简称 ITS，是指在运输管理体系中使用现代科技尤其是计算机技术。科学技术带动了整个人类社会的进步，未来的 ITS 将为社会提供全新的运输服务。ITS 能够使运输过程更加智能化、安全化，并极大地提高运输企业效率，也将提高整个社会的效率。ITS 将为运输企业提供道路、车辆等的实时信息，提高车辆运行效率，同时提高运输的安全性与企业的管理效率。

2. 公路客运

（1）安全。

对乘客来说，出行安全是出行中最重要的因素。一方面，运输企业必须严格遵守安全生产与运输的原则，保证运输过程的安全性；另一方面，乘客本人也需要严格遵守安全出行的相关原则。

（2）车内卫生和环境。

在客运途中，车辆作为公共空间，其卫生状况直接影响乘客的旅途体验。首先，运输企业需要提供良好的卫生条件，保持车内干净、整洁；其次，乘客应该自觉保持和维护车内的卫生环境。

（3）公路工作人员服务。

客运企业工作人员应该为乘客提供优质的服务，在满足乘客需求的同时，提高企业的竞争力与形象。运输企业应该对员工进行相关技能培训，通过培训提高服务质量和水平。制定乘客评价机制与内部考核机制也能够促使服务水平的提升。此外，行业间的交流和学习能够带动全行业服务水平的提升。

3. 公路货运将向快速、长途和重载方向发展

随着我国各地区的经济往来越来越频繁，道路状况不断改善，运输设备逐渐升级，货运需求发生改变，公路货运向快速、长途、重载方向转变。专用运输车具有运能大、安全性高、成本低等优势，将在未来的公路货运中占

据优势。未来的长途货运车辆将会更加专用化，以满足特定货物运输的需求。厢式运输车、罐式运输车、半挂汽车、集装箱专用运输车、大吨位柴油车及危险品、鲜活、冷藏等专用运输车辆将会进一步升级与分化，从而提高运输时效性，保障运输安全。

2013 年的铁路货运改革对公路货运造成了一定的冲击，两者在中长干线上的货运竞争变得更为激烈。铁路与公路在货运领域各有优势，铁路货运速度更快、安全性更高，公路货运更具灵活性，加强两种运输方式的协调与合作，能够提高运输效益。两者既存在竞争，又存在合作。

公路货运具有很高的灵活性，可以满足门到门的运输需求，公路货运在中短途运输以及配送服务领域极具优势。对于公路货运企业来讲，如果能够做到专业细分、灵活机动，为客户提供个性化、区域性的服务，在城市内货运领域将具有更大的优势，这是一个很大的市场，公路运输企业应当重视。

此外，公路物流企业要想提升竞争力，除了依靠价格手段外，还应该制定合理的经营策略。例如，公路货运企业可以开辟铁路无法到达的新线路，减少与铁路在大干线上的货运竞争，可以将更多的资源用在短途货运和多式联运领域。

4. 高速公路服务区的功能趋向多元化

（1）由休息功能向休闲功能转变，扩大经营范围。

传统的高速公路服务区功能较单一，一般仅包含加油、餐饮和商店等服务，随着社会对高速公路服务区要求的提高，以上服务已经不能满足来往车辆、司乘人员的需求，除了基本服务外，人们希望服务区能够提供范围更广、质量更好的服务。高速公路服务区除了销售水、包装食品等常见商品外，可以开设小超市或专营店销售当地特产，提供高质量、有特色的商品，如当地特有的蔬菜、水果、小吃、艺术品等，让高速公路服务区成为当地的一张名片。为了满足不同出行人群的消费需求，有条件的高速公路服务区可以经营中高档餐厅。

（2）部分服务区将会转变成物流园区。

大多数高速公路服务区占地数十亩，可以对土地资源进行开发，打造服务区物资集散功能。服务区可以依靠非常便捷的交通，发挥物资集散、仓储、中转等功能，但是，要打造服务区的物资集散功能，需要对现有服务区进行大改造，比如建设配套的基础设施。

（3）高速公路服务区将成为商贸流通的重要平台。

如果能够集服务区、仓储物流、配送中心、特产销售、旅游服务和休闲服务等多种功能于一体，通过规范化的管理与政策引导，新的高速公路服务区将会成为一个重要的商贸平台，与此同时，高速公路服务区也将成为一张名片，提高当地知名度，对当地的经济发展发挥重要的推动作用。

第七章　水路交通运输服务篇

第一节　水路运输服务发展概况

一　水路运输基础设施建设情况

1. 高等级航道网建设速度加快，航道等级结构进一步优化

截至 2015 年末，全国内河航道通航里程 12.70 万公里，比上年末增加 721 公里。等级航道 6.63 万公里，占总里程的 52.2%，增加 0.4 个百分点。其中，三级及以上航道 11545 公里，五级及以上航道 3.01 万公里，分别占总里程的 9.1% 和 23.7%，分别增加 0.5 个和 1.2 个百分点。各等级内河航道通航里程分别为：一级航道 1341 公里，二级航道 3443 公里，三级航道 6760 公里，四级航道 10682 公里，五级航道 7862 公里，六级航道 18277 公里，七级航道 17891 公里。等外航道 6.07 万公里。2015 年全国内河航道通航里程构成如图 7-1 所示。

2014 年，长江水系、珠江水系、黄河水系、黑龙江水系、京杭运河、闽江水系、淮河水系通航里程分别为 64374 公里、16444 公里、3488 公里、8211 公里、1438 公里、1973 公里、17338 公里。2015 年，各水系内河航道通航里程分别为：长江水系 64852 公里，珠江水系 16450 公里，黄河水系 3488 公里，黑龙江水系 8211 公里，京杭运河 1438 公里，闽江水系 1973 公里，淮河水系 17507 公里（见表 7-1）。

按照我国的《交通运输"十二五"发展规划》，截至 2015 年，国内内河高等级的航道里程应达到 1.3 万公里。2011 年国务院发布的《关于加快长江等内河水运发展的意见》中指出，截至 2020 年，我国 1.9 万公里的

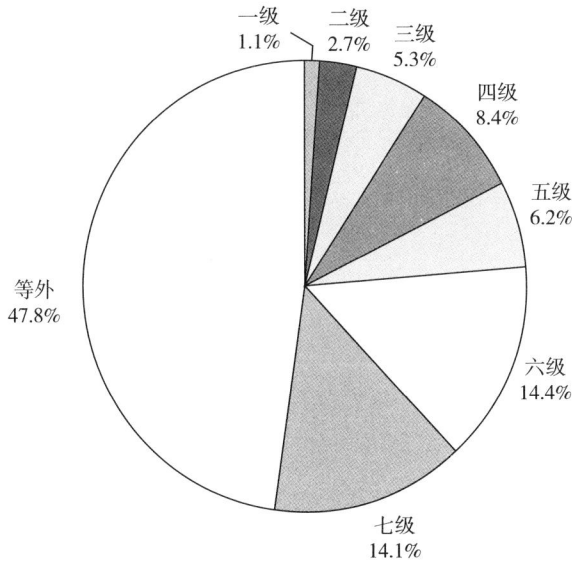

图 7 – 1　2015 年全国内河航道通航里程构成

表 7 – 1　全国内河航道分水系里程

单位：公里

年份	总计	长江水系	珠江水系	黄河水系	黑龙江水系	京杭运河	闽江水系	淮河水系	其他水系
2014	126302	64374	16444	3488	8211	1438	1973	17338	13036
2015	127039	64852	16450	3488	8211	1438	1973	17507	13120

"两横一纵、两网十八线"内河高等级航道应基本建成。"十二五"期间规划建设的内河航道工程正按计划实施，包括长江十线中游荆江河段航道治理工程、南京以下 12.5 米深水航道建设工程、西江航运十线扩能工程、京杭运河苏南段和浙江段三级航道建设工程、长江三角洲和珠江三角洲高等级航道网，以及嘉陵江、乌江、汉江、湘江、赣江、合裕线、右江、沙颍河、松花江、闽江等高等级航道建设。

2. 港口建设取得稳步进展，码头泊位大型化水平提升

2015 年末全国港口拥有生产用码头泊位 31259 个，比上年末减少 446

个。其中，沿海港口生产用码头泊位5899个，增加65个；内河港口生产用码头泊位25360个，减少511个。如表7-2所示，全国港口拥有万吨级及以上泊位2221个，比上年末增加111个。其中，沿海港口万吨级及以上泊位1807个，增加103个；内河港口万吨级及以上泊位414个，增加8个。2013～2014年全国万吨级及以上泊位构成见表7-3。

表7-2　2015年全国港口万吨级及以上泊位

单位：个

泊位吨级	全国港口	比上年末增加	沿海港口	比上年末增加	内河港口	比上年末增加
合计	2221	111	1807	103	414	8
1万~3万吨级（不含3万）	793	38	619	33	174	5
3万~5万吨级（不含5万）	369	4	266	5	103	-1
5万~10万吨级（不含10万）	728	44	600	42	128	2
10万吨级以上	331	25	322	23	9	2

表7-3　全国万吨级及以上泊位构成

单位：个

泊位用途	2014年	2013年	2014年比2013年增加
专业化泊位	1173	1114	59
其中：集装箱泊位	325	322	3
煤炭泊位	238	219	19
金属矿石泊位	80	64	16
原油泊位	73	72	1
成品油泊位	133	130	3
液体化工泊位	184	172	12
散装粮食泊位	38	36	2
通用散货泊位	473	441	32
通用件杂货泊位	371	360	11

3. 建设投资力度明显加大

"八五"以来，我国水运建设投资开始快速增长，但占交通运输固定资产投资总额的比重一直不高，进入"十一五"以后，随着投资力度不断加大，内河建设投资占比开始逐步上升。

2015 年，内河及沿海建设完成投资 1457. 17 亿元，比上年下降 0. 2%。其中，内河建设完成投资 546. 54 亿元，上升 7. 6%。内河港口新建及改（扩）建码头泊位 161 个，新增吞吐能力 5079 万吨，其中万吨级及以上泊位新增吞吐能力 2981 万吨。全年新增及改善内河航道里程 932 公里。沿海建设完成投资 910. 63 亿元，下降 4. 3%。沿海港口新建及改（扩）建码头泊位 130 个，新增吞吐能力 42026 万吨，其中万吨级及以上泊位新增吞吐能力 30381 万吨。505 个贫困县完成水运建设投资 25. 90 亿元，全部为内河建设投资，增长 4. 9%，占全国内河建设投资的 4. 7%。2010~2015 年水运建设投资额如图 7-2 所示。

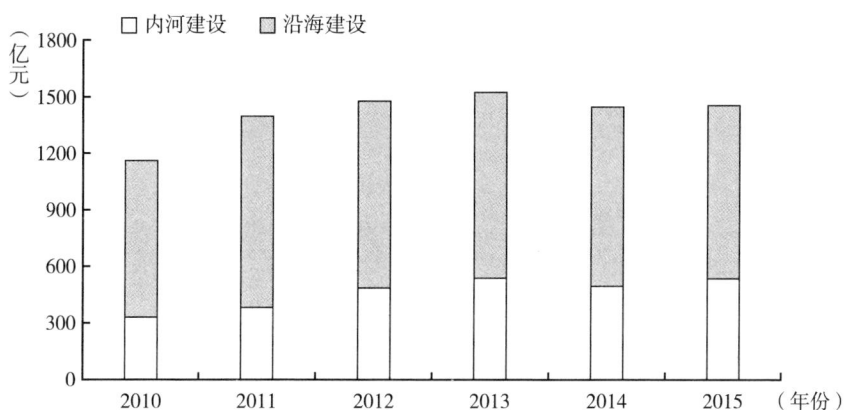

图 7-2　2010~2015 年水运建设投资额

二　水运生产稳步增长，服务能力和水平明显提高

1. 运输生产总量保持快速增长

2014 年全国完成水路客运量 2. 63 亿人次，比上年增加 11. 7%，完成旅客周转量 74. 34 亿人公里，比上年增长 8. 8%，平均运距达 28. 27 公里。全国完成水路货运量 59. 83 亿吨，比上年增加 6. 9%，其中 33. 44 亿吨货运量

由内河运输完成，18.92 亿吨货运量由沿海运输完成，7.47 亿吨货运量由远洋运输完成。完成货物周转量 92774.56 亿吨公里，比上年增加 16.8%，其中内河运输 12784.91 亿吨公里，沿海运输 24054.59 亿吨公里，远洋运输 55935.06 亿吨公里，平均运距达 1550.68 公里。2014 年两岸海上运输共完成客运量 177.9 万人次，比上年增加 3.8%；完成货运量 5459 万吨，比上年增加 3.5%。

2015 年全国完成水路客运量 2.71 亿人次，完成旅客周转量 73.08 亿人公里，比上年分别增长 3.0% 和减少 1.7%，平均运距 27 公里。全国完成水路货运量 61.36 亿吨，完成货物周转量 91772.45 亿吨公里，比上年分别增长 2.6% 和减少 1.1%，平均运距 1495.72 公里。在全国水路货运中，内河运输完成货运量 34.59 亿吨、货物周转量 13312.41 亿吨公里；沿海运输完成货运量 19.30 亿吨、货物周转量 24223.95 亿吨公里；远洋运输完成货运量 7.47 亿吨、货物周转量 54236.09 亿吨公里。全年两岸海上运输完成客运量 189.4 万人次，完成货运量 5450.8 万吨，分别比上年增长 6.5% 和下降 0.2%。

2. 船舶大型化、专业化进程加快

2015 年末全国拥有水上运输船舶 16.59 万艘，比上年末减少 3.5%；净载重量 27244.29 万吨，增长 5.7%；平均净载重量 1642.16 吨/艘，增长 9.5%；载客量 101.73 万客位，减少 1.5%；集装箱箱位 260.40 万 TEU，增长 12.3%；船舶功率 7259.68 万千瓦，增长 2.8%。

船舶大型化速度加快，一是得益于内河航道条件改善，为大型化创造了条件。二是由于国家出台了拆船补贴政策，加快了船舶更新速度。还有一个重要的原因是市场驱动，由于运力过剩、运价低迷、燃油和人员成本高企，船东不得不购买更大的船舶以追求规模经济效益。"十二五"期间，国家继续实施内河船型标准化经济鼓励政策，将鼓励拆解船舶的范围从长江十线扩展到全国高等级航道水域。由此可以预见，今后船舶大型化的趋势将更加明显。

在船型标准化率方面，标准船型指标体系于 2012 年正式发布，要求所有新建船舶执行。据抽样调查，现有存量船舶符合指标体系要求的约占30%，加上指标体系发布以来的新建船舶，预计目前的船型标准化率为40%左右。

3. 港口生产

2015 年全国港口完成货物吞吐量 127.50 亿吨，比上年增长 2.4%。其中，沿海港口完成 81.5 亿吨，内河港口完成 46.0 亿吨，分别增长 1.5% 和4.1%（见图 7-3）。

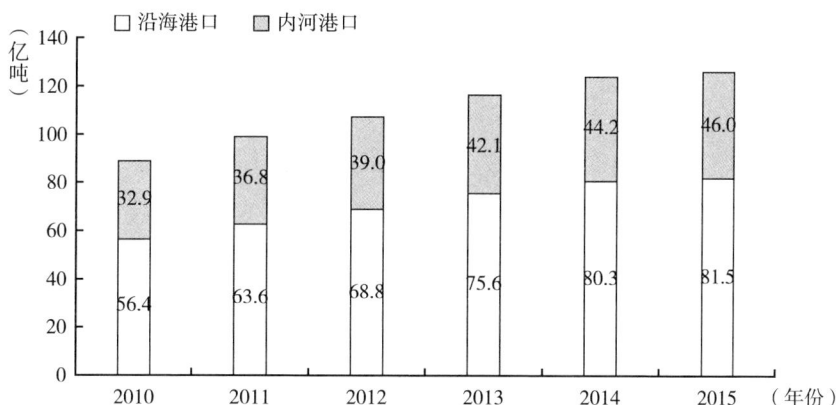

图 7-3　2010~2015 年全国港口货物吞吐量

2015 年，全国港口完成旅客吞吐量 1.86 亿人次，比上年增长 1.3%。其中，沿海港口完成 0.82 亿人次，内河港口完成 1.04 亿人次。全国港口完成外贸货物吞吐量 36.64 亿吨，比上年增长 2.1%。其中，沿海港口完成 33.0 亿吨，内河港口完成 3.6 亿吨，分别增长 0.9% 和 12.5%（见图 7-4）。

2015 年，全国港口完成集装箱吞吐量 2.12 亿 TEU，比上年增长 4.5%。其中，沿海港口完成 18907 万 TEU，内河港口完成 2249 万 TEU，比上年分别增长 3.9% 和 8.9%（见图 7-5）。

2015 年，全国港口完成液体散货吞吐量 10.81 亿吨，比上年增长8.5%；干散货吞吐量 73.61 亿吨，增长 1.6%；件杂货吞吐量 12.42 亿吨，减少 0.8%；集装箱吞吐量（按重量计算）24.55 亿吨，增长 4.5%；滚装

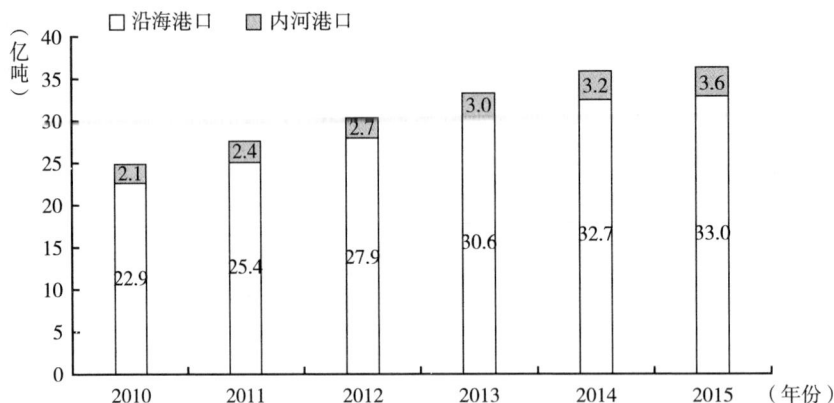

图 7 - 4　2010～2015 年全国港口外贸货物吞吐量

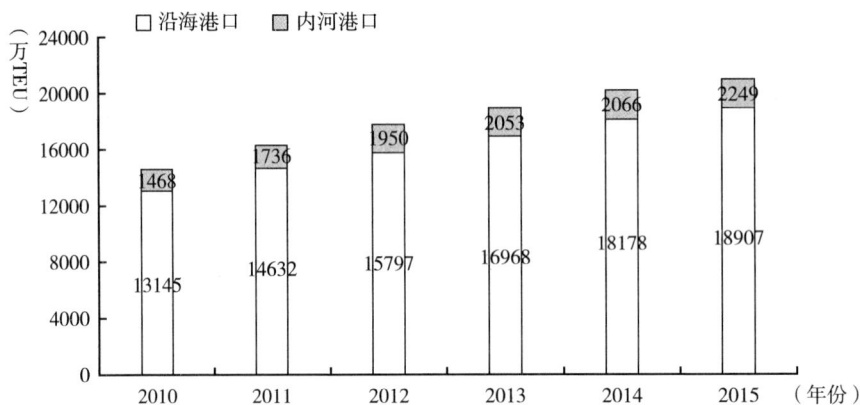

图 7 - 5　2010～2015 年全国港口集装箱吞吐量

汽车吞吐量（按重量计算）6.11 亿吨，增长 0.3%。2015 年各形态货种吞吐量构成见图 7 - 6。

2015 年，全国规模以上港口完成货物吞吐量 114.65 亿吨，比上年增长 1.9%。其中，完成煤炭及制品吞吐量 20.72 亿吨，石油、天然气及制品吞吐量 8.54 亿吨，金属矿石吞吐量 18.26 亿吨，分别下降 6.2%、增长 8.7% 和增长 0.9%。2015 年规模以上港口各货类吞吐量及增长速度见表 7 - 4。

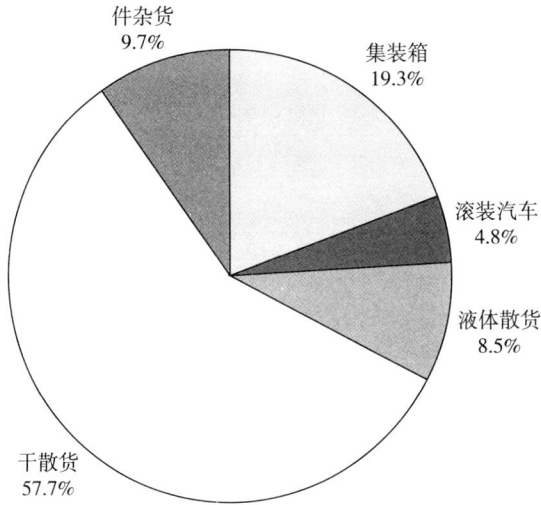

图 7 - 6　2015 年各形态货种吞吐量构成

表 7 - 4　2015 年规模以上港口各货类吞吐量及增长速度

单位：亿吨，%

货类名称	吞吐量	比 2014 年增长	外贸吞吐量	比 2014 年增长
总计	114.65	1.9	35.89	1.7
煤炭及制品	20.72	- 6.2	2.11	- 25.0
石油、天然气及制品	8.54	8.7	4.32	11.1
其中：原油	4.74	10.5	3.21	8.8
金属矿石	18.26	0.9	11.27	0.2
其中：铁矿石	16.42	0.9	10.23	0.8
钢铁	4.79	1.9	1.13	18.1
矿建材料	17.77	6.3	0.37	5.2
水泥	3.07	- 0.8	0.15	7.4
木材	0.79	- 3.8	0.61	- 6.8
非金属矿石	2.57	3.7	0.63	26.7
化学肥料及农药	0.60	15.2	0.37	12.2
盐	0.18	- 0.8	0.06	- 24.9
粮食	2.51	3.4	1.19	25.2
机械、设备、电器	2.22	0.2	1.37	1.0
化工原料及制品	2.44	3.2	0.89	1.0
有色金属	0.17	3.8	0.11	- 9.8
轻工、医药产品	1.16	0.7	0.52	11.6
农林牧渔业产品	0.55	10.8	0.24	3.6
其他	28.31	4.4	10.55	6.6

三　水运、港口信息化水平不断提高

1. 国务院印发《关于促进海运业健康发展的若干意见》

2014 年 9 月，为加快推进实施海运强国战略，国务院颁布实施了《关于促进海运业健康发展的若干意见》，提出到2020 年，我国要基本建成具有国际竞争力的安全、便捷、高效、绿色的现代化海运体系，与国民经济的安全运行和对外经济贸易的发展相适应。意见提出七大重点建设任务：优化海运船队结构，进一步完善全球海运网络，不断推动海运企业转型升级，大力发展现代航运服务业，深化海运业改革开放，提升海运业国际竞争力，推进安全绿色发展。

这是 1949 年以来国家发布的系统性文件，标志着航海运输的地位不断提升，已经成为国家战略的一部分。在国际环境日益复杂的今天，该意见的出台对于加快推进海运强国建设具有重要的作用。

2. 交通运输部发布《贯彻落实〈国务院关于促进海运业健康发展的若干意见〉的实施方案》

2014 年，交通运输部颁布了《贯彻落实〈国务院关于促进海运业健康发展的若干意见〉的实施方案》，提出要努力提升运输服务保障能力，积极推进海运绿色安全发展，加强和改进行业管理，强化科技信息和人才保障，切实强化组织实施。

具体内容包括以下 5 个方面。

（1）加快海运结构调整，建设现代化海运船队。

完善市场主体结构，对具有经营资质和实力的私营企业要持鼓励态度，并引导其发展，加快市场开放，为中小企业的生存成长创造条件，促进中小企业与私营企业建立合作机制。在我国东部沿海部分城市开展试点，为2020 年建设现代化海运积累经验。

（2）加快航运服务业转型升级，积极推进现代物流发展。

为了加快航运升级与促进物流业发展，要完善港口的基础设施，为促进现代化物流产业建设提供动力。要努力加强货物运输平台建设，加强码头港

口建设，保证货运中占比较大的、关系国计民生的粮食、煤炭、石油等实现高效运输。同时，要促进港口的功能升级，打造现代化物流服务。进一步开放市场，允许并推进港口公司与其他交通运输公司联盟经营，提倡铁水、江海联运和滚装甩挂运输，加快发展物流产业园和港口衔接区。

（3）深化海运改革和开放，构建全球海运网络。

大力发展海运网点建设，在世界范围内扩建我国海洋运输网。提升海运对外开放水平，允许有资质、有条件、有能力的海运公司在国外开展业务和提供海运服务。加快推进海外港口建设发展，提升海外海洋运输效率，构建全球海运网络，促进海上丝绸之路发展，为探索其他国际要道、提升海洋大国地位提供动力。

（4）不断加强运输服务保障能力。

建立健全运输合作机制，严格保证对重点物资的运输。加强海运企业和货主的合作，大力推进海运服务贸易的平衡发展。确保储备必要的运力，协调各运输组织，确保重点、紧急物资及时、优先运输。

（5）积极推进海运安全绿色发展。

大力发展绿色海运，建立健全船舶能源消耗管理体系，进一步加强水运节能减排，鼓励海运企业开展绿色环保运输，由使用传统能源向使用新能源转变，使企业由高能源消耗型向能源节约型转变，规范相关机制，采用试点到推广的方式，全面推动我国海洋运输安全绿色发展。

3. 交通运输部着力推进铁水联运，与海上丝绸之路衔接

江海联运并不是我国航运独有的特色，世界上一些发达航运国家都有类似运输模式。为了发挥我国江海联运的优势，近年来，交通运输部采取了以下主要举措。

第一，交通运输部与原铁道部签订了合作协议，将铁路运输特别是集装箱运输与国际海运联系在一起。

第二，大力开展与其他运输方式的合作，如铁水联运和江海联运，这是我国沿海主要港口开展对外开放建设的重要契机。优化信息和通信技术，构建信息化网络平台，加快信息化建设步伐。加强港口集疏运体系的建设，与

铁路运输紧密结合，互相衔接，从而实现集疏运的快捷化和高效化。

第三，将铁水联运作为"一带一路"、21世纪海上丝绸之路的海运衔接建设通道。

第四，着力研究如何落实"一带一路"战略。从海运本身来讲，与海上丝绸之路相关的有几个方向：南向、东向、西向。我国的海上运输，西向所占份额较大。

下一步，一是努力促使联运规范化，加快推进各类运输方式的规范化。二是制定并完善多式联运的规则，出台相关政策，加强综合交通运输体系建设。

第二节　国外航运标杆企业分析

马士基集团作为世界航运的大鳄，于1904年成立，总部设在丹麦哥本哈根，拥有数百个办事机构，6万多名雇员遍及全球的100多个国家和地区。集团实行多元化经营，除航运业外，还涉及能源业、零售业、制造业等领域，服务覆盖全球。

马士基旗下拥有马士基航运、丹马士、马士基集装箱码头公司、集装箱工业公司等，服务范围涵盖建设、生产、运营等各个方面。其中，马士基航运在世界集装箱航运企业中排名第一，设备资源丰富，公司有集装箱船500余艘，集装箱150万个，市场份额接近20%。

国内航运类上市公司在2014年上半年的营业收入达到924.21亿元，合计亏损1.78亿元。其中有4家公司出现亏损，亏损排名前三位的分别为中国远洋、中海海盛和中昌海运。中国远洋2014年上半年营业收入为299.4亿元，同比下降0.9%，亏损22.77亿元，净利润同比下降129.98%；中海海盛2014年上半年营业收入为4.53亿元，同比下降6.14%，亏损0.91亿元；中昌海运2014年上半年营业收入为1.22亿元，同比下降28.97%，亏损0.52亿元。

在一片亏损声中，2014年上半年，马士基航运交出一份漂亮的成绩单。

马士基航运2014年第一季度实现盈利4.54亿美元，和上年相比增长122.55%，占集团盈利额的37.83%。

马士基航运第二季度实现盈利 5.47 亿美元，和上年相比上涨 24.6%，占集团盈利额的 23.78%。马士基航运的出色表现，使马士基集团对全年预期收益做出调整，将"业绩高于去年"调整为"业绩显著高于去年"。

更值得关注的是，马士基航运自 2008 年金融危机以来也曾遭遇滑铁卢，2011 年通过石油等业务的对冲才解决了亏损 5 亿多美元的问题，被称为"马士基现象"，我国的航运业应从中吸取经验和教训。

马士基不反对抄底造船，但注重有效的运力管控；提前规划，打造低成本、低能耗、高效率的 3E 级船舶；策划、组建成立 P3 联盟。其中最受关注的是 2011 年马士基集团推出"天天马士基"业务，保障任何货主在每天都能运走货物。

对于过剩的市场运力，"天天马士基"业务参照航空运输规定，客户只需关注提货时间，无须关注货物始运时间和运输船只，并且可以随时提交货物。"天天马士基"服务不仅对海运业现有营运概念和货主的库存规划产生影响，提高航运业标准，树立发展新坐标，而且在一定程度上影响现有的全球航运业的运营模式。从客户方面看，"天天马士基"服务提高了货主满意度，货主不用担心货物延运，因为每天都有到欧洲的航班，可以在当天进行银行押汇，因此马士基订舱数量平稳增加。

一年后，"天天马士基"服务平均准班率达 98%，2012 年春节前后达到最高的准班率 98.5%，而其他传统航运公司面临变更服务网络的压力。马士基航运创建了新集装箱班轮理念，为客户节约时间和成本，获得客户充分肯定。

第三节　我国水路运输服务发展趋势

一　航运企业整合逐渐加快

航运公司将会整合上下游产业链，集装箱化使航运业运输服务重点从"港至港"到"门到门"变为可能。

二 航运公司和港口运营商为保障竞争优势须使物流服务更全面

航运业发展的方向是提供及时、准确、全方位的服务。随着客户在服务水平和质量方面对航运企业的要求越来越高，承运人应进一步提供"无缝物流服务"，建立全面的一体化运输服务体系，如货物包装、陆运、集运、海运、报关、分包、陆运、交货，实时监测点到点运输的过程。国际航运企业必须优化全球物流网络才能适应市场需求的改变。大部分跨国航运集团尤其是航运巨头拥有丰富的物流经验，并建立了全球物流网络。

马士基物流已在 90 个国家和地区建立了独自的物流服务网络，并在中国设立了 13 家分公司，服务范围几乎涉及所有重点货物流通区域。日本邮船株式会社（NYK）基本确定了短期的全球物流战略，加强内部物流业务力量，将全球划分为美洲、欧洲、大洋洲、亚洲、中国和日本六大区域，其中中国和美洲为最先发展的市场。早在 2002 年年中，长荣海运就表示集团将突破传统的经营模式，将业务范围扩至货运和物流，业务领域将扩至中国大陆、东南亚、印度大陆以及南美等区域，全面涉足物流领域，建设货运站、集装箱堆场等。各航运巨头将利用其竞争优势全面拓展在中国的物流业务，对此我国航运企业应把握机遇，加强物流网络建设，提高国际竞争力。

三 集装箱海运的信息化水平将会越来越高

目前，集装箱海运的信息化水平还不算高。不少中小型承运企业还在使用手工方式管理海运数据和客户信息，缺乏对海运关联企业的数据整合。这不利于其利用数据预测需求、规划航线，从而有效地降低运营成本。主要原因在于，这些承运企业缺乏长远发展规划，同时经营流程混乱。

未来航运业的信息化水平将得到提升。不同承运企业所使用的管理系统不一样，在收购或合并以后，其系统必须整合，以共享数据信息，优化资源配置，更好地利用客户资源来拓展业务。这将为承运企业信息系统的更新升级提供契机，以更好地适应新经营状况下的运营要求。

随着集装箱海运的不断深入发展，信息化必将是一大趋势。运力过剩的部分原因在于承运企业缺乏综合和全面的需求数据分析，数据的整合不足也造成其部分航线规划得不合理。因此，在未来，承运企业想要提高经营效率和盈利水平，就必须提高其对客户需求预测分析的准确性，加强对客户信息的整合，提升集装箱在途信息的可视性以能动地规划航线和调动集装箱。就数据整合而言，承运企业需要与客户、码头、堆场以及集装箱租赁方等建立数据连接，这可帮助其全面及时地获得订舱需求信息，对运力和集装箱调配具有重要的意义。此外，承运企业还可以通过分析客户历史数据，科学制定企业未来的扩张方案，以避免运力过剩。

托运企业对供应链管理的要求不断增加，承运企业需要提供更多准确、及时的数据信息，并且根据最新集装箱信息，给予托运企业一些提醒或预警，以帮助其及时调整供货或库存策略。例如，集装箱在中转港塞港数天，承运企业可根据信息系统提示托运企业预计什么时候可离开中转港，最终会延误多少天。托运企业可根据这些信息，及时向其客户通报以提前找出应对措施。还有，承运企业可根据一些历史港口信息，为重要客户重新规划航线，以避免进入拥挤的港口。这些信息服务都可提高承运企业的服务水平和综合竞争力。

四 提升准点率以提升企业的竞争力

英国专业海运咨询机构德鲁里（Drewry）发布的调查数据显示，2014年8～10月世界集运货轮准班率排名中，马士基和汉堡南美分别以80.4%和78.5%列第一名和第二名。第三名为中远，准班率为69.9%。通过比较这些数据，我国航运企业应该将业务重点放到提升货物到港准班率上，从而提高行业地位和竞争力。

第八章 航空运输服务篇

第一节 航空运输业发展概况

一 基础设施建设状况

2013 年，民航固定资产投资总额为 1452.2 亿元，其中民航基本建设和技术改造投资占主要部分，投资额为 716.6 亿元，同比增长 0.6%。2009 ~ 2013 年民航基本建设和技术改造投资额如图 8 - 1 所示。

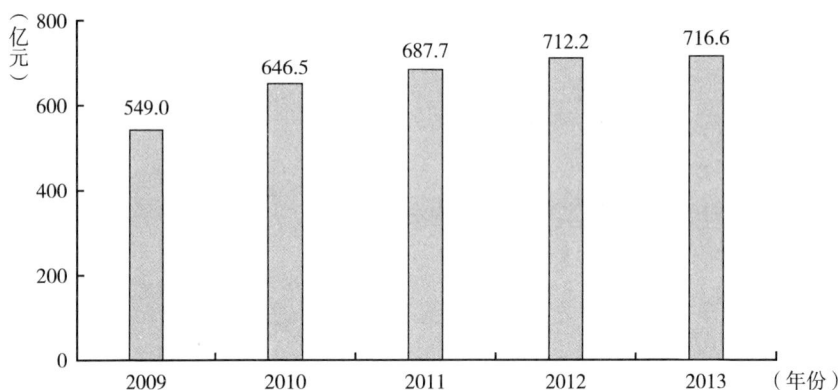

图 8 - 1　2009 ~ 2013 年民航基本建设和技术改造投资额

1. 机场数量

2015 年末共有颁证民用航空机场 210 个，比上年末增加 8 个，其中定期航班通航机场 206 个，定期航班通航城市 204 个。年旅客吞吐量 100 万人次以上的通航机场有 70 个，比上年增加 6 个；年旅客吞吐量 1000 万人次以上的有 26 个，比上年增加 2 个；年货邮吞吐量 10000 吨以上的有 51 个，比上年增加 1 个。

2. 运输机队

截至 2013 年底，我国航线里程总计为 634.22 万公里（按重复距离计算），而航线里程为 410.60 万公里（按不重复距离计算），其中共有定期航班航线 2876 条。与此同时，实现定期航班国内通航城市为 188 个。我国航空公司的国内外航线数据如下：国际定期航班通航至国际上 50 个国家和地区（118 个城市），内地航空公司定期航班中通航香港、澳门、台湾地区的数量分别为 41 个、10 个和 42 个。

二 航空交通运行分析

1. 航线航班资源量稳步扩充

2013 年，民航局运输司积极贯彻落实《国务院关于促进民航业发展的若干意见》的相关精神，根据 2013 年民航工作会议的相关要求和意见，以"宽准入、重监管、严退出"为重要原则，调整国内航空运输管理政策，继续深化和完善国内航线航班分级分类管理办法，同时相应降低航线准入条件，适当地扩大登记航线许可的范围，与此同时减少行政许可项目，进一步发挥市场配置资源的决定性作用和政府的调控作用。

截至 2013 年，国内登记的航线航班许可比例为 88.3%，比上一年增加了 0.7 个百分点，而管理局管理的航线航班许可比例为 75.2%，基本与上一年持平。其中京、沪、穗三大城市已经实现"空中快线"，主要包含 63 条航线，日均往返航班数至少为 12 个。2013 年，国内定期航线航班执行率有所上升，平均执行率 87.6%，比 2012 年提高 1.9 个百分点。与此同时，国内旅客运输量排在前 20 位的航线的竞争程度进一步加深，平均每条航线承运人数量已达 6.35 个，明显高于美国同期数据 4.0 个。

2. 航空安全情况良好

2013 年，全行业运输飞行时间总计为 691 万小时，同比增长 11.7%；飞行架次 309 万架次，同比增长 10.9%。自 2010 年 8 月以来，运输航空连续安全飞行 39 个月、2036 万小时。2009~2014 年，民航亿客公里死亡人数的平均值为 0.002，远低于世界平均水平 0.009。同时，运输航空百万架次重大事故率为 0.08，也远远低于世界平均水平 0.42。截至 2014 年 12 月 20 日，我国发生运输航空事故征候 262 起，其中严重事故征候 6 起，人为责任原因事故征候 24 起。同时，各项主要安全指标均较好地控制在年度安全目标范围内。我国的航空安全状况好于世界平均水平，航空事故率也在下降。

3. 航班正点率持续提高

2013 年 1～11 月，全行业平均航班正点率为 71.8%，厦航、东航、山航为 75% 以上。在进行航班延误治理的相关活动之后，北京、上海、广州等机场长时间延误和关舱门后长时间等待航班现象明显减少，成功实现航班正点率比前 3 个月提高 9.4 个百分点。空管系统进一步提高运行标准，机场平均放行率提高约 1.5 个百分点。在地区和相关部门的共同努力下，完善的航班延误管理制度和监管机制对提高正点率发挥了较大作用。

4. 旅客投诉与货物行李运输差错率持续下降

2013 年，共受理航空消费者投诉 1587 件，与 2012 年相比减少 214 件。

5. 民航运输信息化水平提高

民航交通的信息化直接关系到空中交通运行效率的提高、空中交通秩序的改善以及民航系统的整体效益。

（1）建设民航信息基础设施。建立完善民航信息基础设施，主要形成以空管通信网和商务通信网为重点的专用通信网络。主要内容包括空中交通管制、航空气象与情报、吃行计划与动态、国际数据交换服务。

（2）完善空管信息系统。空管信息系统是一个综合信息系统，主要为航空运输企业服务。与此同时，提供一系列信息，如航班计划、吃行动态、航行情报、气象等。

（3）协调民航商务信息系统。民航商务信息系统推动了信息服务体制改革，包括航空公司订座系统、离港系统、代理人分销系统等几个重要的信息系统。航空公司订座系统是管理供应、跟踪订座记录、控制空间分布、维护分析重要资料以及支持业务决策的后端管理系统。离港系统主要为航空公司的机场旅客服务及为运营管理提供支持。代理人分销系统实现了民航代理人对航班的实时预订，提升了航空公司的网络销售能力。

（4）航空企业信息化。航空公司的信息化主要是指开发实时运行管理、收益管理、财务管理、机务航材管理等信息系统，通过系统信息化效率的提升，不断完善航空公司管理制度和发展策略，在提升公司运营水平的同时，不断提高市场占有率。

三　政策解读

2014年5月26日，中国民航局公布《航班正常管理规定（征求意见稿）》，就航班延误的主体责任和权益保障做出初步规范，并向社会公开征求意见，主要内容如下。

1. 延误治理法制化

其实，民航局一直在大力治理航班延误，出台过许多规范性文件，但规范性文件缺乏法律强制力，治理效果可想而知。

该规定对前期若干规范性文件中的治理措施予以归纳、汇总，使之体系化、明晰化，同时，对于实践中纠纷较多的问题，如非航空公司原因导致的始发航班取消、延误的旅客食宿费用问题，该规定予以了重申和强调。

该规定将延误治理法制化，这是依法治国进程在民航的落实和体现。

2. 延误责任明晰化

该规定明晰了两个层面的责任，一个是明晰了航空公司与旅客之间的责任，另一个是明晰了航班运行各保障单位之间的责任。航空运输是系统化的活动，航班正常运行需要航空公司和相关单位的保障。航空公司在整个民航体系中直接面对旅客，广大旅客通常将航班延误等归咎于航空公司，然而航班延误存在一些不可控的因素。要厘清这些关系，不是签订保障协议就可以的。当然，该规定通过法律条规的方式，将保障单位的义务强制化、透明化，让旅客了解每一个主体应当履行的义务和应当承担的责任。

3. 先进理论、经验推广化

该规定体现了借鉴国外先进经验，将理论转化为实践，并予以确认、推广的特点。我国不断结合航空市场发展情况，加快航空领域立法工作的进程。

4. 强化信息建设，重视旅客权益

在航班延误治理中，延误信息的通报问题一直是理论和实务的热点。上述规定多处提到信息建设，如第二十条："在掌握航班延误、取消信息后，各单位应按照各自职责，做好信息告知工作。如通过各种联系方式与乘客进行沟通，实时转达航班的延误、取消以及天气情况等信息，提升机场服务质量的可靠性，避免由于信息传递不及时导致的乘客出行成本的上升，规避航空运输的投诉风险。"

总之，该规定反映了目前我国航班延误治理的现状和主要措施，也创新地提出了一些方法。当然，规定无法面面俱到，加之航空运输的系统性和延误治理的复杂性也会不断产生新的问题，因此，需要以该规定为指引，进一步思考航空公司延误补偿规则的制定、航班延误原因认定、保障单位具体保障措施、行政检查处罚实效性等问题。

第二节　航空客运服务概况

一　航空客运服务概况

2015 年全国民航完成旅客运输量 4.46 亿人次，旅客周转量 7270.66 亿人公里，比上年分别增长 17.9% 和 14.8%。其中，内地航线、港澳台航线、国际航线分别完成旅客运输量 3.94 亿人次、1019.1 万人次和 4205.0 万人次，比上年分别增长 9.2%、1.4% 和 33.3%（见表 8 - 1）。民航运输机场完成旅客吞吐量 9.15 亿人次，比上年增长 10.0%；完成货邮吞吐量 1409.4 万吨，比上年增长 3.9%。

表 8 - 1　2015 年我国机场旅客运输量情况

单位：亿人次，%

项目		旅客运输量	比上年增长
国内航线	内地	3.94	9.2
	其中内地至港澳台	0.10	1.4
国际航线		0.42	33.3
总计		4.46	17.9

二 国内航空公司旅客服务现状分析

1. 中国国际航空公司服务提升特色措施

（1）轻松办理登机手续，利用增值服务提供全新体验。

从 2012 年 3 月起，北京西单国航旗舰店、国航北京三元桥售票处推出电子客票自助乘机登记服务（Common Use Self-service，CUSS）和自助打印行程单服务，经过 3 个月的试运行，系统工作稳定，运转正常，于 2012 年 6 月正式启用。凡持有国航电子客票的旅客，均可享受北京始发航班的自助乘机服务。

办理自助乘机登记的旅客可在 CUSS 机上直接扫描二代居民身份证或护照，系统会自动显示乘机人的信息，旅客在确认信息无误后，可根据个人喜好挑选座位，并直接打印登机牌，登机牌上显示登机口号码以及各类温馨提示信息。若是旅客需要托运行李，则需要到机场值机柜台办理。当旅客到达机场安检口时，通过确认登机牌信息以及乘客身份证信息就可以登机，省去了在机场排队办理登机手续的麻烦。国航成为国内首家为旅客提供自助打印行程单服务的航空公司，此款 CUSS 机可以实现该功能。凡在国航网站、国航呼叫中心或者各营业部直属售票处柜台购买国航机票的旅客，都可以按照系统提示在购票地所在的 CUSS 机上自助打印行程单（此业务只可在购票地当地的 CUSS 机完成，不可异地办理）。最多一分钟就可以轻松完成整个操作，无须耗费时间去柜台排队等候。

2012 年是国航的服务年，同时也是国航的创新年。随着国航自助服务的不断推广与发展，越来越多的旅客深切体会到自助服务所带来的方便与快捷。国航引领行业发展趋势，大胆创新地推出了自助乘机登记服务，为旅客提供了全新的、更好的服务体验。

（2）欧洲 3 个城市行李直挂服务。

国航与首都机场联检单位和首都机场股份公司密切合作，2012 年 9 月，德国法兰克福、意大利米兰、瑞典斯德哥尔摩 3 个城市经首都国际机场中转行李直挂服务开始试运行，从这 3 个城市出发至北京或者转机去国内其他城市的国航乘客，可以一次性办理行李的托运手续，大大减少了原来二次托运的烦琐工作，旅客可享受中转的便利性。

（3）45国公民经北京中转72小时过境免签。

北京宣布自2013年1月1日起对持有第三国签证和机票的45个国家公民在北京口岸实行72小时过境免签政策，适用于美国、加拿大、英国、澳大利亚、巴西、日本、韩国、新加坡等45个国家的公民。允许符合条件的免签旅客在北京行政区划内活动。这一政策将使旅客免去申办签证的烦琐手续，利用充裕的过境时间游览北京这一中国文化的代表城市。

国航从过境旅客的需求出发，丰富产品和服务内容，进一步提升运营品质，为旅客提供最大化的运输支持，同时保证免签旅客入出北京的无缝衔接，成为各免签国旅客从北京过境至世界各地的最佳选择。

同时，国航根据旅客需求推出1~3日短期特色旅游产品，并陆续推出其他相关服务，邀请更多旅客踏上发现中国之美的探索之旅，为旅客带去独特美好的全流程服务体验。

2. 中国东方航空公司服务提升特色措施

（1）东航与上海机场检验检疫局联手推动通关便利化。

2014年12月19日，东航与上海机场检验检疫局签署了关于共同推进上海航空枢纽发展的合作备忘录。双方将在通关配合、查验联动、信息共享、口岸共建、文化交流等方面加强合作，积极推动上海航空枢纽港建设和通关便利化进程。

根据合作备忘录，东航与上海机场检验检疫局将在检验检疫政策宣贯、国际中转业务发展、通关监管模式优化、查验联动机制提升等方面进一步加强合作，相互协调配合，及时有效地解决出入境旅客服务与口岸发展工作中遇到的问题，全面维护空港口岸的安全稳定。

长期以来，东航与上海机场检验检疫局保持着紧密、稳固的合作关系。东航曾配合上海机场检验检疫局在国际中转检验检疫监管以及重大疫情疫病防控方面做了大量工作，为营造高效通关环境、维护国门稳定起到积极作用。此次合作备忘录的签署有助于推动双方业务发展，增强友好合作共识，实现互助共赢。

（2）东航在纽约推介新一代旅客服务系统。

2014年12月5日，在纽约曼哈顿以创新和艺术气息浓郁著称的切尔西区IAC大楼内，东航举办了新一代旅客服务系统大型推介活动。活动通过大幅LED幕墙全面展示东航全新波音777-300ER机型顶级客舱设施及配置，描绘东航引领的新一代旅客服务系统，为在场的近200位嘉宾奉献了一场展现东航全新形象的推介会。

本次推介会由波音公司合作单位Golden Arm与东航纽约营业部倾力策划打造，从选址、会场布置到免费机票的抽取活动，每一处都让全场宾客惊喜连连。活动还聘请专业摄影摄像师真实细致地进行记录，现场照片及参会嘉宾的互动即时通过东航北美的Facebook、Twitter和Instagram传播出去，赢得市场更多关注。

（3）东航网上座位预留服务新增自动值机功能。

2014年10月24日，东航官网座位预留服务新增自动值机功能，旅客购买东航、上航实际承运航班的机票后，只需在东航官网上预订座位，待航班开放值机后，系统即可自动为旅客办理值机手续，实现购票、选座、值机、登机的一站式便捷化服务。

该项服务的推出让旅客可以一次性轻松办理完所有的值机手续，充分满足了旅客的个性化出行需求。

3. 南方航空公司服务提升特色措施

（1）南航在澳洲航线推出机上轮椅服务。

从2014年7月15日起，南航计划在澳洲航班上正式推出机上轮椅服务，主要是广州至悉尼、墨尔本、珀斯、布里斯班等地的航班，这些航班皆属于空客A330机型，在此飞机上，有无障碍卫生间和移动扶手座椅，方便旅客使用，同时，空乘人员还将协助有障碍的旅客往返洗手间。

而需要此项服务的旅客，可进行以下操作：首先前往南航直属销售单位申请办理（可委托他人办理），时间为航班离站前48小时（含）。在南航确认且旅客正式购票后，旅客可享受此项服务。

（2）在办理网络值机后，可以持身份证直接安检。

南航自 2014 年 8 月开始，推出手机二维码电子登机牌，其中二维码主要包含乘客的姓名、航班号、登机口和座位号等信息。

除此之外，南航为方便旅客的出行，还实施了其他便民措施。例如，白云机场安装了电子登机牌专用验证设备，覆盖范围是 A 区 17 个国内安检通道、B 区 24 个国内安检通道。该设备可以将旅客的二代身份证直接作为登机牌使用，主要是通过扫描二代身份证，核准相应的航班信息，并与离港系统相匹配。旅客办理网络值机后，只需要出示身份证，就可以通过安检。一方面，能够缩短旅客扫描二维码的时间，提高安检的效率；另一方面，可以极大地减少二维码信息不全、不清楚以及旅客手机没电导致的相关问题。

（3）南航特色服务再升级，冬衣可寄存、可邮寄。

针对北方旅客南下衣物更换不便的情况，在北京、新疆等客流量大的机场设置专柜，以便旅客存放换季衣物。

2013 年此项服务不再限于少数几个航班，拓展了服务对象，使更多旅客受益。主要的运行方式如下：为方便未按期返程或选乘其他交通工具返程的旅客，在北京首推衣物邮寄和打包服务，同时为旅客提供便携式衣物袋。

（4）南航行李通程联运，旅客轻松过境。

为了减少中转旅客二次托运行李的不便，南航推出"通程联运行李直挂"服务，行李被发往最终目的地，旅客无须在中转站办理其他手续。

从 2014 年初开始，此服务拓展到国际航班，包括国内出发转机往国外的航班，以及国际转国内的 10 条航线、14 个航班。

三 国外标杆航空公司服务现状分析

1. 新加坡航空公司

新加坡航空公司获得了"航空界创新服务领导者"的美誉，而这主要得益于该航空公司优质的服务和产品。新加坡航空公司作为星空联盟的一员，是全球第一家运营世界最大客机空客 A380 的航空公司。

新加坡航空公司不断提升服务水平，通过一系列改进措施，将重心放在赢得认可度和知名度上，获得了顾客的一致认可，也树立了公司的品牌形象。

（1）新加坡航空公司空姐。

新加坡航空公司以优雅的空姐著称。她们身着巴黎著名女装大师皮耶·巴曼（Pierre Balmain）设计、采用蜡染面料制作的美丽出众的制服，以热情友好的服务展现亚洲好客的文化传统。

新加坡航空公司的客舱乘务员将服务意识贯彻到底。新加坡航空公司空姐通过严格的培训和锻炼，不仅为各类人员提供基本服务，也可为一些特殊人士提供特别服务，在安全服务和危机处理方面更是具备较强的能力。

（2）航线网络。

新航集团飞行网络遍及全球 40 个国家及地区的 101 个目的地。目前，飞往北京的航班为 3 班，飞往上海的航班为 5 班，而从广州直飞新加坡的航班为 7 班。新加坡作为一个交通枢纽，旅客可以在新加坡续程或是转机前往东南亚、澳大利亚、新西兰、西亚、非洲、欧洲、北美洲和南美洲的众多目的地。新航子公司胜安航空公司另有每周多次航班自深圳、厦门、昆明、成都、重庆飞往新加坡。

（3）现代化机队。

截至 2011 年 5 月 1 日，新航拥有一支由 107 架客机组成的现代化机队，平均机龄为 6 年 4 个月。新航运营的 A380 是世界最大客机，新航是全世界首家提供该服务的。A380 现已使用于新加坡往返悉尼、伦敦、东京、巴黎、香港、墨尔本和苏黎世的部分航班。

（4）机上娱乐系统。

新航广受赞誉的"银刃世界"个人机舱娱乐系统可提供 1000 多种娱乐选择，为乘客的空中时光增添了无限的乐趣，他们可以享受时下流行的电影、电视节目、互动游戏等。新航将一系列办公应用软件引进该系统，极大地方便了旅客的出行与办公。

（5）个性化的飞行服务。

①订票时可得座位号，登机时对乘客以姓名相称。当班乘务员会在飞机起飞前拿到全体乘客的姓名和具体舱位图，登机卡上将显示乘客座位号，乘务员可根据座位号引导乘客对号入座，并做相应的记录。与此同时，乘务员根据座位号与旅客的姓名一一对应，可将旅客的姓名喊出，让乘客感觉到舒心和安逸。而新航是首家能提供这样服务的航空公司。

②优质服务给乘客以贵宾的享受。新航提供的优质服务让乘客有种备受尊敬的感觉。比如，当乘客坐好后，乘务员根据乘客意愿提供细致的挂衣服务。起飞前，提供热毛巾、饮料以及小点心供乘客选用，乘客在新航可以享受到贵宾般的优质服务。

③机上餐食。无论搭乘何种舱位，都可以享受到风味独特的机上美食。新航"国际烹饪顾问团"由屡获嘉奖的世界名厨组成，为乘客提供精选的佳肴，全新的菜单仅在新航班机上独家供应。为使机上餐饮更加完美，新航还特别提供由"新航品酒顾问团"亲自精选的各款佳酿供乘客佐餐。因宗教信仰或健康原因需要特殊餐点的乘客，可在订位时告知订位人员，他们将依照乘客要求准备特别餐食。在起飞之后，为方便乘客的休息，乘务员会将一双尼龙软鞋套和遮光眼镜送上。同时为方便旅客用餐，会送上一份以英、法、德三种文字印刷的精美菜单，并注明飞行各段所需的时间。在用餐时间，也将酒店式的服务搬上机舱，仿照星级酒店的服务模式，为乘客提供全流程的用餐服务，使乘客在机舱里就可以享受高级的酒店式服务。

④纪念品加优待券。在乘坐过程中，旅客都可得到一包精美的盥洗用具，该用具不仅可以赢得乘客的喜爱，同时也是一种极佳的广告宣传方式。新航还免费提供寄信服务。除此之外，为提高上座率，新航为头等舱和公务舱的乘客提供优待券，乘客在如实填写自己的姓名、地址之后，该信息会存入新航公司的计算机，新航后期会将优待券寄出。这些服务，让乘客在旅途

中感到贴心又温暖，极大地提升了认可度和知名度。

（6）网上服务。

用户能够享受网上服务，包括网上购票、网上办理登机手续，会员还可享受 15% 的在线兑换优惠。

2. 日本全日空航空公司

日本全日空航空公司的航线遍及全球，声誉斐然，其规模在亚洲排名第一。日本全日空航空公司是一家成立于 1952 年 12 月 27 日的航空公司，可谓历史悠久，总部位于东京的港区汐留。除常规航空运输业务外，也提供采购、出租、销售、保养飞机及空运地面支援等服务。

公司主要在日本国内和亚洲地区发展航空事业，同时不断扩大市场范围，拥有很多国际航线，可以通达世界上其他国家的 40 多个城市。全日空在日本国内占据了相当大的市场份额，几乎覆盖了整个日本，北至北海道，南至冲绳。据不完全统计，每天都有 800 多个航班发往全球各地，日本全日空航空公司已经成为目前亚洲最大的航空公司之一。

安全舒适、高效低价的服务一直是人们选择航空公司的标准，而日本全日空航空公司就以提供这样的服务为宗旨，几十年如一日地为顾客服务。在保证安全可靠的前提下，该公司一直致力于为旅客创造舒适且具有吸引力的环境，包括空姐们富有魅力的微笑、亲切的话语和体贴的服务。

（1）让旅客体验"日本品质"。

公司作为全球 4 家五星航空公司之一，从未停止过对服务质量的追求。一直以来，公司努力彰显真诚服务的品质，开展多项以旅客为核心的线下宣传活动，力求从小事入手，为旅客打造全新空中体验。

例如，该公司的配餐中心分成热餐、冷餐和甜品等几大模块。为保证优质，该公司对时间、温度以及操作人员的卫生把关都十分严格。自 2013 年 12 月以来，该公司的经济舱开始提供由"The Connoisseurs"精心设计的全新机内餐食。同时，还配备了专属公务人员和高级大厨，提供周到的点餐服务。此外，还有"Tastes of Japan"活动，为 VIP 旅客提供精选的各地名酒以及日本美食。

"把您最需要的东西在您最需要的时候送到您手里。"这就是"一切源于精心设计"这一理念的核心思想。

（2）速度优势。

拥有发达的航线网络是远远不够的，更重要的是做好中转衔接工作。在这一方面，全日空航空公司的服务质量可以称得上航空运输业的标杆。

迄今，凡是搭乘星空联盟成员航班的旅客在成田机场进行中转，全日空航空公司都能够帮助其在 45 分钟内快速完成中转。只有在中转速度上拔得头筹，才可以在航空公司枢纽建设中取胜。例如，全日空航空公司通过和德国汉莎航空公司的有效合作，简化了中转登机手续，并且每个航班都会有专人负责引导中转，极大地提高了中转效率。在羽田机场，全日空航空公司与机场紧密合作，乘客从降落、中转到再次起飞，只需要 30 分钟。

此外，全日空航空公司不断加快公司的信息化平台建设，不断改进预订系统、航班订座系统和值机系统，在从订票到乘机的各个环节把控服务质量，实时更新航班信息并通知乘客，使乘客出行更加便捷和舒适。

（3）抓住高端旅客的心。

高端服务是全日空航空公司的核心竞争力。首先，贵宾休息室每年都会进行修缮与重整，以期实现完美的客户体验。其次，在贵宾休息室中增设了 POS 机。该机器的功能主要为办理登机手续，进行里程累积，还可以迅速查询到高端旅客的信息。它将航班订座系统和值机系统"复制"到了贵宾室，在贵宾室即可完成所有登记流程，简便快捷，既节省了旅客的时间成本，又缓解了登机口的人流压力。全日空航空公司的另一大特色是提供专门的首相休息室。休息室内没有豪华的装饰与摆设，却在细节处做到了极致。例如，全日空航空公司实施的是一对一的服务，专人接送，将贵宾送入休息室，休息室内会根据贵宾的喜好摆放相应的美食，改善用户体验。

全日空航空公司的贵宾室设有一道门，可以直接通向廊桥，乘客无须排队候机，省去了大量的时间成本，深得人心。旅客体验是全日空航空公司着重提升与改进的地方，每年全日空航空公司会投入大量资金改善餐饮和娱乐系统。

四　航空客运服务评价指标体系

根据航空旅客运输服务质量的特征，并结合国内外在航空客运方面的实际情况，具体的评价指标体系见表8-2。

表8-2　航空客运服务评价指标体系

	一级指标	二级指标	三级指标
航空客运服务质量评价体系	供给水平	基础设施	营业里程
			增长率
		运输装备	客运飞机拥有量
			增长率
		运输效率	旅客发送量、周转量
			增长率
			平均营运速度
		固定资产投资	全年完成固定资产投资额
			增长率
	旅客感知服务质量层面	有形性	购票平台设计是否合理
			向导系统完备情况
			上下车位置标示明显程度
			自助查询系统配备情况
			自动检票系统配备情况
			卫生服务设施完善情况
			车内信息报告媒介完善程度
			通信网络完善程度
			车站附近配套的公共交通网络完善程度
		可靠性	随身财物丢失率
			准时将货物送达目的地(准时率)
			投诉率
			能够保证旅客安全(列车事故率、伤亡率)
		经济性	票价是否经济合理

续表

一级指标	二级指标	三级指标
航空客运服务质量评价体系	旅客感知服务质量层面	舒适性 乘务人员是否热情礼貌
		人工售票服务工作人员态度
		是否提供热水及其他
		座椅舒适程度
		车厢内服务设施卫生情况
		车厢内拥挤程度
		候车服务
		保证性 服务人员的业务知识是否充足
		工作人员是否有耐心，服务用语是否标准
		工作人员是否认真负责
		响应性 投诉渠道的种类
		投诉处理的及时性
		投诉反馈结果的满意度
		移情性 对特殊乘客是否进行特别关注
		延伸服务

第三节　航空货运服务概况

一　航空货运运营服务概况

2014 年完成货邮运输量 594.1 万吨，货邮周转量 187.8 亿吨公里，比上年分别增长 5.9% 和 10.3%。

2015 年共完成货邮运输量 625.3 万吨，货邮周转量 207.27 亿吨公里，比上年分别增长 5.3% 和 10.4%（见表 8-3）。民航运输机场完成旅客吞吐量 9.15 亿人次，比上年增长 10.0%；完成货邮吞吐量 1409.4 万吨，比上年增长 3.9%。

表 8-3　2014 年和 2015 年我国航空货运情况对比

年份	货邮运输量（万吨）	比上年增长（%）	货邮周转量（亿吨公里）	比上年增长（%）
2014	594.1	5.9	187.8	10.3
2015	625.3	5.3	207.27	10.4

二 国内外标杆企业案例分析

1. 香港国泰航空服务有限公司

香港国泰航空于 1946 年成立时，仅有一架短程的小型货机。时至今日，其已发展成全球最大规模的货运航空公司之一。国泰的货运业务由国泰货运部管辖，约占国泰营运收益的 21%，是香港跻身环球货运枢纽的重要支柱。

国泰货运每月平均载货超过 8 万吨。国泰的货运航点包括阿姆斯特丹、亚特兰大、班加罗尔、曼谷、成都、钦奈、芝加哥、重庆、科伦坡、哥伦布市、达拉斯、达卡、迪拜、法兰克福、瓜达拉哈拉、河内、胡志明市、香港、休斯敦、海得拉巴、雅加达、伦敦、洛杉矶、墨尔本、墨西哥城、迈阿密、米兰、孟买、德里、纽约、大阪、巴黎、槟城、旧金山、首尔、上海、新加坡、悉尼、台北、东京、多伦多、温哥华、厦门及郑州。

为迎合日益增长的顾客需求，国泰推出多项货运产品及服务。

（1）优先处理货物。

①Priority Lift。针对部分顾客需要运送紧急货物的情况，国泰航空货运特设 Priority Lift 服务，确保客户急需的货品能够准时送抵目的地。紧急货物享有优先订位权并能自动实时确认。不超过 1000 千克及 6.0 立方米的货物可以在货机上自动确认舱位；不超过 500 千克及 3.0 立方米的货物可以在客机上自动确认舱位，享有最迟交货及最早提货服务。

②Courier Lift。只限一般货物，每件重量少于 32 千克，长、宽、高总和少于 158 厘米。针对部分顾客运送紧急小型包裹的需求，国泰航空货运开设了 Courier Lift 服务，该服务可以根据客户的个别需要，以最理想的航班、最快捷简便的清关手续，运送最紧急的包裹。另提供航机抵埗后将货物运送至指定地点的服务——机场到门服务。

（2）特殊货物。

①Wine Lift。国泰航空货运专门为运送葡萄酒开设了 Wine Lift 服务，在运送途中设有严密的闭路电视监测系统，以确保货物安全无恙。由于温度偏差会影响葡萄酒的质量，因此 Wine Lift 专业托运服务会因应顾客的要求，

提供冷冻集装箱，于指定温度范围内运送葡萄酒。

②Pharma Lift。国泰航空货运为运送珍贵的医药产品开通了 Pharma Lift 服务，为客户提供专业、量身定制的方案。例如，在每个航站检查干冰及电池的状况，确保维持良好状态；简化处理程序，避免货物因过冷或过热受到影响；提供全程网上温度追踪系统服务。

③DG Lift。运送危险品需要专业知识和经验，以确保运送过程不会危及生命。因此国泰航空货运开通了 DG Lift 服务，由持有危险品牌照的专业人员处理，确保完全遵照国际航空运输协会（IATA）的危险品规定。

④Expert Lift。针对顾客需要运送一些超重、形状奇特、体积异常或不能受震荡的汽车和精密仪器等货物，国泰航空货运特别设计合适的处理程序，且全程由经验丰富的专业团队负责监督。

（3）电子货运服务。

2003 年 2 月，国泰航空货运联合日本航空货运、澳洲航空货运及新加坡航空货运，推出全新互联网货运平台 Ezycargo，提供一系列针对市场需求的网上服务。

顾客可通过 Ezycargo. com 向上述 4 家航空公司预订货位、追踪货物，令托运流程的透明度及效率大大提升。

国泰致力于配合国际航空运输协会倡议的"环球电子货运"。2011 年 1 月 1 日，香港市场全面采用电子空运提单，2014 年底拓展至所有国泰及港龙航站。

2. 德国汉莎货运航空公司

1994 年 11 月，德国汉莎航空公司旗下货运航空公司成立。2013 年，以高品质服务著称的德国汉莎货运航空公司被评选为"最佳国际货运航空公司"。汉莎货运航空公司是德国国内最大的货运航空巨头，在客户服务、准点率、可靠性和安全性等方面遥遥领先。

目前，汉莎货运航空公司的航线覆盖非常广泛，在全世界 100 多个国家的 300 多个城市均设有货物运输中心，在中国的通航城市包括北、上、广、深等 14 个城市。

（1）加入货运联盟来发展自己。

德国汉莎航空公司、新加坡航空公司以及斯堪的纳维亚航空公司成立

WOW 航空货运联盟。与联盟成员的合作，有利于减少航空货运手续，统一标准，建立共同平台，改善国际航空货运服务质量。

（2）采取电子货运计划。

电子货运计划是 IATA 近年来大力倡导的继电子客票、自助式值机台、登机牌条形码识别、行李电子标签之后，又一个"简化商务"的变革，致力于减少航空货运链上的纸质文件，从而提高运输效率、降低企业成本。

（3）开拓全球货运航线网络。

德国汉莎货运通过控股或参股地面代理公司的形式，提高航线网络密度，保障终端服务，提高服务质量，最终在全球范围形成汉莎货运集团，目前航线网络覆盖全球 100 多个国家的 300 多个城市。

三　航空货运服务评价指标体系

根据航空旅客货物服务质量的特征，并结合国内外在航空货物运输方面的实际情况，具体的评价指标体系见表 8 - 4。

表 8 - 4　航空货运服务评价指标体系

	一级指标	二级指标	三级指标
航空货运服务质量评价体系	供给水平	基础设施	营业里程
			增长率
		运输装备	货运机车拥有量
			增长率
		运输效率	货物发送量、周转量（港口吞吐量）
			所占比例
			平均营运速度
		固定资产投资	全年完成固定资产投资额
			增长率
	顾客感知服务评价	可靠性	能够保证货物安全（列车事故率）
			准时将货物送达目的地（准时率）
			投诉率
		响应性	办理业务是否简单便捷
			货物到达目的地以后能否及时通知
			提取货物是否方便快捷
			投诉渠道如何，对投诉的应对是否及时

续表

一级指标	二级指标	三级指标
航空货运服务质量评价体系	保证性	服务人员的业务知识是否充足
		工作人员是否有耐心，服务用语是否标准
		工作人员是否认真负责
	移情性	能否为货主提供个性化服务（代收货款、票据抵押）
		能否将货主利益放在第一位
		了解客户的个性化运输需求
	有形性	货场货位的布局是否合理
		站点设施配置［数量、质量（仓库装卸设备等设施是否先进）］
		门对门服务水平
		业务平台设计是否合理
		客户能否快速获知业务办理流程和全程的物流信息
	经济性	票价设计是否合理

一级指标为"顾客感知服务评价"。

第四节　我国民航运输服务发展趋势

一　国家加强对民航运输安全的监管

近年来，航空基础设施建设迅猛发展，航空运输能力的发展虽然已经基本上满足国民经济发展的"量"的需求，但对其所提出的"质"的要求仍难以适应。可尝试从以下几个途径入手，加强对中国航空运输服务质量的监管，提高政府监管的效率。

1. 将航空基础设施投资的较快增长作为提高服务质量的物质基础

航空运输服务是依托于网络、设施、运输工具等实体之上的一种服务，均衡合理、衔接畅通的航空运输网络是实现优质服务的物质基础。一是构筑区域航空交通系统，加强区域内的紧密联系；二是统一规划，提高区域综合交通运输系统的效率。

民航业的发展依赖于基础设施的建设，尤其是机场的建设。未来的发展方向应该围绕国民经济空间布局三大战略，优化机场布局，加强基础设施建设，整合资源要素，建设"空中走廊"。将城市群的发展作为依托，建立属于我国特有的国际航空枢纽。在"一带一路"建设的基础上，完善自身枢纽的硬实力与软实力，打造综合交通枢纽。在建设综合交通枢纽的同时，应该考虑到我国自身的局限性，秉承量力而行的原则。与此同时，做好与其他交通运输方式的衔接，扩大机场辐射范围。

2. 将科技进步作为提高服务质量的技术保障

科技进步在交通运输中的表现：一是改进航空基础设施和航空运输工具，创造更加快捷的交通运输条件；二是改变交通运输的运营管理条件，进而提高管理效率。例如，运用先进的电子信息技术将人（包括驾驶者和管理者）、运输工具、运输线路有机地结合起来，成为一个运行有序的智能化的系统，这样将极大地提高运输效率，保障运输安全性和可靠性，提高运输服务质量。

3. 完善制度，发挥航空运输服务人员的主观能动性

在航空运输服务中充分调动服务人员的主观能动性是提高服务质量的关键一环。要让服务人员以高度的责任心、十足的工作热情投入工作之中，前提是要在用工、薪酬、奖惩激励等制度设计方面做到科学、合理，以此来激发服务人员的主观能动性。毋庸讳言，中国的航空运输服务人员队伍建设目前还没有达到这样一种理想的状态，尚需不断的制度改革来推进和完善。

4. 加快解决民航准点率问题

民航总局信息显示，2012 年中国民航客机准点率仅 74.83%，全国航空因为航班延误造成的经济损失超过 500 亿元。

而当航班延误发生时，民航企业服务人员常常会采取刻意回避、拖延的态度，忽视旅客的实际和心理需求，以"不告知、不作为"的方式处理延误状况，使旅客更加不满。如果旅客的诉求得不到满足，并且与航空公司双方之间缺乏信任，部分旅客可能就不会采取合理、合法的维权手段，导致不理性行为发生。

民航的监管同样是不可忽视的一个问题，目前民航主管部门的责任不到位主要体现在政府监管不力、服务评价无法实现以及民航安全管理不到位

等。只有以上这些问题有效解决，民航监管才能真正发挥它的作用。

（1）继续推动空域管理体制改革。

航班延误的主要原因是空域资源不足、航路不够、受军事活动和天气状况影响，而最主要的因素是供给与需求的不匹配，需求量攀升但是供给呈现紧张的态势，所以首先应从体制上入手，进行航班延误监管的顶层设计。

（2）改革航班延误经济补偿的相关政策和措施。

2004 年 6 月，《航班延误经济补偿指导意见》出台，该意见规定了针对航班延误的不同时间进行区间补偿的方式。但据调查发现，在实际操作中，在指导意见发布之后，乘客与航空公司之间的利益协调变得极不稳定。指导意见出台后，仅 2004 年 7 月份就发生此类事件 300 余起，带来了极坏的影响，不仅造成航空公司连环延误，还严重损害其他旅客的合法权益。2004 年 12 月，民航总局、公安部发布了《关于维护民用航空秩序保障航班正常运行的通告》，但是机场公安执行力度不够。如此看来，指导意见并没有有效地减少航班延误，而透过现象分析本质，实施效果不理想的原因在于其不具有法律效力，尤其是反馈机制不够完善。

（3）合理控制民航发展速度。

随着我国航空运输业的蓬勃发展，中国民航的实力再次在国际上显现，它以"中国速度"引领着全球航空运输业不断向前发展。但是伴随着行业的快速发展，一些问题值得关注，主要问题是行业技术人员缺口大、机场组织管理能力不到位、航班延误现象不断增加等。所以，为了在快速发展的同时保证航空公司的服务标准，民航管理的相关部门应该对航班开通数量、航空运输市场标准以及航空运输能力发展等领域进行监管。

（4）深化民航机场公安管理体制改革。

机场公安要做到不错位、不缺位，空防安全面临的严峻形势要求完善机场公安管理体制。为了解决机场的安保问题，需要地方政府做出更多的努力。以往机场发生的一些恶性事件，如乘客冲闯隔离区、跑道等事件，大多是机场公安与安保措施不到位造成的。当出现航班取消、延误等情况时，乘客容易做出过激行为，干扰机场公共秩序，机场公安应该鼓励依法行政、依法经营、依法维权，坚决制止旅客在航班延误后采取"罢乘""占机"等过激行动，根据法律和相关安保条例处罚扰乱机场秩序的乘客，以保障机场秩序与安全。

二 企业层面

1. 提升信息化水平

互联网的出现改变了人们的生活方式与企业经营方式。在现代社会，顾客追求更优质的产品和服务。对于航空公司来讲，使用计算机技术与模型来预测预期收益、为乘客提供更优质的业务办理服务与咨询服务变得越来越重要。目前国内航空企业的信息化水平还比较低，有一些业务能够通过互联网办理，如购票、改签、退签等服务，但是其提供的服务与功能有限。为了适应当前的商业环境，也为了提高航空企业未来的核心竞争力，航空公司必须重视信息平台和网站的建设，这样才能适应现代商业模式和发展趋势，为客户提供更高质量的服务。

随着信息社会的不断演进与信息技术的发展，尤其是高带宽通信技术的诞生，信息化建设将成为航空企业运营的重要支撑、客户服务的重要手段、市场营销的强力驱动以及创新管理的重要动力，因此构建航空信息技术核心竞争力是重要战略之一。

2. 航空货运方面——推进空铁联运

诸多研究显示，在 500 公里范围内高铁会对民航造成巨大的冲击，其快速发展对航空运输服务造成非常巨大的影响，而当行程距离超过 1500 公里时，高铁对民航业的冲击会很小。航空与铁路的联合运输模式被称为空铁联运，可以有效结合轨道交通可靠性强、准点率高、速度快和航空快速、直达的优势，将两种运输方式有效结合，充分发挥各自的优势，实现空铁一体化运输网络，有效提高运输效率与社会资源的利用效率。

目前，空铁联运方式已经在各航空公司及机场稳步推进。2014 年，天津机场及深圳机场相继开展空铁联运服务。空铁联运的快速发展，不仅促进了综合交通运输方式效率的提升，使乘客旅行时间得到压缩，旅行空间距离更广，同时还为不同地区的企业带来不可多得的发展机遇。

3. 改善民航发展环境

我国民航业发展存在一些问题，一方面，我国航空运输企业开通的国际航线较少。截至 2010 年 4 月，与我国开通了双边航空运输线路的国家和地区有 112 个，但是国内航空企业只在其中 53 个国家和地区开通了航班，许多国际航空业务被国外航空公司挤占。国内航空公司的国际业务规模不足，在国际航空旅客周转量的排名中，2008 年国航、东航分别排在第 24 位和第 40 位，南航排在第 50 位以后。此外，我国航空企业盈利的航线主要集中在韩国、日本等短途国际航线上，远距离国际航线盈利较少。

另一方面，在新的国内与国际大环境下，需要制定明确的行业对外战略，航空公司应该明晰国内外市场的不同定位，有关部门需要出台支持航空公司对外发展的政策。此外，较高的税收增加了航空企业的经营成本；境内可供民航使用的空域较小，影响了一些海外航线的开拓；联检政策在增强机场与航空公司竞争力方面的作用还有待提升。

4. 加强航空机场的综合管理，提升服务管理水平

民用机场作为现代城市或国家对外交流的窗口和名片，其服务质量、环境条件、管理水平能够塑造城市或国家的形象。不仅如此，国内习惯将航空服务视为比较高端的服务，航空业对国内其他服务业有着一定的带动和引导作用。

我国从 2005 年开始成为真正的民航大国，民航为国家与区域经济的发展做出重要的贡献。我国民航业在高速发展的进程中暴露出一些问题，如航班起飞的准点率有待提高，航班延误和取消后的服务管理有待规范与完善，有的机场基础设施不完善，服务水平不高，管理工作不及时，会给机场甚至航空公司带来一定的负面影响。以上所描述的现状，表明我国航空业服务水平差异较大，不能完全满足乘客和社会需求，需要采取积极的完善措施，提高整个行业的服务质量与水平。

民航是服务行业，更是窗口行业。在未来发展过程中，民航业应该加强硬件和软件的建设。提高航空运输服务质量应该按照科学调度、保障有力的

要求，采取更高效的协调措施和更先进的行业管理技术，以提高航班的准点率。同时，还需要进一步完善航班信息通报与应急措施，及时发布航班延误信息，制定完备的应急预案，做好各个环节的服务工作。总之，民航业应该提升服务水平和质量，提升其竞争力。

要根据民航的实际需求，积极参与空域管理体制改革。要加强对航线的优化，推进大容量快速通道建设，不断优化机场进离场航线。要信息通畅，提高效率，注重对运行信息的整合利用，保障各部门能够有效沟通。有关部门应该尽快出台相关规定，明确各方权责，加强对航班运行情况的监控检查。

第九章　城市交通运输服务篇

第一节　全国城市交通发展概况

截至 2013 年末，全国设市城市 657 个，城镇人口达到 7.3 亿，建成区的总面积达到 4.79 万平方公里。我国城市市政公用设施固定资产投资额达 1.635 万亿元，占全社会固定资产投资总额的 4%。其中，道路桥梁的建设投入达到城市市政公用设施固定资产总投入的一半，轨道交通占城市市政公用设施固定资产投资的 14.9%，园林绿化占城市市政公用设施固定资产投资的 10.1%。

截至 2015 年，全国拥有公共汽（电）车运营线路 48905 条，运营线路总长度 89.43 万公里，比上年末增加 3853 条、7.66 万公里。其中，公交专用车道 8569.1 公里，增加 1671.8 公里；BRT 线路长度 3081.2 公里，增加 290.9 公里。全年新辟、调整、撤销公共汽（电）车运营线路条数分别为 3952 条、5727 条和 810 条。轨道交通运营线路 105 条，运营线路总长度 3195.4 公里，比上年增加 13 条、379.3 公里，其中地铁、轻轨线路分别为 85 条、2722.7 公里和 10 条、341.2 公里。城市客运轮渡运营航线 123 条，运营航线总长度 568.9 公里，比上年末分别减少 3 条、增加 71.3 公里。

全国共有 16 个城市建成轨道交通，线路长度达 2213 公里，共计 1447 个车站，其中 270 个为换乘车站，共计 12346 辆配置车辆。全国正在建设的轨道交通线路总长度约为 2760 公里，有 1898 个车站，其中有 443 个换乘车站。全国城市总道路长度约为 34.4 万公里，道路面积达 64.4 亿平方米，包括人行道面积约 14.02 亿平方米，人均城市道路面积 14.39 平方米。

截至 2015 年底，我国城市客运系统运送旅客 1303.17 亿人次，比上年下降0.9%。其中，公共汽（电）车完成765.40亿人次，下降2.1%；BRT客运量为14.32亿人次，下降3.0%。公共汽（电）车运营里程为352.33亿公里，增长1.6%。轨道交通完成140.01亿人次，运营里程3.74亿公里，分别增长10.5%和14.5%。出租汽车完成396.74亿人次，运营里程1602.42亿公里，分别下降2.3%和1.0%。客运轮渡完成1.01亿人次，下降5.2%。

近年来，我国对城市交通枢纽的建设日益重视，我国一些大城市已经建立具有多种功能的复合型交通枢纽。同时，各有关部门积极推进信息技术在城市交通中的应用，在一定程度上缓解了城市交通压力，提高了居民出行的便利性，引导更多居民使用公共交通出行。

一　城市交通投融资情况

城市交通投资主要用于城市道路桥梁、公共交通的建设与维护，资金主要来源于城市建设固定资产投资和城市维护建设资金。

1. 投资水平

2014年，城市交通投资总额为12416.2亿元。其中轨道交通投资2857亿元，占23%；道路桥梁投资9559.2亿元，占77%。城市交通投资随着国民经济发展呈现稳步增长的趋势（见表9-1和图9-1）。

表9-1　2003~2014年城市交通投资额

单位：亿元

年份	2003	2004	2005	2006	2007	2008	2009	2010	2011	2012	2013	2014
城市交通投资	2323.3	2457.2	3019.9	3603.9	3841.4	4621.3	6688.2	8508.3	9016.2	9467	10790.7	12416.2
公共交通	281.9	328.5	476.7	604	852.4	1037.2	1737.6	1812.6	1937.1	2064.5	2455.1	2857
道路桥梁	2041.4	2128.7	2543.2	2999.9	2989	3584.1	4950.6	6695.7	7079.1	7402.5	8335.6	9559.2

注：2010年后的公共交通投资只包括轨道交通的投资额。

资料来源：《中国城市建设统计年鉴（2014）》。

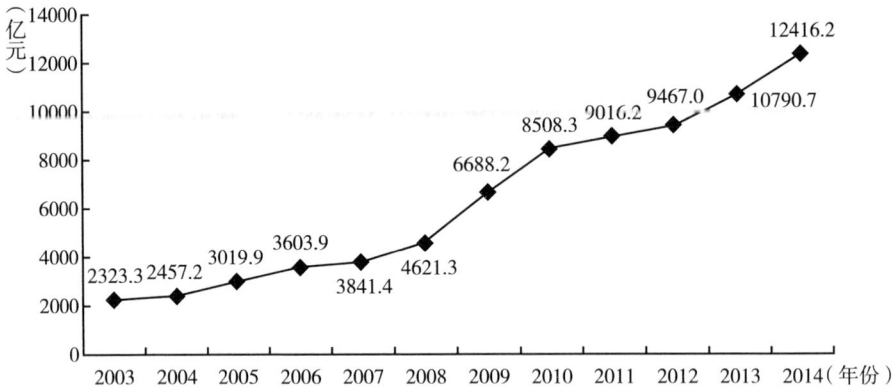

图 9 - 1　2003 ~ 2014 年城市交通投资额

2. 人均投资

全国 2003 ~ 2014 年城镇人口数量见表 9 - 2。

2014 年，按照城镇人口计算，人均城市交通投资额为 1657. 3 元，是 2003 年 443. 6 元的 3. 74 倍（见表 9 - 3）。

表 9 - 2　全国历年城镇人口数量

单位：万人

年份	2003	2004	2005	2006	2007	2008	2009	2010	2011	2012	2013	2014
城镇人口	52376	54283	56212	58288	60633	62403	64512	66978	69079	71182	73111	74916

表 9 - 3　2003 ~ 2014 年人均城市交通投资额

单位：元，%

年份	2003	2004	2005	2006	2007	2008	2009	2010	2011	2012	2013	2014
人均投资额	443. 6	452. 7	537. 2	618. 3	633. 5	740. 6	1036. 7	1270. 3	1305. 2	1330. 0	1475. 9	1657. 3
比上年增长	—	2. 05	18. 67	15. 10	2. 46	16. 91	39. 98	22. 53	2. 75	1. 90	10. 97	12. 29

资料来源：《中国城市建设统计年鉴（2014）》。

二　城市交通基础设施情况

当前我国的城市化水平不断提高，对城市交通的需求不断增加，随着经济发展和人们收入水平的提高，城市交通需求迅猛发展会导致环境进一步恶化、土地消耗不断增加和城市交通阻塞。因此，我国的道路建设十分重要。

1. 城市道路长度

2014 年，城市道路总长度为 35.2 万公里，与 2003 年相比增加了 14.38 万公里。从 2006 年到 2013 年，东部地区年均增长 4.8%，中部地区年均增长 5.4%，西部地区年均增长 6.4%。由此可见，我国近几年更加注重西部地区的开发与建设，西部和中部地区的道路建设增长率明显高于东部地区。

2. 道路密度

我国城市普遍存在道路密度（道路总长度/城区建成总面积）偏低的问题，造成我国城市尤其是大城市的拥挤问题。2014 年，我国城市道路密度仅为 7.25 公里/平方公里（见表 9-4），与其他国家还存在很大的差距，发达国家的道路密度早在 20 世纪 80 年代就达到 20 公里/平方公里。

表 9-4　2003~2014 年城市道路密度

单位：公里/平方公里

年份	2003	2004	2005	2006	2007	2008	2009	2010	2011	2012	2013	2014
道路密度	7.35	7.33	7.60	7.17	6.94	7.16	7.06	7.35	7.08	7.18	7.19	7.25

随着城市建成区面积的增加，城市道路面积也在逐渐增加，虽然我国的城市道路网还不完善，但近年来我国道路建设更加注重道路宽度而不是长度，这也是缓解我国大中型城市交通拥堵的重要措施。

第二节　全国城市公交服务发展概况

一　城市交通运营现状

2003～2015年全国公共汽（电）车运营指标见表9-5。

表9-5　2003～2015年全国公共汽（电）车运营指标

年份	运营数量（辆）	运营线路总长度（公里）	客运总量（万人次）
2003	262425	—	3713145
2004	276920	—	4140077
2005	310932	—	4671881
2006	312812	125236	4477648
2007	344489	140038	5325857
2008	367292	146514	6692606
2009	365161	208250	6401819
2010	374876	488812	6310720
2011	402645	519554	6725785
2012	419410	549736	7014989
2013	509600	589060	7711700
2014	528800	617235	7818800
2015	561800	856910	7654000

由表9-5可以看出，2009～2010年，我国公共汽（电）车运营线路长度大幅增加，国家从2010年起大力发展城市公共交通，重视城市公共汽（电）车的线路规划和建设。

专栏9-1　北京微循环公交

一　推出时间

2014年12月31日，4条6米纯电动微循环线路开通，有效解决了方庄、西红门、久敬庄、理想城等大型社区居民的出行问题，得到市民的好评。随着配套设施的逐步完善，2015 年 1 月 15 日，专 164 路、专 165 路、专 166 路这 3 条微循环线路开通，方便双花园社区、百子湾路周边社区、翠城社区等多个小区居民的出行。

二　特色服务

当前投入使用的 6 米纯电动公交的车体为黄色，被称为"小黄蜂"，座位数为 11 个，标准载客人数为 36 人。其采用整车快速直接充电的方式，仅需 30 分钟电量就能从无到充满，充满电后它可以根据载客人数和城市道路情况行驶 50 ~ 100 公里。

北京市首批招标采购了 100 辆 6 米纯电动公交车，其中 60 辆由福田汽车公司提供。这批纯电动公交车身形灵巧，在一些狭窄道路上也可以调头，多适用于微循环的公交线路，因为路程较短。每条线路投入 8 ~ 10 辆车，一条微循环线路配建一根充电桩。目前，纯电动公交享受的补贴额为 30 万元/辆，实际购买成本为 40 多万元/辆，总体价格比普通公交车便宜，且在日常运营中能节约大笔燃油费。

目前，北京公交车大部分是 18 米长的铰接式客车或 12 米长的单机客车，适合于短距离和小运量的微循环公交线路车辆比较稀缺，6 米纯电动公交填补了这一空缺，不仅优化了北京公交车队结构，还以其零排放的环保方式解决了居民小区和地铁接驳的问题。

三　不足之处

6 米纯电动公交车给广大市民的日常出行带来了极大的便利，同时给地铁、公交站点的部分黑车和黑摩的带来沉重的打击。依照规划，4 条新开通的微循环电动车线路发车间隔都在 5 分钟左右，不过在多条线路体验后发现，乘客等上 10 分钟是常有的事儿。在运营时间方面，4 条线路都集中在早晚高峰开行，周六日和节假日停驶。而占上风的电瓶车则即招即停，高峰时两三分钟就来一趟，周六日、节假日也无休。因此，受限于发车间隔和非全天候运营，"小黄蜂"要彻底取代社区电瓶摆渡车，还需要不断提升服务水平。

专栏9－2　中国BRT项目介绍及国外案例借鉴

一　我国城市BRT项目发展概况

快速公交（Bus Rapid Transit，BRT）是一种新型的交通形式。它以公交为运输载体，能够迅速有效地运输大量旅客。BRT将车站、专用车辆、专用车道、公交服务和智能交通系统（如等待时间显示）等结合为统一的系统。与传统公交相比，BRT可以减少等待时间和交通时间，提高服务的可靠性和用户的实用性，从而提供更优质的服务。

作为一种现代化的公共交通形式，BRT品质优、效率高、能耗低，由6个要素构成。第一，运行车道。由于BRT车辆的行驶空间要保持相对独立，与城市道路交通的其他营运车辆相互隔离，因此，在我国很多城市，BRT车道一般单独设置，并采用护栏，保持车道的封闭性，从而减少不必要的延阻，提高BRT车辆的运营速度。第二，车站。BRT车站的站台设置一般有两种：中央岛式双侧站台和侧式单侧站台。中央岛式双侧站台处于道路中央，站台两侧可停靠不同线路的BRT车辆，换乘较为便捷，可大大节省乘客的时间成本，又可以方便交通信号控制。但是，由于中央岛式双侧站台的设置占据了极大的道路面积，本来就不宽敞的路面变得更加拥挤，只能在部分城市的新建城区进行建设，老城区难以推行和使用。侧式单侧站台与传统公交站台的特点大体类似，如因运营需要，也可以把站台设置在道路中间，具有很大的灵活性，缺点是乘客换乘时间较长。第三，车辆。BRT车辆主要是18～23米长的大型或特大型公共汽车、无轨电车，适合于低地板和低入口车辆。对应的站台形式可以选择左开门、右开门或双侧开门。第四，售检票系统。BRT售票模式采取车站售票，同站台间免费换乘。根据情况，使用人工售票、半自动售票和自动售票，票价在普通公交票价和地铁等轨道交通的票价之间。第五，智能交通系统。BRT智能交通系统由运营调度系统、交叉口信号控制系统以及车辆监控与定位系统等组成，不仅要和BRT功能相符，也要和BRT的建设规模与远期规划匹配。第六，运营组织与管理。在 BRT 线路建设前期以及运营期间，均对客流的预测和分析非常重视，在此基础上，对 BRT 车辆、站台、道路等进行规划，从而使 BRT 运营更加高效。BRT 运营组织模式应综合断面客流需求与客流出行特征等因素，常用的两种运营模式为独立线路和组合线路。另外，做好和不同交通方式的接驳也是运营管理的重要组成部分。

近年来，BRT 的迅速发展成为我国提高城市可持续交通总体质量的契机。正如许多其他正在中国发生的事物一样，BRT 在过去几年增长迅猛。虽然中国的 BRT 尚未如地铁建设一般获得世界性的关注，但其增长速度仍不容小觑。中国的首条 BRT 线于 1999 年落成于昆明，2004 年北京紧随其后建成南中轴快速公交线，从而吸引了全国城市对 BRT 这一新交通解决方案的关注。2010 年，广州 BRT 投入使用，载客量超过中国的大部分地铁线，打破了中国 BRT 只能服务于中小客流量廊道的魔咒。广州 BRT 采用了开放系统模式，即所有的快速公交车线路均可在走廊中穿行，使用专用 BRT 车道。如今，中国的快速公交系统达到 19 个，每日客流量超过 250 万人次。另外，武汉、宜昌、上海、绍兴等城市的 BRT 项目也在规划建设之中。

BRT 项目已在中国不同地区建成运营，虽然大多数系统仍然集中于沿海地区，但近年来也出现在兰州、乌鲁木齐和银川这三座中国西部地区的城市，覆盖人口达 770 万。大部分 BRT 系统位于二、三线城市或人口少于 500 万的直辖市。由于这些城市通常没有轨道交通网络，所以 BRT 线路一般作为主要交通运营方式而使用，占据核心地位。中国的 BRT 模式各异，但运营均非常成功。每个 BRT 系统日均载客量为 3 万~4 万人次。虽然大多数系统只拥有一两条干线，均长不过 40 公里，但 BRT 仍显示出潜力，有望成为城市公共交通中的核心模式。在常州，BRT 载客量占公共交通客运总量的 25% 以上，其南北向和东西向两条走廊在市中心十字交叉，深入整个城市。由于常州 BRT 规划设计良好，对于许多城市居民和通勤者来说十分便捷，它被视为中国最成功的 BRT 系统之一。表 9-6 显示了 2016 年我国部分城市 BRT 基本信息。

表 9 – 6　2016 年我国部分城市 BRT 基本信息

城市	城市面积（平方公里）	走廊总长度（公里）	高峰期载客量（人/小时）	现有的干线走廊数目（条）	与公交路线整合
北京	1563	79	2850	4	是
广州	700	22.5	27400	1	是
杭州	551	55.4	3700	3	是
大连	318	13.7	6430	1	是
济南	310	41.6	2050	5	是
常州	307	54	2980	2	是
郑州	294	74.5	7230	2	是
成都	278	28.8	9320	1	否
合肥	263	7.2	2680	1	否
厦门	245	53.18	9850	3	是
枣庄	87	133	1400	6	是
盐城	70	16	1760	2	是

资料来源：http：//www.chinabrt.org/cn/cities/。

二　标杆城市案例分析

作为巴拉那州州府和巴西的第三大城市，库里蒂巴市位于南部的沿海地区，领土与阿根廷、巴拉圭和乌拉圭 3 个国家相邻，在 2013 年市区人口达到 184 万，市区面积 432 平方公里。一方面，作为巴西人均 GDP 最高城市之一的库里蒂巴市，早在 1990 年它的中等家庭年收入就在 4000 美元左右，市区内人均拥有 0.5 辆小汽车，在巴西全境，其小汽车的拥有率排在首都巴西利亚之后，位于第二名。另一方面，数据显示库里蒂巴市每人每年的公共交通出行频率为 350 次，即一年之中，人们几乎每一天都会选择公共交通出行。

1. BRT 基本情况

库里蒂巴 BRT 采用专用车道运行，在市中心公交专用道几乎处于道路正中间，一般情况下车辆为双向行驶。在线路设置方面，采用专用的交通设施进行隔离，保持与普通车道的独立性。在道路设置方面，BRT 道路一般为中央双向专用车道，在专用车道外侧，为普通车辆的机动车四车道，所以，在库里蒂巴市，BRT 线路也被当作地铁线路使用。在交通管制方面，BRT 与传统机动车一样，遵守路口红绿灯规则，在通过路口方面没有优先权。在收费方面，库里蒂巴的 BRT 系统采用站台售票方式，即在道路中央的换乘车站设置收费入口，刷卡或者现金买票进入，同地铁售票方式类似。

2. 发展历程

库里蒂巴的 BRT 在 1972 年开始进行规划建设，在 1973 年建成了第一条约 20 公里的南北轴线，该线正式运营是在 1974 年。在线路两端的终点站凭借 45 公里的公交驳运线和 BRT 连接，工作日每日的平均客流量在 4.5 万人次左右。在 1978 年建成了长约 9 公里的东南轴线，并成为新的发展轴线。1979 年产生一体化公共交通网络（Integrated Transit Network，ITN）概念。

因为横穿整个市区的公共交通服务还是非常少，于是库里蒂巴开始筹建区际交通服务体系。最早的区际服务线路是长约 44 公里的环线，其运行方式为枢纽站和轴线相匹配，不间断换乘。至 1980 年，库里蒂巴线路枢纽站以及线路端点车站的数量达到了 9 个，不同流向的乘客可以在快速线、驳运线和区间线之间便捷切换，减少乘客的换乘时间，从而为乘客带来很大的便利，全市每天的客流量达到 20 万人次。在 1991 年完成了全部 5 条放射轴线的建设，之后在南部增加的 2 条联络线把 2 条轴线相连，至此公交专用道总的长度实现了 72 公里。

20 世纪 70 年代，库里蒂巴市政府确立"公交优先"的城市规划理念。20 世纪 80 年代末，库里蒂巴成为巴西特大城市，人口超过 200 万，人均收入超过 2000 美元。在国际上如果百万人口及以上大城市，在人均收入为 1200 ~ 1300 美元时，就可以建设轨道交通。但是出于造价及建设周期考虑，该市政府决定不修地铁，坚持建设低成本、大运量的公共交通系统，BRT 系统成为当时的一项重要规划，有效缓解了当时经济快速发展所带来的巨大交通压力。

经过不断改进与完善，库里蒂巴 BRT 系统已经实现了分散公交的整合化和网络化，并形成举世闻名的"路面地铁"。

3. 一体化公共交通

库里蒂巴市公共交通网络运行非常成熟。其运营网络由快速公交专用道、圆筒车站、换乘枢纽、普通公交线路以及特殊线路构成。其中 BRT 构成了一体化公交系统的骨干，其余的公交线路辅助运行，与 BRT 一起构成便捷高效的城市综合运输系统。

（1）线路。

库里蒂巴的城市综合公共交通运输网络包括快速线、直达线、驳运线、区际线和主干线。

（2）车站。

①圆筒式公共汽车站。库里蒂巴共有 351 个圆筒式公共汽车站，站间距为 500～1000 米，车站实行类似地铁站的封闭式管理，可在站内刷卡和购票，有效提高乘客上下车速度，节省上车购票以及排队等车时间。车站设计与路面保持水平，特意安装电动无障碍升降装备，为老年人、儿童以及残障人士提供特殊服务。同时，道路中央的换乘站台的设置，使乘客的换乘距离和时间大大缩减。

②公交枢纽站。公交枢纽站大部分处于一体化公共交通网络的轴线位置，分中转式与终端式。不同线路的上下车站台在中转式公交枢纽站实现相互分隔，但可以通过地下通道相互连接。在线路的端点设置大型的枢纽站，并在其周边进行物业综合开发，在获取更多收益的同时，进一步减少了城市周边地区和市中心的交通运输压力。

③特别公交站。库里蒂巴还拥有全世界独一无二的特别公交站。该站于 1983 年专为残障人士设计，他们登记后便可享受一项贴心服务：每天由公交公司上门接至特别公交站，再由此乘车到不同目的地。据市政交通部门统计，该项目每年惠及近 3000 名残障人士，为他们的出行和生活提供了方便。

（3）专用道。

库里蒂巴共有 6 条主要交通干线。城市公共交通道路由 5 条车辆通道构成，其中位于道路中央的是两条独立的 BRT 线路，供红色的 BRT 汽车专门使用，站间距为 500～1000 米，两侧为辅助的单向道路，供除红色 BRT 汽车之外的其余车辆出入道路两旁的建筑。在公共汽车专用道和辅助道之间的是物流隔离带和停车场。

4. 管理和组织

库里蒂巴市政府内的城市公交公司（URBS）负责管理该市的一体化公共交通系统。URBS 是一家公私合营的公司，其中 99% 股份为市政府所有，1% 股份由私人所有，由市政府直接任命公司总经理，私人公司负责具体的公共交通运营，同时政府对私人公司提供较多优惠，并在其向银行贷款时提供信用担保服务。综合运输公共交通的票务由统一的基金会管理，具备成熟的管理系统和收费制度，整个公共交通系统采用单一收费的一票制方式，系统运营的收入统一纳入库里蒂巴的城市基金中，然后根据私人公司的实际运营里程完成情况给予报酬，管理报酬由 URBS 获得。多年来该管理体制确保库里蒂巴一体化公共交通系统稳定发展。

5. 合理的公交票价

票据分为多个种类：单票据、联票（5 或 10 张）、月票、日票、金属代币及电子卡等。票据可以提前收费，且在公交售票点、超市和杂货店出售。乘客可按照出行需求购买最优的票据。工薪阶层在公共交通上的花费多于其可支配收入的 6% 时，政府会补贴其超过的部分。穷人区的穷人可通过打扫垃圾交换公共汽车的车票。市政府针对 65 岁及以上的老年人及 5 岁以下儿童实行免车票制度。

6. 个性化服务

除了细致的道路规划和网络整合，库里蒂巴 BRT 系统的成功离不开完备的配套设施以及从细节入手的各项服务，保障实现 BRT 系统速度快、容量大、价格低等优势。

库里蒂巴市对 BRT 系统的车辆做了细致的规定，如使用专用的大型车。这种车一般为四扇双门（如同地铁车厢门），可乘坐 179 人，乘客可同时上下。最长的车型长达 25 米，五扇双门，单车乘客容量达 270 人。加宽的车门加快了乘客上下车的速度，缩短了运营时间。两节和三节车厢的汽车更提高了公共汽车专用道的交通流量。

候车站台已成为库里蒂巴市的标志之一，为钢塑制成的圆柱形建筑物，横卧在专用道旁。这种站台不仅造型富有现代感，还具有极大的实用性，乘客候车、购票、公交卡充值等均可在此完成。站台的一侧为入口，另一侧为出口，离地 0.8 米，与公交车厢底面持平。公交车到站时，站台自动控制的双门与专用车的双门可进行对接，方便乘客快速上下，节约了车辆停站和乘客换乘的时间。站台外还设有升降设施，专供残疾人使用。

和地铁购票相似，乘客可在站台候车时提前在售票员处购买车票。在公交系统内，无论长途还是短途，均采用单一的公益性票价，使用统一的车票。乘客可以在一定时间（一般为 2 小时）之内用同一张车票乘坐一体化公交系统内任何一条线路上的公交车而不用再次或多次买票。这种做法为乘客简化了乘车手续，也节省了时间和费用。BRT 系统轴线处有十几个大型的封闭式管理的换乘枢纽站，方便乘客在站内进行不同类型公交线路免费换乘。和轨道交通站比较，枢纽站平面换乘所需步距较短，时间少，多方向同台换乘较方便。

库里蒂巴市以 BRT 为代表的公交系统为人口密集的城市提供了一个地铁之外的新型方案，在效率、便捷性、性价比等方面为城市交通规划提供了一个良好的样板。

二 国内外城市公交客运服务经验借鉴

1. 香港九龙巴士有限公司

香港九龙巴士有限公司是香港首家专营公共巴士业务的公司，于 1933 年成立。主要经营九龙及新界的专利巴士服务，现经营 392 条巴士路线，共有 3842 部巴士，其中双层巴士 3668 部，单层巴士 174 部，是香港最大的巴士公司。

自 1990 年以来，香港九龙巴士作为城市居民重要的出行选择，受到了极大的欢迎。同时，因为九龙巴士运营效率的不断提升，效益的不断增加，公司针对运输车辆进行升级和改造，在车厢内安装空调设备并开通双层巴士，市民选择巴士出行的频率越来越高。21 世纪以来，香港九龙巴士公司不断升级运输车辆，并积极引进先进技术和手段来提高整个运输体系的运行效率，从而为乘客提供更加安全、可靠、舒适的巴士服务。

近几年，香港经济一直处于不断攀升的阶段，香港九龙巴士公司与时俱进，扩展现有巴士线路，调整全市运输体系，并通过海底隧道直接到达港岛，全公司运营线路总计400多条，几乎覆盖香港所有地区，极大地便利了香港人的出行，同时也使香港巴士品牌在全球获得美誉，在不断获得市场份额和收益的同时为香港经济的发展提供了有力的支撑。九龙巴士的运营具有非常大的灵活性，高峰时期，部分线路还可实现每分钟一班车的发车频率。九龙巴士最重要的就是服务的品牌力，通过一面、两线、三点开展立体化巴士服务。

（1）一面：信息化管理系统优化服务面。

九龙巴士非常重视巴士系统的信息化建设，很早就引进城市公交系统管理，在统一的平台对公交的运营进行管理，使巴士在市民心中的形象不断提升。香港九龙巴士公司投入资金进行自主交通运作系统的建设，"TOM"信息管理系统作为其核心平台，大大提升了香港九龙巴士的资源利用效率和运营服务效率。九龙巴士是香港最早使用"八达通"卡的公司之一，"八达通"卡内置晶片，可以储值，每次通过读写器扣费，于1997年9月正式推出，成为全球公共交通系统内第一张非接触式的智能卡。

（2）两线：专业性与安全性提升服务线。

香港九龙巴士非常重视机械可靠性和车队运作能力这两个运营指标。在2009年，九龙巴士车队运作能力达到100.1%，超过100%的原指标。九龙巴士配备了一系列行车监控设备，如电子速度记录仪、自助查询设备等，可以为司机提供最实时的道路以及车辆信息，通过系统分析相关数据，提升运营效率。此外，香港九龙巴士公司还设计制造出新型巴士车辆保养资讯系统，该系统可以长时间地记录车辆的运行数据和维修情况，针对车辆可能出现的故障进行预警，极大地提高了车辆的运行寿命，减少公司折旧费用的支出，增加了整个公司的效益。

（3）三点：车站、巴士、网站完善服务点。

①车站。九龙巴士车站分布非常广泛，站台建设兼具科技性、互动性、

环保性，在整体上提升了品牌形象。九龙巴士进行人性化服务，拥有舒适的空调候车厅、换乘便捷的数码巴士站台。

②巴士。九龙巴士拥有良好的口碑，并在语音报站系统、多媒体资源和车型舒适性上做到尽善尽美。九龙巴士的司机被尊称为"车长"，都会经过统一的车长培训，确保良好的服务质量。

③网站。九龙巴士于1995年构建了官方互联网平台，为乘客提供实时的巴士运行信息，使乘客查询线路更加便捷，能更快了解巴士站点位置变化。

2. 新加坡城市公交服务特色

新加坡面积小，人口众多，整个城市非常拥挤，但是其公交系统非常发达。新加坡现有公路干线超过3300公里，交通网络犹如蜘蛛网般发达，地铁及巴士是主线，辅以轻轨和出租车。SMRT和新捷运专门负责地铁与巴士系统运营，同时经营轻轨与出租车的业务，从而确保有效的公共交通服务。公共交通系统实行统一票价，成人票价为0.73～2.3新元，可用EZlink卡或零钱付款，同时，还为刷卡付费的乘客提供很多优惠。

（1）15分钟一趟的发车频率。

新加坡的公共交通运营系统非常完善。到目前为止，新加坡的城市公共交通运输体系已经建设完成，其中，城市普通运行道路为主要组成部分。基于新兴技术而构建的智能交通运输系统，使市内道路交通网络的运营非常高效。发车频率为15分钟一趟，大大方便人们出行。

（2）交通规划方便出行。

新加坡非常重视综合化的公共交通体系。不同运输方式的换乘、轨道交通建设以及站点周边的物业开发等规划得非常合理。密集的快速公交网使市民的通勤非常便捷。"强制为公交让路"这一计划的实施，使新加坡市内公共交通运输体系更加畅通无阻。此外，2010年7月推出的"定距"定价制度，使新加坡市民可以在一定距离之内随意换乘城市公共交通运输方式，乘客可以自由计划出行路线，大大便利了市民的出行，受到极大的欢迎。

（3）电子警察遍布大街小巷。

电子警察的设置非常广泛，几乎覆盖新加坡的所有道路，实时监控，确保违纪即罚款。同时，公交车都配有摄像监控系统，实时监控车辆运行信息以及道路运行情况，出现违规行驶行为将会在极短时间内处理。新加坡非常重视公共交通优先的理念，在城市内的所有主干道均建设公共汽车通道，便于车辆、行人的快速通行。

（4）出行凸显人性化管理。

新加坡公共交通系统的另一大特色是注重人文关怀，公交车前后门均设有一块黄色挡板，可拉出车外方便使用轮椅的乘客。公交站台一般都设有遮雨棚，连接至附近的商场、地铁入口及其他大厦。

三 城市公交服务评价指标体系

根据城市公交服务质量的特征，结合国内外在城市公交服务方面的实际情况，具体的评价指标体系见表9-7。

表9-7 城市公交服务评价指标体系

	一级指标	二级指标	三级指标
城市公交服务质量评价体系	供给水平	基础设施	营业里程、路网密度
			增长率
		运输装备	公交车保有量
			万人座位数
		运输效率	旅客发送量、周转量
			满载率
			平均营运速度
		固定资产投资	全年完成固定资产投资额
			增长率
		可靠性	公交指示牌准确、明白易懂
			报站及时准确
			运行准点率
			能够保证旅客安全(列车事故率、伤亡率)
			随身财物丢失率

续表

	一级指标	二级指标	三级指标
城市公交服务质量评价体系	乘客感知层面	舒适性	车内设施、设备完好情况
			候车环境
			车内温度
			车内卫生
			驾驶员着装、精神面貌
		保证性	驾驶员态度
			发车间隔
			候车时间
			出行信息的清晰度、准确度
			座位率
			车辆入站为止的准确度
		响应性	投诉渠道的种类
			投诉处理的及时性
			对投诉反馈结果的满意度
			无障碍设施等便利设施具备程度
			对特殊乘客是否进行特别关注
		便捷性	步行至站点所花费的平均时间
			公交车服务时间
			进出站的便利性
			上下车的便利性
			公交卡充值的方便性
			与其他交通方式换乘的方式
		经济性	票价是否经济合理

四 上海公交案例分析

1. 上海公交服务概况

上海市目前拥有数千条公共汽车和电车线路，是上海主要交通方式之一。随着上海轨道交通客流日益攀升，上海市交通委提出"轨交为主、公交为辅"的发展思路。截至2015年1月，上海公交线路总数达到1354条（不含区间车）。主要的公交公司如下。

（1）巴士集团：巴士一公司、巴士二公司、巴士三公司、巴士四公司、巴士五公司、金山巴士、崇明巴士。

（2）浦东公交：浦东上南、浦东杨高、浦东金高、浦东南汇。

（3）区级骨干公司：奉贤公交、嘉定公交、松江公交、闵行客运（江南旅游托管）、青浦巴士。

（4）中小公司：众兴客运、太阳岛公司、京申大众、锦山客运、露虹汽服、金球巴士、上服客运、奉贤客运。

（5）空港巴士：运营部分前往机场或机场周边的线路。

2. 上海公交服务质量调研数据整理

（1）参与调研的乘客性别分布。

本次调查发放问卷 150 份，回收有效问卷 135 份，回收率为 90%。本次受访乘客中男性乘客占 60%，女性乘客占 40%。

（2）参与本次调查的乘客职业分布。

参与本次调查的受访者中，企业职员以及学生的比例较大，分别占43.7%、35.56%，务工人员占 6.67%，公职人员占 7.41%，经营者占2.22%，退休人员占 2.22%，其他职业人员占 2.22%（见图 9 - 2）。

从以上乘客的职业分布中可以看出，上海公交服务的对象以务工人员、企

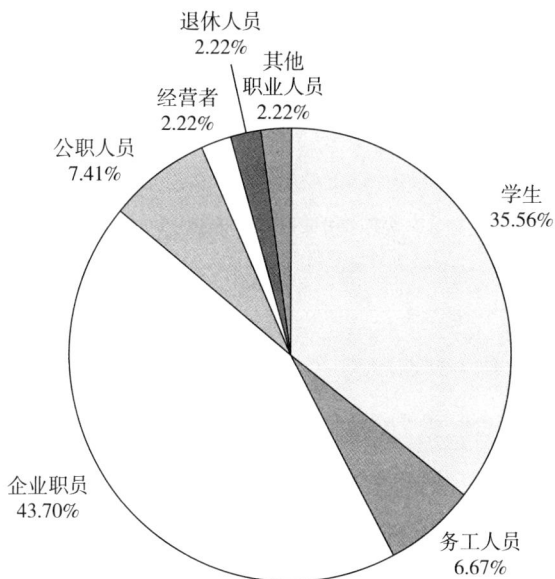

图 9 - 2　受访乘客职业分布

业职员、公职人员以及学生为主，企业职员和学生的比重最大，共占79.26%。选择公交出行方式的人口职业分布对公交站点设计、票价制定均有影响。

（3）参与本次调查的乘客每周乘坐公交次数。

本次的调查问卷中，选择公交出行方式的乘客每周乘坐2次及以下的占40%，乘坐4～6次的占33.33%。整体趋势为随着每周乘坐次数的增加，选择公交作为出行方式的乘客人数在下降。选择公交出行方式的乘客多为企业职员以及学生，且出行次数平均每个工作日不到一次。

（4）参与本次调查的乘客乘坐公交出行的单程票价。

受访乘客中单次乘坐公交车的票价为1元的乘客占11.11%，票价为2元的乘客占62.22%，票价为3元、4元和5元及以上的乘客比重分别为14.07%、5.93%和6.67%。

上海公交按照不同的线路划分为常规线路、专线线路以及机场线路，其各自定价规则见表9-8。

表9-8 上海公交票价制定规则

线路划分	分类	票价规则
常规线路	市区公共汽车、电车票价	普通汽车、普通电车、普通双层客车实行单一票价,线路长度在13公里以内的线路票价1.00元/人次;线路长度在13公里以上的线路票价1.50元/人次;空调汽车、空调电车、空调双层客车实行单一票价2.00元/人次
	郊区公共汽车票价	普通车实行多级票价:每公里按0.12元/人次计价,起价为1.00元,以0.50元进级;空调车实行多级票价:每公里按0.24元/人次计价,起价为1.00元,以1.00元进级
专线线路	普通大客车、普通双层客车票价	每公里按0.12～0.15元/人次计价,起价为1.00元,以0.50元进级
	空调客车票价	每公里按0.20～0.25元/人次计价,起价市区线路2.00元,郊区线路1.00元,以1.00元进级
	轻型客车票价	每公里按0.20～0.25元/人次计价,起价为1.00元,以0.50元进级
机场线路	0.40元/人公里,实行优惠票价	机场线路票价实行政府指导价,客运企业可以根据线路营运情况下调运价费率

（5）参与调查的乘客认为公交相较于其他交通方式的优势。

在本次的问卷调查中，约54.81%的乘客认为乘坐公交相较于其他出行方式的优势是公交车的票价便宜，认为公交到站准点率高的乘客比重在22.22%，认为公交乘车环境舒适的乘客占5.93%，约有22.22%的乘客认为乘坐公交比乘坐地铁更方便，无须经过安检等程序，认为公交发车间隔比较合理的乘客占5.19%，有6.67%的乘客认为公交车的服务时间设计合理，认为上海公交人性化服务设施齐全的乘客占4.44%，认为公交车服务人员专业而且耐心的乘客占2.96%，12.59%的乘客认为是其他原因。

（6）参与调查的乘客认为公交相较于其他交通方式的劣势。

参与本次调研的乘客中，认为公交和其他出行方式相比的劣势主要是公交车到站准点率不高的占54.81%，认为发车间隔不合理的占34.81%，认为公交换乘不方便的占33.33%，有21.48%的乘客认为公交乘车环境不够舒适，仅有5.93%的乘客认为公交票价贵，11.11%的乘客认为乘坐公交时人身财产不安全，8.15%的乘客认为公交车服务时间短，7.41%的乘客认为公交车服务人员态度差，其他原因占0.74%。

通过以上信息可以得知，受访乘客认为上海公交的劣势集中表现为到站准点率不高、乘车环境不够舒适、换乘不方便以及发车间隔不合理。和地铁出行时站内换乘相比，公交车换乘线路比较长，考虑到每条线路的长度以及乘客人数的不同，不同线路采取不同的发车时间间隔，因此部分线路时间间隔较长，不能满足乘客需求。

（7）受访乘客选择公交出行的关注要素。

本次调查中23.70%的乘客较为关注公交票价，71.85%的乘客认为公交车到站的准点率更为重要，42.96%的乘客认为发车间隔的合理性更为重要，27.41%的乘客关注乘车环境是否舒适，22.22%的乘客关注人身财物的安全性，仅有7.41%的乘客认为对投诉的处理更重要，8.89%的乘客关注公交车人性化设施的配备情况，14.07%的乘客关注工作人员的服务态度。

（8）受访乘客对上海公交服务整体满意度分析。

参与本次调研的受访者中，31.85%的受访者对上海公交服务质量比较满意，58.52%的受访者认为上海公交服务质量一般，仅有2.22%的受访者对上海公交的服务质量很满意，有7.41%的受访者对上海公交服务质量比较不满意，受访乘客中没有人对上海公交服务质量很不满意（见图9-3）。

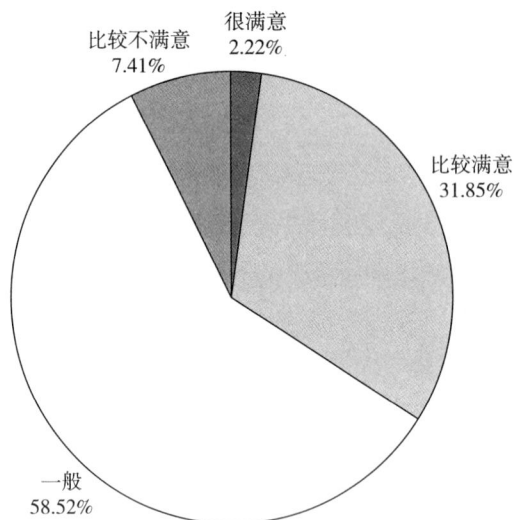

图9-3 上海公交总体评价

总体而言，上海公交的运营水平较高，未来应在公交车的票价、时间间隔、公交车到站准点率以及公交车服务人员的服务质量方面加大监管力度，进一步提高市民对上海公交的满意度。

第三节　全国城市轨道交通服务发展概况

一　城市轨道交通运营概况

1. 运营轨道交通的城市数量

截至2015年，全国共有25个城市建成轨道交通并开始运营，其中，在

2015 年新建成并开通轨道交通的城市有 3 个。全国城市轨道交通车站总数为 2092 个，其中 2015 年新增 263 个，包括换乘站 180 个，增加 29 个。运营车辆 19941 辆，增长 15.3%。地铁车辆 1.81 万辆，轻轨车辆 1434 辆，分别增长 15.3% 和 4.5%。

2006 年和 2013 年城市轨道交通运营情况对比见表 9 – 9。

表 9 – 9　2006 年和 2013 年城市轨道交通运营情况对比

城市	城市轨道交通类型	
	2006 年	2013 年
北京	地铁	地铁
天津	地铁、轻轨	地铁、轻轨、有轨电车
沈阳	—	地铁
大连	轻轨、有轨电车	轻轨、有轨电车
长春	轻轨	轻轨
上海	地铁、轻轨	地铁、磁悬浮列车
南京	地铁	地铁
苏州	—	轻轨
昆山	—	轻轨
武汉	轻轨	轻轨
广州	地铁	地铁、轻轨
深圳	地铁	地铁
佛山	—	地铁
重庆	轻轨	地铁、轻轨、单轨
成都	—	地铁
西安	—	地铁

2. 运营线路长度

2015 年，全国 25 个城市有轨道交通运营线路 105 条，运营线路总长度 3195.4 公里，比 2006 年的 601.1 公里增加了 2594.3 公里，10 年间增加的线路为 13 条，总计 379.3 公里。2013 年城市轨道交通运营线路长度见表 9 – 10。

表9－10　2013年城市轨道交通运营线路长度

单位：公里

城市	运营线路长度	城市	运营线路长度
北京	453	昆山	6
天津	142.66	武汉	54.38
沈阳	49.42	广州	241.02
大连	86.77	深圳	178.86
长春	47.17	佛山	32.16
上海	548.18	重庆	169.51
南京	84.75	成都	41.3
苏州	52.3	西安	25.3

资料来源：《中国城市建设统计年报（2013）》《交通运输部统计公报（2013）》。

二　我国城市轨道交通基础设施发展概况

由于我国土地资源有限，大城市人口及城市功能高度集聚，道路及停车设施规模有限，因此不适合发展以小汽车为主的私人交通模式。

然而，当前大城市轨道交通发展较为缓慢，建设及规划均出现不同程度的延迟，另外，私人交通急剧发展，从而使居民选择地面公共交通出行的概率大大下降。从城市公共交通的整体运行情况来看，我国大城市处于不断恶化的情形之下，因此亟须改善发展模式。

据2004～2013年的轨道交通相关数据，绘制了全国轨道交通车辆运营趋势图和客运总量趋势图。由图9－4和图9－5可以看出，近几年我国大力发展城市轨道交通，以缓解城市道路拥堵情况。2006～2013年全国轨道交通客运总量与线路总长度比变化趋势见图9－6。

三　国家和各个城市相关政策解读

1.《关于加强城市轨道交通运营安全管理的意见》发布

交通运输部出台《关于加强城市轨道交通运营安全管理的意见》，指

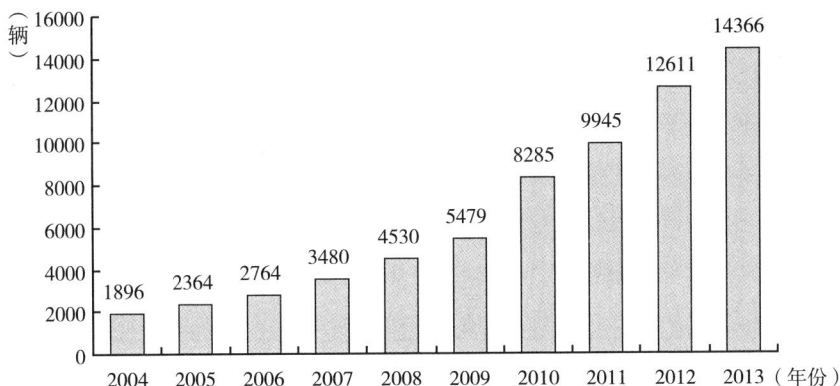

图 9-4　全国轨道交通运营车辆增长趋势（2004～2013 年）

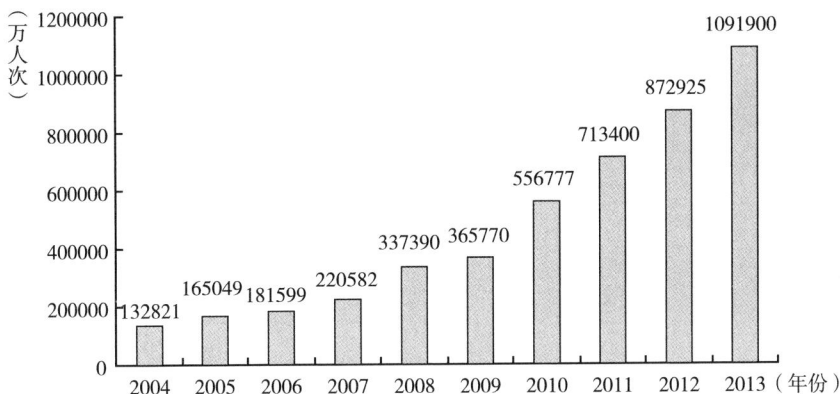

图 9-5　全国轨道交通客运总量增长趋势（2004～2013 年）

出大概用 3 年时间，通过有效措施完善运营安全管理体制，显著提高监管能力、安全应急能力、乘客满意度及社会认可度。主要内容为完善运营安全防范机制、构建法律法规体系、加快形成运营应急能力、提高服务水平等 7 个方面共 22 条细则。全国各地交通运输部门应进一步推进城市轨道交通运营的安全管理技术及运营管理标准化委员会的建设，逐渐形成从业人员的培训、考核制度，并构建完善的运营安全监督和评估体系。建立安全保护区巡查制度，进一步保障运营安全。

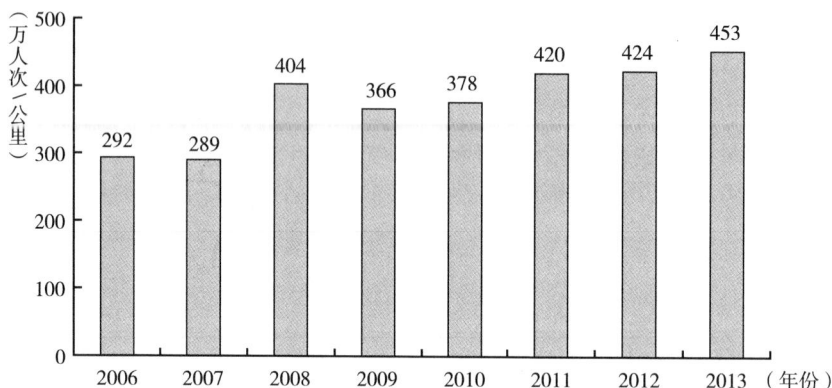

图9－6　全国轨道交通客运总量与线路总长度比变化趋势（2006～2013年）

2. 北京市

（1）《城市轨道交通工程设计规范》发布。

2013年8月，北京市发布地方标准《城市轨道交通工程设计规范》，指出未来北京地铁最佳换乘时间是在3分钟以内，列车运行最小间隔不超过2.5分钟，地铁疏散撤离时间控制在4分钟内。新标准指出将在新车站出口设置无障碍电梯替代轮椅升降机。

新地方标准《城市轨道交通工程设计规范》规定，轨道交通运行最小间隔在2.5分钟内。北京市质监局相关人员指出列车间隔时间和系统服务水平有关，只有行车间隔进一步缩短，服务水平才能提高。新标准指出轨道交通车厢内每平方米最多容纳5人，之前设计载客量时没有按照这个标准实行，导致实际运营中经常出现高峰期车厢内拥挤现象。

车站站厅、站台规模、出入口通道、楼梯、自动扶梯及售检票口（机）等按照高峰期客流量设计。新标准指出，换乘车站换乘路径两端站台跨中区的人流密度应小于1.2人/平方米，各组换乘设施端部前最大拥堵人数应少于200人。同站台换乘所需时间应少于1分钟，节点换乘3分钟内最佳。若拥堵车站滞留人数超过400人，可认定该换乘车站换乘能力较差。站台疏散设施应保证疏散时间在4分钟以内，也就是说在高峰期站台候车乘客及进站列车载运乘客过扶梯和疏散通道等一些安全出口总时间控制在4分钟以内，通过此标准考核站台安全出口通行设施能力。

（2）《北京市轨道交通运营安全条例》发布。

2014 年 12 月，北京市政府颁布《北京市轨道交通运营安全条例》，并于 2015 年 5 月实施。主要内容有以下 6 个方面。

①试运行不得少于 3 个月。新建和改建轨道交通项目应符合安全管理的规定，并配备相应的安全基础设施。新轨道交通项目竣工后，相关管理单位应对其进行试运行达标检验，并进行空载试运行，试运行时间不得少于 90 天，同时，根据本条线路初始情形进行试行的时间不少于一个月。验收合格后，轨道交通才能投入试运营，且试运营时间为 1～3 年。

②广告不得影响安全标志。轨道交通车站、车厢、隧道、站前广场及高架线路桥下等空间内的广告、标语、宣传条幅以及商业建筑必须遵守地铁运营相关条例的规定，商家及乘客不可以对具有导向性的标志，如安全引导指示牌、紧急疏散指示牌等进行破坏或者干扰。此外，应保证乘客疏散通道的畅通，不可以抢占空间。

③站台应提示车辆运行状况。运营单位不仅应在车站明显位置发布首末班行车时刻表与换乘信息，还应使用语音广播、网络电视以及人工服务等措施对车辆到达与出发进行提示，通知列车运输状况等，不断拓展信息发布的渠道，告知乘客调整的运营计划及列车延误情况并提供问讯服务，使乘客可以随时随地了解出行整个过程的情况，从而制定合理的出行计划。

④遇大客流可以停运。轨道交通网络管理机构、运营单位应对设备设施、运营组织及气象灾害、大型活动等信息进行监测、归集、分析、报告和预警。加强应急演练，演练可邀请乘客参加。发生突发事件后，有关单位应立刻采取多种方式向公众发布准确信息，并实时更新突发情况的处理情况。

⑤在地铁上发小广告最高罚 1 万元。在《北京市轨道交通运营安全条例》审议中，地铁上是否禁止饮食一直是社会关注的焦点。几经删改后，这一条款并未出现在最终的表决稿里。此次表决通过的《北京市轨道交通

167

运营安全条例》提出，市交通行政主管部门应当制定轨道交通乘客守则，对乘客安全乘车行为做出规范。此外，在车站、车厢内乞讨、卖艺的，可处50 元以上 1000 元以下罚款。在车站、车厢内派发广告等物品的，可处 100 元以上 1000 元以下罚款；情节严重的，处 1000 元以上 1 万元以下罚款。

⑥地铁安检，查人或查物。草案修改稿相关条款规定了安全检查的内容。《北京市轨道交通运营安全条例》指出无须同时对乘客人身及携带物品进行安全检查。安检可以对携带的物品进行检查，也可以对人身进行安全检查。当前北京市有 9 个地铁站进行人物同检，站点多为人员密集地，一般情况下高峰时期人物同检不利于大客流通行。

3. 上海市

2013 年 11 月上海市发布《上海市轨道交通管理条例》，并于 2014 年 1 月 1 日正式实施。

（1）对折叠自行车明确说"不"。

折叠自行车能否进地铁，或者分时段进地铁是《上海市轨道交通管理条例》修订过程中的一大争议。经过研究，轨道交通设施范围内禁止携带自行车（含折叠式自行车）与使用滑板、溜冰鞋等。

（2）地铁逃票处罚新规。

无车票、持无效车票乘车的乘客，轨道交通企业可以按照最高轨道交通网络单程票价补收票价，并按照票价 5 倍处罚。优惠票价乘客应携带本人的有效证件乘车；禁止冒用他人证件或伪造证件乘车，其他类似逃票行为可记录在个人信用信息系统。轨道交通企业可对冒用他人证件的乘客处以 50 ～ 500 元不等的罚款，伪造证件的应报公安机关进行依法处罚。

此外修订的条例明确规定乘客"不得在列车车厢内饮食、大声喧哗"。修改乘客携带行李的尺寸规定，修改为"乘客携带的物品重量不得超过 23 千克，体积不得超过 0.2 立方米，长度不得超过 1.7 米"，与公交客运规则及航空行李尺寸规定相统一。

4. 西安市

2011 年 8 月，西安市发布《西安市城市轨道交通条例》，于 2011 年 9

月 1 日起施行。

（1）节假日将增加车辆。

由于节假日或大型群众活动导致客流量提高的，城市轨道交通经营单位应该合理提升运力。当客流量激增危及运营安全时，相关单位应采取临时限客流量等防御措施，确保乘车安全。

（2）投诉可要求 5 日内给出答复。

城市轨道交通的管理机构及经营单位应建立健全投诉受理制度，处理乘客投诉。自受理投诉当天起 5 个工作日内相关单位应做出答复，公众对未答复或对答复有异议可向城市轨道交通管理机构进行投诉，管理机构应在受理之日起 7 个工作日之内进行答复。

（3）禁止带动物或穿滑轮鞋上地铁。

禁止于车厢内吃东西，禁示携带动物、充气气球进站、乘车，禁止使用滑轮鞋、滑板，禁止携带自行车等交通工具。

（4）车厢里不能打闹。

禁止在城市轨道交通设施内派发物品、进行广告宣传或其他销售活动。禁止在设施范围内拍摄电影、电视剧等非运营活动。禁止在车站及车厢内打闹嬉戏、大声喧哗等影响运营秩序及安全的行为。

（5）地铁内禁烟，车厢内禁食。

禁止在城市轨道交通设施内吸烟、吐口香糖、乱扔果皮纸屑等废弃物。禁止在车厢内饮食。禁止在城市轨道交通设施上刻画、涂写、擅自张贴和悬挂物品。禁止躺卧、踩踏车站、车厢内的座椅。

四　国内外城市轨道交通客运服务经验借鉴

1. 日本城市轨道交通的人性化客运服务

日本的城市轨道交通发展得非常成熟。"人性化"是其服务的首要标准，在不断完善服务体系的过程中，日本城市轨道交通走在全球前列。

（1）无障碍化。

①清晰、易懂的引导标志。在日本，轨道交通的一大特色就是拥有简

169

明、易懂的交通引导标志，站内的引导标志多是图片形式，浅显易懂，在导向牌的帮助下，方便乘客获取车次、终点站、班车首末班时间以及站台等信息。为了方便外国游客，引导标志用多种语言显示，如日文、韩文、英文以及汉语等。在每个车站都较为详尽地用不同颜色标注不同线路，乘客只需对颜色进行区分就能很轻松地获取自己搭乘的线路和列车信息。车站配置了大量信息提示牌，实时显示乘车信息。此外，还有一些设备帮助乘客获取最佳出行路线。在每节车厢门上方标有所乘线路及换乘线路，线路标注颜色和陆上线路颜色一致。

②对残障人士悉心关怀。日本城市轨道交通的另一个特色在于其对残障人士的服务。其服务具有非常完善的体系，主要包括以下4个方面：为残障人士配备专用电梯，方便其正常出行；专门设置盲人用的售票机、盲文时刻表等，并提供站内引导服务；在地铁站内建设专用服务基础设施，如卫生间、休息室以及座椅等；在站内配备专业的服务人员，时刻为残障人士提供特殊服务。

（2）方便、灵活的检票、售票系统。

①检票系统。为了方便高峰期乘客通行及分流，检票机可进行连续车票检验，且可对任何类型车票的正反面进行识别、读取，大大缩减乘客的出行时间。另外，与国内检票不一样的一点就是，检票通道在常规情形下处于通行状态，只有在乘客检票出现问题的时候才会进行提醒并关闭，从而降低了检票闸机扇叶的开关频率，降低了设备的折旧费用和更新维修费用，大大方便了乘客进出站。

②售票系统。日本轨道交通有多种票制，如月票、IC卡、乘车券等。对成年人来说月票比普通票每月能节省37.4%，学生月票节省66.1%。IC卡兼具月票和储值卡功能，在乘车时可作为月票使用，不乘车时是储值卡。此外，在日本国内的部分地区，城市轨道交通运营公司会推出有折扣的旅游观光乘车券，可大大减少乘客一日之内多次买票的情况。例如，京都、大阪和神户等城市，针对乘客出游旺季进行营销，由不同的城市轨道交通公司联合推出多功能一体化乘车券，可用于地铁、公交和景点门票消费，吸引了众

多游客，大大增加了选择城市轨道交通旅行的乘客。

（3）精准快捷。

①列车准点率。日本城市轨道交通的晚点率非常低。市民对城市轨道交通非常信赖，甚至可以掐点出行。如果列车出现晚点情况，耽误乘客的出行，造成乘客损失，乘客可以进行投诉或者通过司法途径进行维权。

②轨道换乘。换乘中心包含公共汽车站、出租车站和地下停车场，方便乘客进行立体换乘。与世界上其他国家相比，日本的换乘系统非常便捷，乘客出行时间可以大大缩减，使乘客更加愿意乘坐地铁出行。

（4）多样化的服务。

①车厢环境。为适应高峰期庞大客流量产生的不同需求，日本轨道交通设有不同类型的列车车厢，炎热夏天列车会开强冷空调，但针对体质弱的乘客，会设有一节或几节弱冷车厢。一般情况下轨道交通内禁止吸烟，但是为了一些烟瘾严重的乘客，列车会设有专门吸烟的车厢。在客流高峰期，车厢两侧座位均会自动收起，以增加空间缓解客运压力。

②完善的车站服务。在日本，城市轨道交通的大型换乘站的内部或者外部均建设了不同的商业性物业，如大型连锁超市、酒店宾馆、餐厅、银行以及公共休闲场所等，在方便乘客的同时为公司带来丰厚利润。在车站，汽车停车场一般很少见，因为空间有限且出于政策考虑（限制小汽车使用），只有大型换乘站及个别郊区车站会建设。

2. 伦敦地铁的服务特色

伦敦目前有 12 条地铁线路，其网络几乎覆盖伦敦所有地区。在上下班高峰时期，伦敦地铁运行的时间间隔为市中心地区 2 分钟内，市中心之外 5 分钟左右。非高峰时期，伦敦地铁运行的时间间隔一般为市中心地区 5 分钟左右，市中心之外地区 10 分钟左右。据统计，伦敦地铁每天的乘客运输量为 220 万人次，每年乘坐伦敦地铁的达到 8 亿人次。在伦敦市内，一张日票可在 6 个区的地铁上通用，大大方便乘客在火车站和机场换乘地铁，部分地铁站甚至连接旅馆后门。在伦敦每个车站口都可以取到口袋版的地铁线路图，线路图不仅包含各地铁站点信息，还包括车站附近街道的地图标注信息。

为了方便老、弱、病、残等特殊乘客的出行，伦敦地铁在每个车厢内都设置专属座位。同时，伦敦地铁的票价计算方式为根据乘车范围进行差价收费，车票种类较多，如单程票、往返票、年票、月票以及日票等，可满足不同乘客的出行需求。此外，伦敦地铁公司会根据不同的节假日设置特殊票价，使乘客可以方便地享受出行乐趣。乘客购买车票的方式多种多样，可通过网络、电话、站点以及自助售票机购票。

伦敦地铁的另一个特色就是，其非常注重地铁内部环境的设计，极其注重乘客对地铁乘坐环境的服务感知，在为乘客提供便利的同时，更让乘客得到感官的享受。例如，Canary Wharf 地铁站的设计结合动感和优雅，Westminster 地铁站结合传统与现代，NorthGreenwich 地铁站演绎蓝色空间，Gloucester 地铁站就像免费艺术展览馆。

3. 香港案例

香港地铁的建设，特别是其经营和服务，让香港人引以为傲。经营地铁的成功经验是香港宝贵的财富。世界各国的许多大城市，如美国纽约、法国巴黎、英国伦敦、日本东京、俄罗斯莫斯科等，都有地铁。论线路之长和四通八达的程度，香港不是第一，论硬件设施，一些城市新建的地铁也很先进，但若论经营之道和服务之出色，香港名列前茅是无可争议的。

作为交通系统，其是否成功，首先取决于其是否便捷。作为地下交通，与地上交通相比，地铁由于不存在堵车问题，因而在快捷方面拥有"先天"的优良条件，但是优良的条件不等于必然地形成优势。线路的设计、车次的疏密等，都关系到运营的效率。香港地铁在这方面是成功的。每一个香港市民都认同，地铁是香港最便捷的交通工具。两三分钟一趟的车次密度，为城市居民上下班提供了最大的方便和保障。这与香港高效和快节奏的城市生活是相符的。对香港人来说，时间就是金钱。地铁是香港人用最短的时间上班和下班所依赖的主要交通工具。

作为交通工具，安全是对乘客的最重要保障，也是乘客最关心的。地铁在地下运行，在如此封闭和狭窄的空间，一旦发生火灾等事故，乘客疏散和转移是一个大问题。车速快、车次密、乘客多，确保车站安全极为重要。几十年来，香港地铁的安全纪录良好。香港地铁奉行"安全第一"的宗旨，不满足于历史纪录，为确保更加安全，近年不惜工本加装安全幕门，令乘客有更大的安全感。香港地铁每年都会和乘客代表及独立人士多次测试地铁的紧急事故处理系统。香港地铁多年来安全运作不是靠运气，而是靠地铁管理层和广大员工每时每刻都在积极主动地消除任何隐患。

准时准点运行是高效交通工具的一个重要指针。自 2002 年以来，香港地铁平均年准时率达到 99.9%，超过 99.5% 的服务承诺。地铁占整个香港交通总量的 30% 以上，被称为世界最有效的地铁。要做到高效可靠，不仅需要足够先进的硬件设施，更重要的是需要先进的、科学的管理理念和方法。香港地铁从 1975 年成立之初到现在，一直坚守要为香港市民提供一个安全、可靠的集体运输系统的承诺，这个承诺已经兑现。香港地铁以稳健的发展脚步和勇于进取的精神，为香港建设了一个四通八达的地下交通系统，将香港变成了一个完美的"地下之城"。

香港地铁的服务可以说是世界一流的。作为世界上最繁忙的铁路营运系统之一，香港地铁不但行车时间准确、安全可靠，而且恪守"用心服务"的理念，凭借车站内完备的设施、独具匠心的设计，提供多种人性化的服务。香港地铁车站在私营化后商店种类和数量都大大提高，且很多车站内配有银行或者自动柜员机、便利店及西饼店等。

（1）扶手电梯。

香港地铁车站内都配有升降机或者轮椅辅助车供携带大型行李的旅客和残障人士使用，还有大量自动扶梯。

（2）月台幕门。

机场快线、东涌线、将军澳线、西铁线及尖沙咀支线在建设初期都装有月台幕门。香港地铁公司成为世界首家在营运铁路系统中配备月台幕门的地铁公司。

（3）自动体外心脏去颤器。

从 2012 年以来，全线 84 个车站和城际客运九广列车上，共有自动体外心脏去颤器 237 部。

（4）网络。

香港地铁各车站和行车隧道内均设有移动电话网络，方便乘客在地面或地下不间断使用移动电话，且乘客在香港车站可免费使用 15 分钟 Wi-Fi。

（5）无障碍运输。

早在 1998 年，香港地铁就积极采取措施，在车厢内设轮椅专用空间、盲人引导径、阔闸机和升降机，方便残障人士乘坐地铁。

五　城市轨道交通客运服务质量评价指标体系

1. 城市轨道交通客运服务质量特性分析

城市轨道交通的客运服务与一般服务一样，其特点包括抽象性、差异性、不可分离性、不可存储性：①运营企业向乘客提供的服务产品是客运服务；②客运服务的提供与乘客的消费是同时发生的，当服务质量出现问题时，难以立即修正，往往会采用补救措施；③城市轨道交通客运服务包括有形的服务产品和无形的服务产品，前者包括机车及相关附属设备，后者指安全、快速、准时、便捷的运输服务；④客运服务是不可存储的，具有一次性和不可逆性，运营公司提供服务不能超过其服务能力；⑤乘客体验了客运服务之后，可以对服务质量做出评价。

2. 城市轨道交通客运服务质量影响因素分析

随着我国经济的快速发展，居民的生活质量得到很大的改善，对服务水平和质量也提出了更高的要求。在出行方面，人们越来越关注客运服务的安全性、准时性和舒适性。城市轨道交通是城市公共交通系统中的重要组成部分，是居民出行的重要交通工具，应该基于乘客的角度来研究客运服务，探讨与服务质量相关的外部因素，并着力改善城市轨道交通服务状况。

运营企业在提供城市轨道交通客运服务的时候，应该站在消费者即乘客的角度，提供乘客需要的客运服务，一方面减少给乘客带来负面作用的因素，另一方面要为乘客提供更好的服务。应当使用现代科技与信息技术，提高企业的管理水平，完善客运服务设施，从而提供更加方便、快捷、令人满意的客运服务。

（1）运营质量。

①服务承诺。企业在为消费者提供产品和服务时，一般会做出一些服务承诺。基于城市轨道交通准时、安全等运输特点，其服务承诺应包括以下方面：列车准点率、列车运行图兑现率、上线率、首末班时间准确性、故障响应时间、应急处理水平等。

②服务效率。我国大城市普遍面临交通拥堵问题，城市轨道交通的运输效率远高于其他城市交通工具，这也是城市轨道交通吸引乘客的原因之一。通过提高运输效率，可以改善客运服务质量。而通过提高城市轨道交通线网密度、缩短发车时间间隔、提高换乘便捷性，可以提高运输效率，为人们提供更为便捷的出行方式，从而提高运营质量。

③服务价格。人们选择出行方式时，除了方便、快捷和安全等因素需要考虑外，出行费用即服务价格也是人们重点考虑的因素，而票价收入又是运营企业重要的收入来源。因此，票价的制定对乘客和运营企业都非常重要，服务价格也是城市轨道交通客运服务质量的影响因素。

（2）感知质量。

①服务关怀。服务行业需要做到的就是以顾客需求为导向，所提供的服务要能够满足客户需求。城市轨道交通作为服务行业，其服务应该以乘客需求为导向。

②服务设施。乘客乘坐城市轨道交通包括进站购票、检票、乘车、换乘、出站这一系列流程。运营企业在站内和车内设立易识别的引导标志，合理设计检票、售票系统，为乘客提供更为便捷的出行服务。

（3）服务安全。

我国目前处于大规模建设城市轨道交通的阶段，正在建设的城市轨道线路有数十条，在建线路长度超过 4000 公里，建设速度远远超过国际上轨道交通发达的城市。在追求建设速度的同时，却暴露出一些安全问题。城市轨道交通客运量大、封闭性强，发生紧急事故时疏散难度较大，因此，在前期设计建设和后期运营过程中，应该重点关注城市轨道交通的安全性。行驶的安全，站台与轨道的安全隔离，站内楼梯、自动扶梯的安全使用，安保情况与应急措施等，都直接关系到乘客的生命财产安全。

城市轨道交通线路和站点往往存在于地下空间，一旦发生重大安全事故，人员的疏散难度远大于地面交通的疏散难度，会造成巨大的人员伤亡和财产损失。面临突发事件的反应速度、处理速度，与乘客的生命财产安全息息相关，也影响乘客对客运服务的评价。

（4）服务环境。

运营企业应当为乘客提供良好的乘车环境，除此之外，如果能够融合城市生活与地域文化，则可以有效地提高服务水平。空气流通性和装饰的美观程度是城市轨道交通服务环境的重要组成因素。

①空气流通性。城市轨道交通较多地使用地下空间，加之客流量大、运行服务时间长，如果没有良好的通风环境，将会极大地影响乘客的乘坐体验。因此，保持站内和车内良好的空气环境，对城市轨道交通非常重要。

②装饰的美观程度。在站台、通道和车内进行布置装饰，体现城市文化与地域特色，能够让乘客享受整个出行过程。在车内安装电视可以帮助乘客打发乘车时间，提高乘客的满意度，也是提高服务质量的有效方法。

根据城市轨道交通旅客运输服务质量的特征，结合国内外在城市轨道交通旅客运输服务方面的实际情况，具体的评价指标体系见表9-11。

表9-11　城市轨道交通服务评价指标体系

	一级指标	二级指标	三级指标
地铁服务质量评价体系	供给水平	基础设施	营业里程
			增长率
		运输装备	轨道交通车辆拥有量
			增长率
		运输效率	旅客发送量、周转量
			增长率
			平均营运速度
		固定资产投资	全年完成固定资产投资额
			增长率

一级指标	二级指标	三级指标
地铁服务质量评价体系	顾客感知服务评价	
	便捷性	列车运行速度快,节省时间
		地铁线路设计合理,换乘方便
		列车发车间隔合理
		购买地铁票方便,等待时间短
		进出站时间短
	舒适性	列车运行平稳
		地铁站及列车上干净卫生
		地铁站及列车拥挤状况
		上下车秩序状况
	有形性	地铁站有先进的设备
		地铁站及列车在外观上能够吸引乘客
		服务人员着装得体、整洁
	可靠性	能准确提供班车到达时间,准点发车、准时到站
		换乘标示准确、明白易懂
		报站及时准确
		进出闸机可靠
		地铁运营企业是可靠的、值得信赖的
		能够保证货物安全(列车事故率、伤亡率)
		随身财物丢失率
	响应性	地铁站能够及时处理乘客投诉
		地铁因故延迟后有好的应对措施
		服务人员能够及时回答乘客问题
	保证性	地铁服务人员的行为能够得到乘客的信任
		地铁站服务人员总是态度友好、礼貌待人
		地铁站服务人员总是尽力帮助乘客解决问题
	移情性	地铁站能够给予特殊乘客人性化服务
		地铁运营企业能够把乘客的利益放在首位
		地铁的运行时间能够便利所有的乘客
	经济性	票价经济合理

六　案例分析

1. 上海市城市轨道交通服务质量发展现状

（1）上海地铁发展概况。

上海轨道交通 1 号线于 1995 年 4 月 10 日投入运营，上海是我国大陆第三个拥有轨道交通的城市，此前仅北京、天津开通了城市轨道交通。上海轨道交通由上海申通地铁集团有限公司负责运营，按照上海市物价主管部门批复的轨道交通网络票价体系计价，有多种票价优惠情况和车票种类。上海轨道交通的标徽由字母 S 和字母 M 变形组合，吉祥物是来自未来的小机器人畅畅。

截至 2014 年 12 月 28 日，上海轨道交通共开通线路 14 条（1 ~ 13 号线、16 号线），全网运营线路总长 548 公里，车站 337 座。日均客流量超过 620 万人次，占上海城市公共交通客运量的比例超过 35%，成为国内最复杂的轨道交通网络。在 2015 ~ 2020 年规划中，有 5 条线路的延伸规划、4 条线路的新建计划。

近年来，通过现代化的硬件设施和人性化的服务，上海地铁经受住世博会的考验，在工作人员、志愿者和乘客的努力下，文明出行、文明乘坐规范正在逐步完善。"文明行业""文明车站""文明班组"的创建正在深入开展，通过艺术规划设计和公益活动策划，以"地铁壁画"和"中外诗歌进地铁"等为代表的地铁公共文化艺术空间正在形成。

上海轨道交通按照市物价主管部门批复的轨道交通网络票价体系计价，按照里程实行分段计价，6 公里范围内票价为 3 元，行程超过 6 公里之后，每增加 10 公里，票价累加 1 元。当两个站点之间路径超过一条时，会按照最短的换乘距离计算票价。在客流量较小的 5 号线，如果乘客的出行在 5 号线内完成，即没有换乘其他线路，那么总体票价将优惠 1 元。

上海地铁票价在以下 3 种情况下享受优惠：①公交轨道联乘优惠，使用公交卡的乘客，在公交刷卡机上刷卡后两小时内乘坐地铁的，可以享受 1 元的联程优惠，即地铁票价会减少 1 元；②当月地铁费用累计超过 70 元时，超过部分可以享受九折优惠；③出站换乘票价连续计算，在上海轨道交通的 3 个出站换乘站点，持本市公交卡的乘客在出站后半个小时以内再进站换乘的情况下，票价可连续计算。

上海地铁车票分为单程票、一日票（票价 18 元，24 小时内无限次乘坐所有轨道交通线路）、三日票（票价 54 元，72 小时内无限次乘坐所有轨道交通线路）、纪念票（照进照出，出站不回收）、上海公共交通卡、手机卡、磁悬浮一卡通（单程 55 元）、敬老服务卡等形式。上海地铁设立了专用通道，持《上海市盲人乘坐车船有轨交通免费证》《中华人民共和国老干部离休荣誉证》《中国人民解放军离休干部荣誉证》《中华人民共和国伤残人民警察证》《上海市革命烈士家属优待证》《中华人民共和国残疾军人证》等证件的乘客，证件验证过后可以免费乘车。

上海申通地铁股份有限公司负责上海地铁的经营管理，该公司隶属申通地铁集团公司，是上海城市轨道交通运营管理的核心企业。在上海城市轨道交通运营管理体制改革过程中，原上海地铁运营有限公司于 2009 年 2 月被撤销，并重新成立了 4 家运营企业（上海地铁第一至第四运营有限公司）和 1 家运营管理中心，构建了上海城市轨道交通运营管理的新格局。

（2）上海地铁服务质量调研数据整理。①

参与本次调查的受访者中，男性比例为 57.93%，女性为 42.07%。

参与本次调查的受访者中，务工人员比例最大，占 43.45%，其次是学生，占 37.93%，企业员工占 8.62%，公职人员占 6.55%，经营者占 1.03%，退休人员占 1.03%，其他占 1.39%（见图 9-7）。

从以上乘客职业分布可以看出，上海地铁的服务群体以务工人员、企业员工、公职人员以及学生为主，且务工人员占比最多。

本次调查发现，乘客每周乘坐地铁 2 次及以下的占 28.28%，乘坐 4~6 次的占 35.52%，乘坐 10 次以上的占 22.41%。

从以上分布情况可以看出，地铁对人们生活的影响越来越大。乘车次数在 10 次以上的多是学生、务工人员以及公职人员，地铁对这类乘客的影响更大。因为这些人员的出行需求较大，但个人收入有限，所以更多地选择公交或者地铁等较为经济便捷的出行方式。

参与本次调查的受访者中，单程票价为 4 元的占比最大，为 52.07%，5 元票价的占 18.97%，3 元票价的占 8.28%，6 元票价的占 10.34%，7 元及以上票价的占 10.34%。

---

① 本次调研共发放问卷 315 份，其中有效问卷有 290 份，回收率为 92.1%。

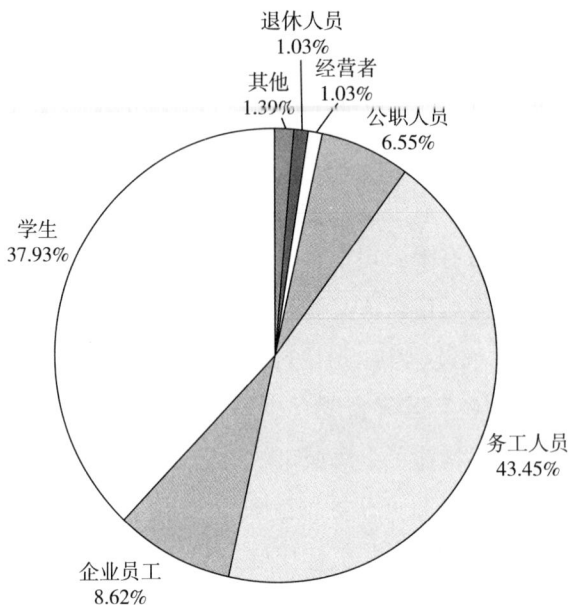

图9-7 抽样乘客职业分布

上海地铁官网上介绍，上海的轨道交通网络按照不同的里程进行收费，里程在0~6公里票价为3元，超过6公里的部分，每增加10公里票价提高1元。通过对抽样乘客的票价进行分析可以看出，超过一半的乘客乘坐地铁时票价是4元，票价在3~4元的乘客数占总调查人数的60.35%，可见上海地铁在0~16公里内的服务范围最大。

参与本次调查的受访者中，认为地铁与其他交通方式相比具有的优势中，选择"节省时间"一项的人数最多，占68.97%，认为地铁换乘便捷的占37.93%，认为地铁发车间隔合理的占30%，认为地铁票价经济实惠的占19.66%，认为地铁的服务时间设计合理的占10%，认为地铁乘车环境舒适、令人愉悦的占13.1%，认为乘坐地铁人身财物安全有保障的占2.07%，认为地铁服务人员专业的占1.72%，认为地铁人性化措施配备到位的占7.93%，其他选项为1.03%。随着时间成本的提高，人们在选择交通方式时更多地考虑时间效益，由于地面交通受限于拥堵，和轨道交通相比在速度以及发车时间的准确性方面都处于劣势，因此地铁是公共交通方式的有力补充。但是同样可以看出上海地铁服务还有提升空间，以后可以多注重人性化服务，提升专业化服务水平，切实保障乘客的人身财产安全，优化乘车环境，提升乘客乘坐地铁的舒适感，进一步优化地铁时间安排，减轻地面交通方式的压力，减少私有小汽车的拥有量。

参与本次调研的受访者中，认为地铁票价太贵的占28.28%，认为换乘不方便的占28.28%，认为指示牌信息模糊的占31.38%，认为乘车环境不够舒适的占27.59%，认为进出站不方便的占16.21%，认为人身财物安全得不到保障的占17.93%，认为地铁工作人员态度差的占3.79%，认为地铁服务时间短的占15.52%，其他选项占5.52%。

从中可以看出，乘客认为上海地铁急需改善的问题集中在以下方面：指示牌信息清晰度、换乘便捷性、地铁票价的合理性、乘车环境舒适性。

进一步将乘客认为的上海地铁服务优缺点进行横向对比，发现乘客对上海地铁服务的关注点主要集中在上海地铁的票价以及换乘的便捷性，因此上海地铁的相关管理部门可以在地铁票价以及地铁线路布局方面进行大力支持以满足乘客的需求，实现地铁服务的进一步优化。

参与本次调研的受访者中，关注地铁线路换乘要素的乘客比例最高，为76.21%，关注票价是否合理的比例为35.86%，关注乘车环境是否舒适的比例为41.03%，关注乘客人身财物安全的比例为21.03%，关注地铁指示标志的比例为33.10%，关注乘客投诉要素的比例为8.97%，关注人性化设施配备情况的比例为19.31%，关注工作人员服务态度的比例为14.83%，其他选项为1.38%。

参与本次调研的受访者中，有50.34%的受访者对上海地铁服务比较满意，有38.28%的受访者认为上海地铁服务质量一般，有4.83%的受访者对上海地铁服务质量很满意，有5.52%的受访者对上海地铁服务质量比较不满意，有1.03%的受访者对上海地铁服务质量非常不满意（见图9-8）。

通过以上分析可以看出，受访乘客对上海地铁服务的整体质量表示比较满意和一般满意的占88.62%。总体而言，上海地铁运营水平较高，但是上

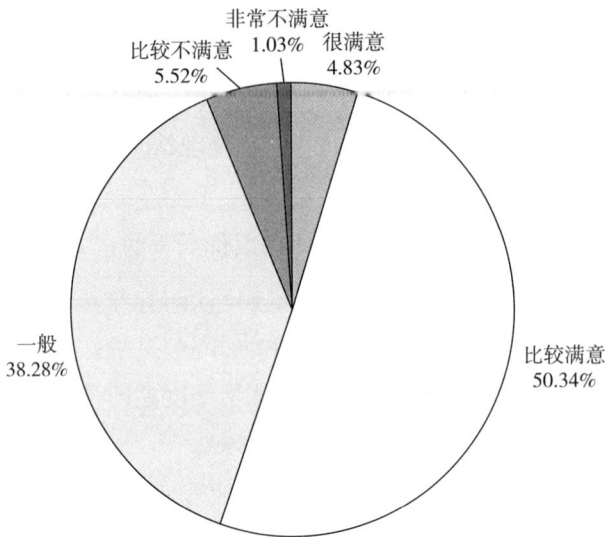

图 9 - 8　受访乘客对地铁服务整体满意度分布

海地铁管理部门应在地铁乘车环境、票价、乘车方便性等方面加大发展力度，提高上海地铁服务在乘客心中的整体满意度。

（3）上海地铁典型线路、站点特色服务。

上海轨道交通 10 号线，编号 M1，这条线路是我国第一条无人驾驶轨道交通线，该线路一期起于新江湾城站，止于虹桥火车站，其支线自龙溪路站引出。10 号线总长度为 36 公里，2010 年 4 月 10 日龙溪路站以东和支线线路开通试运营，同年 11 月 28 日龙溪路站以西开通。该线路二期工程处于规划建设中，二期工程全程设 6 站，线路长 10.08 公里，由新江湾城站延伸到基隆路。10 号线途经上海多个中心区域，包括豫园、南京路、淮海路、四川路、五角场等，因此被称为"白金线路"。

2015 年 5 月，10 号线开始启用新的无人驾驶运行模式，到站后司机不需要下车关车门，智能化程度有了很大提高，可以有效提高运行效率。对于上海第一条采用全自动无人驾驶标准设计的线路，尽管 10 号线现在仍配有驾驶员，但趋势是尽快实现无人驾驶。

所谓无人驾驶，是指列车无须司机操作，由控制中心控制列车的运行，司机的角色被自动化系统所替代。

有人驾驶的地铁一般可分为两种，一种是由司机驾驶列车，司机可以控制行车速度和停车，但是控制系统会对列车进行监控，一旦人为操作使列车运行超过安全范围，列车会被系统强制停车，该模式被称为列车自动防护（ATP）人工模式。另一种是由司机下达发车指令，由系统来控制列车的行驶，这种模式被称为列车自动驾驶（ATO）模式。目前上海多数地铁线路采用的是后一种模式，所以司机会在停站时在站台上观察并关门。

相对有人驾驶，无人驾驶模式可以提高运行效率，同时有效地避免人为因素可能给地铁运行造成的负面影响。

目前，随着轨道交通信号和控制技术的发展，地铁无人驾驶系统越来越成熟，国外一些城市不断尝试使用该系统，地铁无人驾驶系统的安全性、可靠性和稳定性得到了世界上的广泛认可。一些中小运量的轨道交通线路经常采用全自动无人驾驶控制模式，比如上海将要建设的 8 号线 3 期计划采用 APM 系统（旅客自动输送系统）。尽管无人驾驶已成为欧美国家轨道交通新建或改造的主流模式，但国内包括上海在内的一些大城市，轨道交通客流大、密度高，乘客能否坦然接受无人驾驶还是一个问题。当然，即便是实施无人驾驶，一般也会先安排司机值班以积累经验，最终发展到真正的无人值班模式。如果无人驾驶系统在客流大、密度高的线路上试行成功，相信将来会出现更多无人驾驶的地铁线路。

（4）上海地铁重点站点的特色服务。

①徐家汇地铁站。徐家汇站是一个地下换乘车站，位于上海市徐汇区，轨道交通 1 号线、9 号线和 11 号线都经停该站。1 号线车站最早启用，2009 年 12 月 31 日 9 号线开通，2013 年 8 月 31 日 11 号线车站启用。连接 1 号线和 9 号线的换乘通道在 2010 年 4 月 7 日建成前，徐家汇站采取的是虚拟换乘方式，需要乘客出站后在地面步行相当长的距离以实现换乘。而目前，徐家汇站实施的是站内通道换乘，1 号线和 9 号线、11 号线采用长通道换乘，而 9 号线和 11 号线两站相连，可直接在站台换乘。徐家汇地区是上海的副

中心，本站地理位置极佳，周边商业气息浓厚，人流量大，是上海最重要的地铁站点之一。徐家汇地铁站日均客流已突破 38 万人次，其中换乘客流约 20 万人次。多个出入口与周边商场、医院、办公大楼形成无缝对接，客流量极大，包括通勤白领、商场购物者、中小学生、景点游客、就医病人及家属。徐家汇站、人民广场站已经是上海市级五星地铁站。目前徐家汇地铁站正在争创全国轨道交通行业首个五星级车站，包括邻居医生救护医疗队、母婴室、音乐廊等贴心服务均在升级中。

继人民广场站成立上海地铁首支应急服务队后，2014 年 3 月，上海申通地铁集团第一运营公司成立上海地铁首支救护医疗服务队，在急需救助时将快速赶到。徐家汇地铁站每天进出车站、去医院检查的孕妇和儿童比较多，如发生晕倒或不适等突发状况，医生第一时间到场，相比车站工作人员救助，效率和专业性将明显提升。截至 2014 年 4 月，徐家汇站救护医疗服务队已吸引 30 多人加入，主要来自徐汇区政府机关、徐家汇街道、港汇广场、百脑汇商场、国际和平妇幼保健院等单位。车控室为他们准备了专用的应急疏导工具箱，配备电喇叭、荧光引导棒、车站位置图等。

2015 年 6 月，临近徐家汇地铁站 15 号口的一个"妈咪小屋"全新亮相，为怀孕的准妈妈或处于哺乳期的母亲提供服务。为方便站务员快速抵达有需求乘客处，车站还配备了"烽火轮"电动车。此外，车站还将优化限流绕行等方案。

2015 年 5 月，上海地铁的 11 号线徐家汇站、交通大学站及 2 号线静安寺站和南京西路站 4 座车站将被打造成以音乐为主题的站点，地铁运营方希望通过在地铁通道和站厅播放流行歌曲的形式来驱散乘客的睡意，除了定制背景乐，还有高山峰、丁丁、麦子等知名电台 DJ 的声音提醒大家安全文明乘车，以及提示不要低头看手机。此外，上海地铁还与上海四大音乐电台合作，为 4 座地铁车站量身定制专属背景乐曲，并确保每月更新。此外，知名 DJ 也将围绕地铁安全的特点，灌录更多提示内容。未来，上海广播还将联合上海地铁为乘客提供更多优质的"音乐套餐"服务。

②大世界站。8 号线大世界站位于西藏南路和金陵东路交界处，站点周

边有写字楼、商业中心和休闲场所。自开站至今，车站客流从最初的日均2000人次攀升到如今的日均45000人次，以白领为主，同时因为靠近市中心，也是颇受外地游客青睐的地铁车站之一。大世界站针对乘客需求提出全新的服务理念，在现有服务的基础上，提出全新的服务明星组合，提升整体的服务质量，树立上海地铁"快乐服务"的形象，展现地铁浓厚的人文气息。提出并探索建立了快乐大世界、happy365等特色服务，希望通过长效机制为每一个光临大世界地铁站的乘客提供特色服务。

随着轨道交通的迅猛发展，纵横交错的线路图时常将乘客绕得晕头转向，为了让乘客更直观地找到自己的换乘线路，大世界站的工作人员发明了"爱心指路条"，通过文字、图画等形式将乘客需要换乘的车站名称、线路名称记录在"爱心指路条"上，来帮助乘客更快捷地找到目的地。

车站的自动售票机离服务中心有一定的距离，对于携带大包小包、腿脚不方便的乘客来说比较麻烦，地铁人员发明了"救急零钱包"，直接为乘客兑换零钱，在方便乘客的同时也减轻了服务中心的工作量。

由于大世界车站位于商业区，上班族占去了车站客流的半壁江山，而车站周围还有医院和药店，老年人有看病赶早的习惯，部分老人的出行难免给匆忙的早晨添乱，早上7点到9点是老年卡禁用的阶段，此时，地铁服务人员会引导老年乘客先在一边等候，在9点后提醒他们可以进站了，让老人真正感受到温暖优质的贴心服务。

③南京东路、南京西路站。上海地铁2号线南京东路、南京西路车站位于南京路上，南京路是上海最著名的商业街，人流量较大。为进一步提升车站整体形象和服务水准，车站在地铁2号线著名服务品牌、"国庆阅兵姐妹花"范晶瑾、范晶莹"晶心"服务法的基础上，进一步推出"姐妹花"超萌Logo、温馨提示、爱心传递、手绘地图4项特色服务举措，形成车站"4+1"特色服务的格局。

"国庆阅兵姐妹花"范晶瑾、范晶莹是双胞胎，曾在济南空军部队服役。她们的飒爽英姿曾经出现在国庆60周年的阅兵队伍中。退役后，她们被上海地铁第二运营有限公司录用，成为上海地铁世博专线的服务员，直接为上海世博会服务。世博会结束后，又被调到地铁 2 号线南京东路站工作，是上海地铁知名服务品牌。地铁 2 号线南京东路、南京西路车站经过精心设计，推出卡通版车站 Logo，Logo 左边以妹妹范晶莹、右边以姐姐范晶瑾为原型，妹妹的眨眼形象寓意着对待乘客的亲切及年轻服务团队的青春活力，姐姐的庄重形象寓意着服务人员对待工作的严谨和沉稳。

针对地铁 2 号线南京东路、南京西路车站外地游客较多的客流特征，车站在已有的地铁标准化导向系统外增设了地面标志性建筑及景点的温馨导向、导乘提示，并将导向、导乘提示与车站"姐妹花"卡通形象进行整合。

车站周边有大量商户，节假日期间大多会进行相应的促销打折活动。车站每逢节假日都会提前了解周围商铺的促销信息，在客服中心为乘客提供相应的指引和参考，方便乘客出行消费。

针对目前车站结构的实际情况，为解决乘坐在列车头尾部的乘客视线内没有车站站名的问题，拟在列车头尾部增设车站站名提示，文字内容为"欢迎来到南京东路站"和"WELCOME TO EAST NANJINGROAD"。

为加强车站主题特色，对所有主题化张贴物进行色彩统一，确定车站主题色为浅绿色，通过主题化张贴物创立车站主题色。

车站问询的乘客中有大量的外地乘客，对上海的路况、路名不熟悉，为了方便乘客及时有效地使用车站提供的服务信息，车站推出了温馨提示卡服务，提示卡在客服中心发放。

车站开设了"南东姐妹"微博，由专人负责运营，定期介绍南京路周边及上海重要的景点，供游客参考。同时通过微博平台与市民乘客进行交流沟通，答复咨询、建议，对乘客反映的各类情况进行总结思考，从而进一步提升车站的服务品质。

由于车站客流量非常大，在乘坐过程中，乘客经常会发生鞋遭踩踏损坏，或者是因车厢拥挤而晕眩等突发状况。针对这些情况，车站想乘客之所想，急乘客之所急，准备了爱心拖鞋、糖果、针线等爱心小备品，为乘客提供相应的应急服务。

为了加强全体车站服务人员的服务能力和技巧，对车站各项服务信息和服务技巧进行归纳，集合起来形成独具车站特色的服务宝典，放在客服中心，供服务人员日常学习、借鉴、参考。

针对不同的节假日氛围，车站值班员会在常规广播词后加上节日祝语，让乘客在进入地铁的第一时间感受到浓浓的节日气氛。

在节假日设立爱心服务台，由服务明星对乘客进行服务，通过对车站各项资源的整合，做到有问必答、主动服务、及时跟进。

车站推出周边特色景点系列手绘地图，提供给广大乘客作为出游指引，同时进行安全文明乘坐地铁知识的宣传。

坚持为乘客提供更加良好的乘车环境，创造方便、快捷、安全、可靠的出行方式。基于乘客的需求提供服务，通过不懈的努力为乘客营造一个舒适的乘车环境。

注意服务的细节，以饱满的热情和精神状态投入服务工作中。此外，工作人员在工作和服务的过程中充满耐心，热情地为乘客提供咨询、引导服务，热爱岗位工作，乐于为乘客提供周到的服务。

不断追求更高的服务质量，努力学习并且提升服务技能，坚持"服务＋学习＋再服务"的模式，让服务水平更上一层楼。

2. 北京市城市轨道交通服务质量发展现状

（1）北京地铁发展概况。

北京地铁是服务于中国北京的城市轨道交通系统。其规划始于1953年，北京地铁1号线于1965年开工建设，1971年投入运营使用，是中国最早的地铁系统。

截至2014年12月28日，北京地铁系统覆盖了全市11个区，开通运营的地铁线路达到17条，此外还有1条机场快轨，以上18条线路共有318座车站（其中换乘车站重复计算，不重复计算的换乘车站数量总计为268座），全市在运营的轨道交通线路总长度为527公里。

2014年，北京地铁年乘客量达到34.1亿人次。2014年，北京地铁工作日日均客运量达到0.101亿人次。2015年4月30日，北京地铁创下单日客运量最高值，达到 1178 万人次。

1971 年 1 月 15 日，北京地铁 1 号线试运营，其单程票价为 1 角，试运营期并不完全对外开放，乘坐地铁需要提供单位的介绍信。

1987 年 12 月 28 日，北京地铁单线票价调整为 2 角，两线换乘为 3 角。北京地铁 1988 年客流量达到 3.07 亿人次，1990 年达到 3.81 亿人次，1991年票价上涨至 5 角后，客流量较上一年有所下降，为 3.71 亿人次。

北京地铁的客流量经历了快速的增长，1995 年的地铁客流量高达 5.58亿人次。1996 年北京地铁再次调价到 2 元，受到票价大幅上升的影响，该年的客流量出现较大下滑，1996 年客流量仅为 4.44 亿人次，到了 1999 年，客流量回升至 4.81 亿人次，但是仍然低于前期最高值。

2000 年北京地铁票价上涨 50%，即调整为 3 元，当年客流量出现下滑，据统计 2000 年的数据为 4.34 亿人次。

2007 年 10 月 7 日，伴随着北京地铁 5 号线的开通，地铁再次调价。为了鼓励人们选择地铁出行，减小地面交通压力，北京地铁票价降为 2 元，乘客可以选择站内换乘，而无须另行购票。2 元单一票价制度让北京地铁出现较大亏损，北京市政府每年都需要对其进行财政补贴。以 2007 年为例，当年北京地铁客流量为 6.55 亿人次，亏损总额达到 6 亿元，每车次补贴0.92 元。

从 2014 年 12 月 28 日起，北京市地铁正式进入计程时代。按乘客出行距离计算，除机场线之外，乘坐北京城市轨道交通在 6 公里及以下，票价为3 元；乘坐北京城市轨道交通在 6~12 公里的，票价为 4 元；乘坐北京城市轨道交通在 12~22 公里的，票价为 5 元；乘坐北京城市轨道交通在 22~32公里的，票价为 6 元；其余出行距离超过 32 公里部分，每 20 公里计价 1 元。

（2）北京地铁服务质量调研数据整理。①

参与本次调查的受访者中，男性比例为 48.28%，女性为 51.72%。

---

① 本次调研共发放问卷 250 份，其中回收 232 份，有效率为 92.8%。

参与本次调查的受访者中，学生比例最大，占 66.38%，其次是企业员工，占 27.59%，公职人员比例为 2.59%，务工人员的比例为 0.86%，经营者为 0.43%，退休人员为 0.86%，其他人员为 1.29%。

通过以上分析可以看出，由于北京市高校、企业较为聚集，数量众多，因此选择乘坐地铁出行的多为学生与企业员工，两者占比超过 90%，北京地铁的乘客职业分布将直接关系到北京市地铁的票价、线路布局以及政策制定。

参与本次调查的受访者中，每周乘坐 2 次及以下的占 45.69%，每周乘坐 4~6 次的占 30.17%，每周乘坐 10 次以上的占 16.81%。

通过以上分析可以得出，乘坐北京地铁的乘客每周乘坐次数集中在 4~6 次和 2 次及以下的占比超过 75%，平均每个工作日乘坐地铁次数不到 1 次，原因可能是乘坐地铁的乘客为学生的人数占比为 66.38%，远超 50%，学生在工作日出行较少，和企业员工的通勤时间正好相反，因此使整体乘客乘坐地铁的次数每天不足一次。北京地铁的票价调整，对人们选择地铁作为出行方式也是有一定影响的。

参与本次调查的受访者中，单程票价为 4 元的比例最大，占 37.5%，5 元票价的比例为 31.47%，3 元票价的比例为 17.67%，6 元票价的比例为 9.48%，7 元以上票价的比例为 3.88%。

本次调查中受访乘客单程票价集中在 4 元、5 元，可以看出北京地铁的乘客多分布在 6~22 公里范围内，和乘客职业分布有一定关联，北京乘坐地铁的乘客多为企业员工，员工就职的企业离其居住地有一段距离，这和北京市区高居不下的房价有直接的关系，北京市区房价昂贵，企业员工生活和工作的空间距离比较远。

参与本次调查的受访者中，认为地铁与其他交通方式相比具有的优势中，选择"节省时间"一项的人数最多，比例为 92.67%，认为地铁换乘便捷的比例为 52.59%，认为地铁发车间隔合理的比例为 46.12%，认为地铁票价经济实惠的比例为 14.66%，认为地铁的服务时间设计合理的比例为 16.67%，认为地铁乘车环境舒适、令人愉悦的比例为 14.22%，认为乘坐地铁人身财物安全有保障的比例为 1.72%，认为地铁服务人员服务专业的比例为 2.59%，认为地铁人性化措施配备到位的比例为 3.88%，其他选项为 4.31%（见图 9-9）。

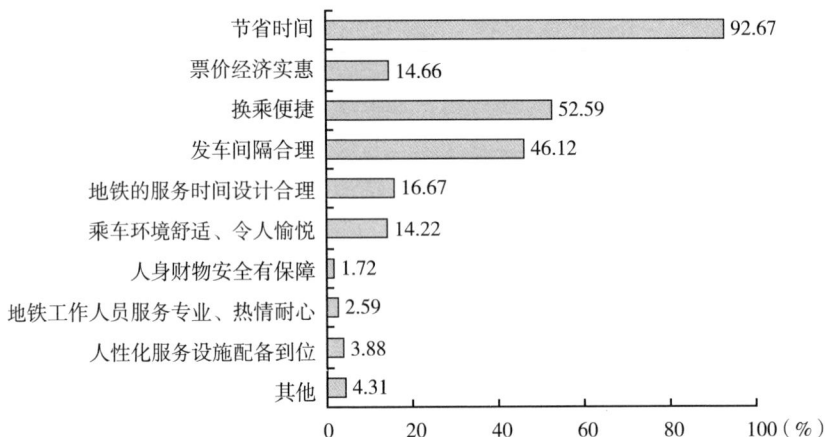

图 9-9 受访者认为地铁出行优势

通过上述分析可以得知，乘客对北京地铁优势的认知集中表现为节约时间、换乘方便、发车时间间隔合理，因为和地面公交车等出行方式相比，地铁不受拥堵的影响，因此可以节约大部分出行时间。随着经济的发展，人们的时间价值意识越来越强，出行时间对乘客的重要性凸显，和公交换乘相比，地铁换乘更为便捷，乘客不出站就可方便地换乘其他线路。

参与本次调研的受访者中，认为地铁票价太贵的比例为 74.14%，认为换乘不方便的比例为 40.52%，认为指示牌信息模糊的比例为 14.66%，认为乘车环境不够舒适的比例为 27.16%，认为进出站不方便的比例为 42.67%，认为人身财物不安全的比例为 6.9%，认为地铁工作人员态度差的比例为 6.03%，认为地铁服务时间短的比例为 12.5%，其他选项比例为 3.88%（见图 9-10）。

参与本次调研的受访者中，乘客关注地铁票价与线路换乘要素的比

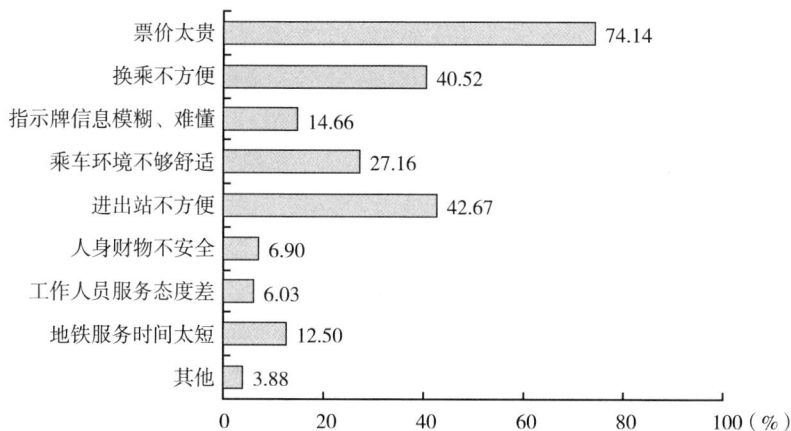

图 9 - 10 受访者认为地铁出行劣势

例最高，均为 77.59%，关注乘车环境是否舒适的比例为 42.67%，关注乘客人身财物安全的比例为 22.41%，关注地铁指示牌的比例为 26.72%，关注乘客投诉要素的比例为 8.19%，关注人性化设施配备情况的比例为 19.83%，关注工作人员服务态度的比例为 8.19%，其他选项为 0.86%（见图 9 - 11）。

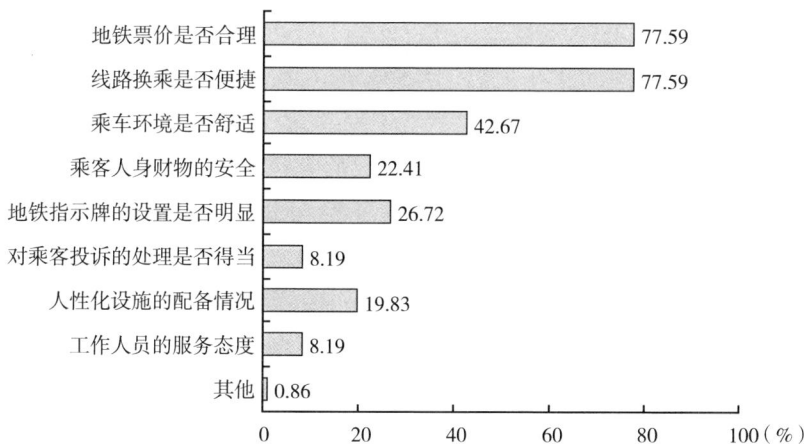

图 9 - 11 地铁出行关注要素

从受访者的数据可以看出，乘客选择地铁出行方式时较为关注地铁票价、线路换乘、乘车环境等问题，因此，北京地铁管理公司要集中力量制定合理的票价、设置合理的站点及线路，在硬件设施和服务上加大发展力度，从而最大化地发挥地铁的优势，缓解地面交通的压力。

参与本次调研的受访者中，有62.93%的受访者对北京地铁服务质量比较满意，有29.31%的受访者认为北京地铁服务质量一般，有5.17%的受访者对北京地铁服务质量很满意，有2.16%的受访者对北京地铁的服务质量比较不满意，有0.43%的受访者对北京地铁服务质量非常不满意（见图9 – 12）。

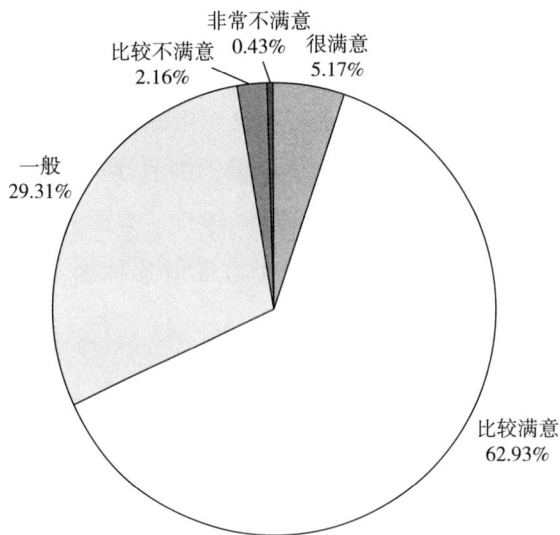

图9 – 12　乘客对北京地铁整体满意度

从北京地铁服务满意度调查数据可以看出，对北京地铁服务质量比较满意和一般满意的占90%以上，北京地铁服务的整体水平较高。但同时也应注意到，对地铁服务很满意的只占5.17%，远远低于10%，北京地铁服务还有很大的提升空间，应从以上乘客较为关注的票价问题、换乘线路问题以及乘车舒适性问题等方面进一步改善现有的地铁服务，以提升乘客的满意度。

第四节　全国出租车行业服务发展概况

一　全国出租车行业运营服务概况

2013 年，城市出租车总量达到 134 万辆，比 1998 年增加了 58.6 万辆。2008～2013 年我国城市出租车数量及增长率见表 9－12。

表 9－12　2008～2013 年我国城市出租车数量

单位：辆，%

年份	城市出租车数量	增长率	年份	城市出租车数量	增长率
2008	969000	0.9	2011	1263779	3.1
2009	971579	0.3	2012	1300000	2.9
2010	1225740	26.2	2013	1340000	3.1

由以上数据可以看出，2008～2009 年我国城市出租车数量增长幅度不大，但 2010 年我国出租车数量大幅增长，增幅达到了 26.2%，2010 年之后没有大幅增长，城市出租车规模趋于饱和（见图 9－13）。

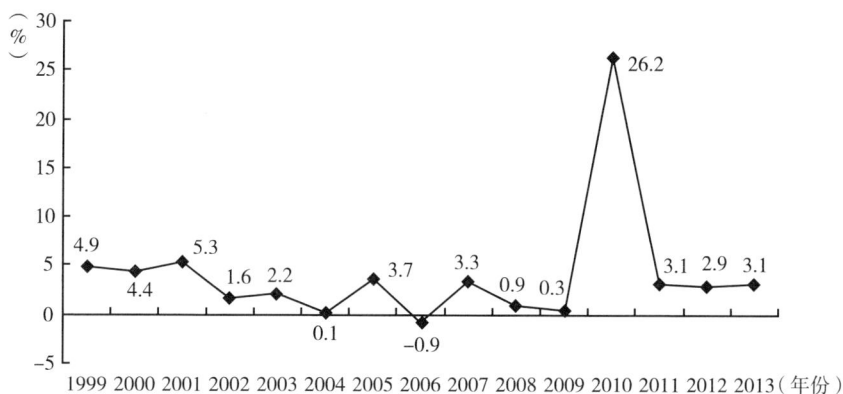

图 9－13　1999～2013 年城市出租车增长率变化

注：2010 年，由于统计数据口径的变化，城市出租车数量出现大幅增长。

二 国内城市电动出租车发展概况

2013 年以来，北京、天津、上海等陆续出台政策，鼓励使用新能源汽车，其中就包括新能源出租车。[①] 以北京为例，政府规定市区内新增加的出租车必须是电动出租车，郊区县的燃油出租车则全部更换。出租车行业是北京市发展新能源汽车的重点之一，其巨大的市场，将吸引诸多企业争抢。

1. 北京10个郊区县出租车全部采用电动汽车

《北京市电动汽车推广应用行动计划（2014～2017 年）》规定，市区内新增出租车必须是电动汽车；要陆续出台政策，引导电动出租车及早普及；郊区县出租车全部改为电动汽车。为了满足电动汽车的充电需求，全市要尽快布局建设充电站，为电动出租车的全面推广创造条件。

按照计划，2017 年北京市电动出租车拥有量将达到5000 辆。为了满足电动出租车的充电需求，需要在市区布局建设快速充电桩，车、桩比例至少为3∶1；区域电动出租车、交流充电桩和快速充电桩比例至少为1∶1.5∶1；出租车公司也要设立充电桩，以满足出租车的充电需求。

预计至 2017 年，北京市快速充电桩数量将会超过 1 万个。届时，充电桩将会广泛分布于公共停车场、加油站等公共场所。此外，北京市政府将给予充电基础设施建设投资 30% 的财政补贴，并加快审批流程。

根据政府规划，电动出租车由政府、出租车公司和电网企业共同出资，将采用车辆承包经营、统一管理、分散运营的管理模式。电动出租车比燃油出租车的计价要低，前者起步价为 8～10 元，超过起步里程的，按照 2 元/公里计算，因此具有一定的价格优势。与传统出租车相比，电动出租车的能源消耗成本更低，其运行百公里所耗用的电费比燃油出租车的燃油费低 60 元，其日常养护成本相对较少，因此电动出租车在诸多方面都体现了其低成本优势。然而在推行电动出租车的过程中，却出现车企经营不理想、车辆充电不方便、行车距离受限等困境。

---

① 第一电动网，http：//www.d1ev.com/33540.html。

2. 山东临沂推广插电式混动出租车1000辆

《临沂市新能源企业推广应用实施方案》规定，自2014年起，临沂市将在城市公共交通运输领域投入5000辆新能源汽车用于缓解市民出行拥堵情况。同时，在出租车领域，政府牵头设立出租公司，重点在车站、商场、医院、公交场站等人口密集处设立停靠点，实行定点出租、电召服务，两年内新增出租车1000辆。

此外，临沂市政府还计划在出租车领域引进先进科技，投入1000辆插电式混合动力出租车用于满足乘客的出行需求，2014年投入400辆进行试运营，2015年投入600辆进行大力发展。总计投资1.5亿元，其中争取中央财政补贴2940万元，市财政补贴882万元，剩余价款由经营者支付。补贴标准按车辆类型进行设定，市民的私家车、城市出租车、物流运输车辆、城市环卫清扫车均按照中央财政补贴额的30%进行补贴。

3. 广州推广电动出租车1000辆

为了改善城市环境，相应国家号召推广新能源汽车，广州市政府于2014年发布了《广州市新能源汽车推广应用工作方案》，截至2015年，在广州市推广应用各类新能源汽车1万辆，其中出租车1000辆。

采取"分散慢充为主、快充为辅、网络布局"的方式，广州市政府积极建设电动出租汽车的配套充电设施，在全市范围内根据客流量进行电动出租车专用充电桩的规划和设置，并配套建设一定数量的社会公用充电桩和若干小型社会公用充电站作为补充（根据面积布置2～5个直流充电机）。

4. 西安推广不少于2000辆电动出租车

不断探索和完善新能源出租车运营模式，逐步提高新能源出租汽车的比例。按照管理部门的规定，自2014年至今，西安市在城市公共交通运输领域投入运行的出租汽车均采用新能源动力。此外，西安市政府还规定今后每年投入的新增车辆必须超过1000辆，并在现有车辆的更换过程中积极推动新能源出租汽车的使用。

5. 武汉推广1900辆电动出租车

《武汉市新能源汽车推广应用示范工作实施方案》明确，截至2015年，武汉要在多个公共服务领域推广应用 4300 辆新能源汽车。其中，新能源出租车在 2014 年推广 300 辆，2015 年推广 1600 辆。规定在特定城区（以武汉东湖新技术开发区、武汉经济技术开发区和各新城区为主）投放新能源出租车 1000 辆。

三 打车软件和专车服务的兴起

打车软件是一种智能手机应用，乘客首先在手机软件上发布乘车信息，包括乘客所在地、目的地，出租车司机通过软件获取乘客乘坐信息，然后决定是否接单，打车软件无疑提高了乘客与司机的匹配效率，降低了双方的搜寻时间与成本。随着打车软件在国内出租车市场上的广泛应用，出租车的揽客过程与乘客的打车行为都发生了巨大的变化。通过打车软件打车与传统方式相比，有一定的优势。第一，打车软件具有定位功能，方便用户准确报出所在位置；第二，乘客可以通过电话和司机进行实时沟通；第三，操作更简单，与第三方支付公司合作实现在线支付。

1. 快的打车

快的打车是我国出现的第一个打车软件。该软件使用方便，乘客可以用该软件打车或者约车，还可以通过软件选择附加小费以提高司机接单的积极性。司机使用车内移动设备上的软件进行接单，快的打车的出现提高了乘客与司机之间的匹配效率，使用打车软件的司机，其收入普遍有所增加。截至 2015 年底，该软件覆盖全国 300 多个城市，市场占有率超过 50%。

2. 嘀嘀打车

嘀嘀打车于 2012 年 9 月上线，该软件与快的打车是同类竞争软件，两者基本功能相同。乘客可以在滴滴打车软件内录入语音，报上自己的具体位置和目的地，软件会自动识别附近的出租车信息，并将语音传送到司机的滴滴打车软件中，司机会选择接单或者拒绝接单。

诸如滴滴打车、快的打车等软件推向市场之后，乘客的出行需求与出租车的服务取得了良好的衔接，得到了更快速的匹配。对于出租车司机来讲，他们往往能够快速地找到乘客，减少了搜索时间，同时还能够获得打车软件的补贴；对于乘客来讲，一是可以迅速打到车，二是可以省钱。

打车软件的大范围推广也带来了一些新的问题，由于出租车司机可以从软件平台那里获得补贴，他们更喜欢搭载使用软件的乘客，没有使用软件的乘客甚至会遭到拒载，这对一部分人来说是不公平的。

总体来看，打车软件的出现和广泛使用，提高了出租车司机与乘客的匹配效率，普遍缩短了二者的搜寻时间，给社会带来了更高的效率。随着互联网的快速发展，打车软件的广泛应用势必会成为未来的一种趋势。

专栏 9 - 3　专车服务软件的兴起

2014 年被称作"移动互联网改变中国城市交通的变革元年"。这一年，随着滴滴专车、一号专车等众多互联网专车的推出，人们的交通出行迎来了"私人定制"时代。

专车业务的推出主要是基于两个原因：其一，在中国城市化扩张过程中，城市租车体系的运力严重不足，比如滴滴打车有 30% 多的呼叫无法得到满足；其二，随着中国人民收入水平的提升，城市居民的个性化、定制化需求日益激增。

据初步估计，中国商务租车领域将是一个超过百亿元的市场，并将推动形成多方共赢、多方受益的局面。消费者是最大的受益者，将有更多元、更高品质、更为个性化的出行服务可以选择。与此同时，随着国家公车改革的深入，逐步释放出来的汽车租赁市场需求有望超过 2000 亿元。① 目前各种专车服务已经在北京、广州、深圳、上海、杭州、厦门等城市开通。

3. 专车服务主要提供商——滴滴专车

2014 年 8 月，北京滴滴专车服务公司推出滴滴打车软件，在不到半年的时间内，全国主要特大型及大型城市，如北京、上海、石家庄、杭州等，

---

① 参考 http://gb.cri.cn/44571/2014/12/19/3005s4810516.htm。

均得到覆盖，日成功订单数量已经突破 15 万单。在目前中国商务专车领域，滴滴是发展最快、规模最大的公司。

在市场运营模式上，采用与山租车租赁公司合作并雇用专属司机的方式，此后滴滴公司利用自建的平台搜索客户进行匹配，最后形成以滴滴专车服务平台、各城市出租车租赁公司、劳务公司、出行乘客为核心的商业模式。在专车车辆选择上，定位于中高端商务出行市场的滴滴专车，公司所租赁车辆均来自各个城市大型出租车运营商，驾驶司机也是经过层层筛选。此外，滴滴专车还针对雇用的驾驶司机进行标准指标评定，只有通过面试、能力评估和服务培训，且具备 5 年以上驾龄的司机才可正式上岗。此外，滴滴专车要求司机在接送乘客时准时到达，上下车主动开门，两次鞠躬，车上全程静音，礼貌送客。

在服务特色上，滴滴专车主要定位于中高端出行人群。因此，滴滴专车服务公司对运营汽车的要求极其严格，只有市场价值在 20 万元以上的汽车才能提供专车服务，对驾驶员的穿着、行为也有严格的规定，车内有充电设备、饮料和纸巾等乘客常用物品，驾驶员为乘客提供了高端的出行服务。专车平台为乘客提供实时出行服务和预约出行服务，并且对专车的进入和服务有严格的要求，以此改善乘客的乘坐体验。在专车平台中，乘客可以根据自身的需求，选择经济、舒适、商务、豪华等车型出行。全国各地专车的出现，使乘客的出行具有更多的选择，在市场化的前提下，激发出租车行业的服务质量不断提升，为乘客出行带来更多便利。

4. 国家最新的政策规定

在相关部门看来，专车服务区别于传统的出租车服务与汽车租赁服务，为市场提供了一种高质量的出行服务，满足了特定消费群体的出行需求。与传统的城市公共交通系统相比，其提供了高端的城市出行服务，与传统的城市公共交通形成差异化经营，面向不同的客户群体。此外，交通运输部在支持专车业务发展、积极鼓励市场创新发展、丰富运营模式的同时，也在规范出租车市场、保障乘客安全与权益以及市场公平竞争等方面做出努力，推行并颁布相关政策法规，对专车服务加以监管和约束。

专栏 9 – 4　聚焦北京市出租车综合改革①

截至 2013 年 4 月，北京市取得运营牌照的出租汽车公司总数为 252 家，运营车辆总计 6.6 万辆，从业人员 10 万多人，日均客运量 190 多万人次，年客运量约 7 亿人次。全市每天几千万人次的出行，其中出租车占交通出行结构的 6.6%，公共交通所占比例达到 44%，私家车达到 32.6%，自行车为13.9%。2013 年 4 月北京市政府出台《关于加强出租汽车管理提高运营服务水平的意见》，明确了政府的监管力度、管理任务和企业责任，用以指导北京市出租车行业未来的发展。

四　北京市出租车改革

1. 明确出租车定位，以公共交通为主、以出租车为辅

2013 年 4 月，北京市政府出台《关于加强出租汽车管理提高运营服务水平的意见》，明确提出要提升北京市出租车行业的服务水平，提高企业的经营管理能力。该意见还强调政府要对市场进行合理调节和有效监管，并引导人们选择合理的出行方式，建立以城市公共交通为主、以出租车和小汽车为辅的出行体系。

2. 综合施策，标本兼治，"打车难"状况有望明显改观

根据计划，北京市将在两年内实现以下目标：增加出租车市场的供给量，进一步满足乘客的打车需求，以解决目前存在的"打车难"问题；为出租车企业和驾驶员提供良好的经营条件与环境，为出租车企业设定最低出车率，提升行业服务质量，降低投诉率；推广国外常用的出租车电召服务和预约服务。

3. 完善行业准入退出制度，盘活存量，适度增加运力

《关于加强出租汽车管理提高运营服务水平的意见》提出建立出租车企业和驾驶员的准入退出机制，通过设定相应的考核体系，提高行业服务质

---

① 参考 http://www.cngaosu.com/a/2013/0417/401214.html。

量。北京市将实施出租车数量的动态调节制度，其一是提高现有出租车的运营效率，其二是增加出租车的供给量。通过信息系统实时监控出租车运营情况，当出租车里程利用率低于60%时，减少出租车出车量，当里程利用率高于70%时，增加出车辆。通过对出车数量的动态调整，在满足乘客乘车需求的同时，提高资源的利用效率。鼓励出租车企业之间的良性竞争，为经营状况好的企业设立相应的奖励机制，如获得更多的运力。

4.强化企业主体责任，提升行业运营服务水平

《关于加强出租汽车管理提高运营服务水平的意见》涉及出租车企业规章制度建设、驾驶员培训等方面的内容，欲加大出租车企业内部的管理力度。对投诉率高的出租车企业和驾驶员进行严厉的处罚，视其情节严重程度进行经济性处罚或准入限制。《关于加强出租汽车管理提高运营服务水平的意见》对出租车企业和驾驶员的行为进行管理与规范，并要求其对自身的经营行为、服务质量承担相应责任。行业协会可以制定服务标准，出租车企业和驾驶员所提供的服务需要满足这一标准，并接受乘客提出的修改意见，尽力为社会提供更加优质的出行服务，提高行业服务质量，树立新的行业形象。

5.培育发展电召服务新业态，改变"中国式打的"模式

在发达国家，人们通常使用电话提前预约出租车服务，也被称作电召服务。这与我国通常采用的打车模式不同，电召服务有助于缓解大城市的交通压力，提高社会资源的利用效率。根据《关于加强出租汽车管理提高运营服务水平的意见》的要求，北京市要成立统一的调度平台，设计合理的调度方案，普及出租车电召服务。为了规范电召服务，保障其服务质量，政府需要设立监管机制与服务考核机制。

为解决北京市高峰时段出租车出车率低的问题，有必要使用定位技术，对出租车的出行情况进行监督，规定出租车的最低出车率，并且形成考核机制，考核结果与出租车企业的利益挂钩，以此改变北京市特定时间出车率低的现状。

设立24小时投诉热线（96123），运用网络、传真、来信等多种投诉方

式，加快投诉调查速度，加大惩处力度，最终目的是改善出租车行业的服务质量。

6. 建设调度站、扬招站和专用停车位，优化市民打车环境

为了规范乘客的打车行为和出租车司机的载客行为，提高道路交通的安全性，北京市计划在城市中心区域建设调度站、扬招站和停车位，专供出租车使用，乘客可以在以上设定的区域打车。规划、公安和交通等相关部门对调度站、扬招站和停车位进行统筹规划，其运营维护费由政府部门承担。

通过纸媒和网络媒体的广泛宣传，向公众强调调度站、扬招站的作用，可以积极引导乘客选择安全的打车行为，有助于缓解交通拥堵，保障道路通行安全和乘客安全。

为保障乘客乘车安全，保障出租车企业与出租车司机的利益，北京市将加大对非法运营车辆的惩处力度，计划使用联合执法、捆绑执法、闭环执法方式对"黑出租车"进行查处，重点解决北京各火车站和机场等地区的非法运营问题。

第三部分　专题报告

第十章　高速铁路的发展
现状与未来发展趋势

一　概述

1. 高铁的概念

按照国际铁路联盟的说法，将原有的线路进行直线化和轨距标准化改造，使传统铁路的运营速度至少达到 200 公里/小时，或建设专门的新高速线路使铁路运营速度至少达到 250 公里/小时，就称为高铁即高速铁路。高速铁路不仅应符合一定的速度条件，对车辆、路轨和操作也有相应的要求。

按照设计时速，国内的高铁可以分为"四纵四横"客运专线、城际客运系统、提速既有线、开发性新线和海峡西岸铁路。

"四纵四横"客运专线即分布在省会城市和大中城市之间的长途高速铁路。"四纵"客运专线包括以下 4 条：①连接京津和长江三角洲等东部沿海经济发达地区的北京—上海客运专线（包含蚌埠—合肥、南京—杭州客运专线）；②连接华北和华南地区的北京—武汉—广州—深圳客运专线；③连接东北和关内的北京—沈阳—哈尔滨（大连）客运专线（包含锦州—营口客运专线）；④连接长江、珠江三角洲和东南沿海地区的上海—杭州—宁波—福州—深圳客运专线。"四横"客运专线包括以下4条：①连接西北和华东地区的徐州—郑州—兰州客运专线；②连接西南、华中和华东地区的杭州—南昌—长沙—贵阳—昆明客运专线；③连接华北和华东地区的青岛—石家庄—太原客运专线；④连接西南和华东地区的南京—武汉—重庆—成都客运专线。

城际客运系统即分布于各个都市圈内部，尤其是环渤海地区、珠江三角洲、长江三角洲等人口稠密地区的短距离通常是500公里以下的高速铁路。其中部分线路的速度为200~250公里/小时，如青烟威荣城际铁路，剩余部分线路的速度在350公里/小时以上，如京津城际铁路。

提速既有线是指经过提速改造的既有线，一部分是分布于人口稠密和经济较发达地区的城市带干线铁路。

开发性新线是在四川、重庆、广西、甘肃、陕西、新疆等西部省份规划建设的41000公里的高速铁路，其主要目的是开拓中国西部铁路网以适应西部地区的经济发展，其主要是客货混行铁路，也有少量客运专线。

海峡西岸铁路是连接中国大陆和台湾的两条高速铁路：京台高速铁路和昆台高速铁路。

2.高铁的特点

（1）输送能力大。

当前几乎各国所有的高速铁路都符合最小行车间隔4分钟或以下的标准，日本可达到3分钟最小行车间隔，列车密度为20列/小时，每列承载力为1200~1500人，每小时双向运输5万~6万人，远超过双向四车道公路和两条跑道机场的运输力（分别为1万人/小时和1.2万人/小时）。

（2）速度快。

法国高铁最高运行速度为300公里/小时，日本为300公里/小时，德国为280公里/小时，西班牙为270公里/小时，意大利为250公里/小时。在一定的技术水平下最高运行时速可实现 400 公里。

（3）安全性好。

和其他交通工具相比，高速铁路拥有一系列完整的安全保障系统，并且在全封闭环境中自动化运行，所以安全程度最高。

（4）受气候影响小，正点率高。

由于实行全自动化控制，除非发生地震，否则高速铁路可以全天候运营。由于设备可靠、运输组织水平较高，高速铁路能实现很高的正点率。

（5）方便快捷。

一般情况下高速铁路发车时间间隔在 4 分钟，日本甚至可以达到 3 分钟，大部分旅客可实现随到随走，大大减少候车时间。

（6）低能耗，轻影响。

高速铁路的单位能耗低于小轿车和大客车，更远远低于飞机。

（7）经济效益好。

高铁具有快速、准时、安全和可靠等特点，可为乘客提供非常便捷的运输服务，因而选择高铁出行的乘客人数不断攀升，国内外高铁运营公司均获得极大的市场收益。

3. 高铁的发展历程

（1）高铁建设的初始阶段（2004 年以前）。

1964 年，日本建成世界上第一条高速铁路——东海道新干线，并以时速 210 公里投入商业运营。继日本之后，法国于 1981 年率先建成西欧第一条高速铁路。紧接日法之后，德国、意大利、西班牙相继修建了高速铁路。

和发达国家相比，中国在高速铁路领域的发展晚了 20～30 年，但是 21 世纪以来迎来快速发展。早在 1990 年初期，中国在构思京沪高速铁路时开始了对高速铁路的研究。1990 年铁道部完成了《京沪高速铁路线路方案构想报告》，并在全国人大会议上进行了讨论，这是我国第一次正式提出建设高速铁路。在"八五"计划期间，我国开始对高速铁路进行前期研究，但没有实质性进展。

（2）高铁建设的快速发展时期（2004～2008 年）。

2004 年 1 月，《中长期铁路网规划》出台并开始实施，规划在远期我国将建设 1.2 万公里以上的高速铁路网络，实现目标客车速度 200 公里/小时及以上，建设环渤海地区、长江三角洲地区、珠江三角洲地区的城际客运系统。规划颁布并实施以来，大批高速铁路如温福铁路、合宁铁路、武广客运专线、京津城际铁路等相继开工建设。

2004 年初至 2005 年底，中国北车长春客车股份公司、唐山客车公司、南车青岛四方公司，引进来自加拿大庞巴迪、日本川崎重工、法国阿尔斯通和德国西门子的技术并合作设计和生产高速动车组。

2007 年，中国规划并实施了铁路的第六次大提速，第一次在京沪线、京广线、京哈线、胶济线等各主要提速干线大规模开行中国铁路高速动车组列车，运行速度为 200～250 公里/小时。

从 2007 年起，当时的铁道部对 2004 年出台的《中长期铁路网规划》进行部分调整，并在 2008 年 11 月正式颁布《中长期铁路网规划（2008 年调整）》。在新一期的规划中，把我国高铁建设运营目标里程从 1.2 万公里调整至 1.6 万公里，同时，不断延伸城际铁路运输系统到经济发达和人口稠密地区，如长株潭、中原城市群、武汉城市圈、关中城镇群、海峡西岸城镇群等地。

（3）高铁的全面加快发展阶段（2008 年至今）。

2008 年 8 月 1 日，我国正式开通了第一条具有完全自主知识产权的高速铁路——京津城际铁路。由于当时中国铁路面临客运速度慢、运输能力不足等问题，而京津城际铁路具有运载能力大、运行速度快、运输效率高等优势，因此高速铁路发展受到高度重视。

2009 年 12 月 26 日，开通了时速 350 公里的京港高铁武广段。

2010 年 2 月 6 日，从我国的中部城市郑州至西部城市西安，规划并建设了第一条咸湿性黄土地区高铁，设计速度为标准的 350 公里/小时，这是世界上首次在此种地质中修建的铁路。

2011 年 6 月 30 日，世界上一次建设里程最长的京沪高速铁路开通运营。京沪高速铁路全长 1318 公里，连接京沪两地，贯通我国东部最发达的地区，规划设计速度为标准的 350 公里/小时，在开通运营初期，其运输速度为 300 公里/小时。

2012 年 12 月 1 日，世界上首条高寒高速铁路——哈大高速铁路正式开通。哈大高速铁路连接哈尔滨市和大连市，全长 921 公里，规划设计速度为 350 公里/小时。运营初期实行冬季、夏季运行图，其中，夏季运输速度为 300 公里/小时，冬季运输速度有所下降，但也达到 200 公里/小时。

2012 年 12 月 26 日，京广高速铁路建设完工并开始通车。途径北京、河北、河南、湖北、湖南、广东等地，线路全长约 2300 公里，其线路里程创下世界高速铁路运营里程之最。规划设计速度为标准的 350 公里/小时，在开通运营初期，运输速度为 300 公里/小时。

2013 年 12 月，广西高铁线路建设完工并通车。我国高速铁路运营里程突破 1 万公里，在建规模 1.2 万公里。

2014 年，随着兰新、贵广、南广、杭长等新建高速铁路投入运营，中国成为世界上高铁投产运营里程最长和在建规模最大的国家，总营业里程实现 1.6 万公里。

高速铁路在短时期内实现如此大的突破，在 8 年的时间内形成如此迅猛的发展势头，是由于高速铁路相关技术及相关制度不断完善，尤其是在中长距离交通运输中，高速铁路具备强劲的市场竞争力。事实证明，高速铁路已成为当今科技与经济发展的标志。高速铁路不同于传统铁路，其特殊的运行要求，激发出多项创新技术的诞生，在新时期，中国高铁已经成为一种具备兼容性和网络性的新型交通运输方式。

我国铁路在技术创新和管理优化两个方面不断积累经验，在高速铁路涉及的各个领域均取得极大的进步，在工务工程、高速列车、通信信号、牵引供电、运营管理、安全监控、系统集成等方面获得一系列重要成果，总体达到世界先进技术水平，建设的高铁技术体系独具中国特色。

二 高铁发展现状分析

1. 基本建设

2014 年全年高速铁路投产新线 5491 公里，兰新、贵广、南广、杭长、大西等高铁开通运营，发送旅客 7.04 亿人次，比上年增长 32.9%，占旅客总发送量的 29.7%。

2. 路网规模

经过近几年的不断发展，我国的高速铁路网络已经粗具规模。2014 年底，我国的高速铁路运营里程达 1.6 万公里，是世界上高速铁路开通运营线路总里程最长的国家。到目前为止，秦沈线、京津城际线、石太客专线、杭深线、京广高速线、成灌线、郫彭线、沪宁高速线、昌九城际线、海南东环线、广珠城际线、长吉城际线、京沪高速线、合蚌高速线、沈大高速线、宁杭高速线、津秦高速线、盘营高速线、柳南客专线、武咸城际线、沪汉线合武段、沪昆高速线沪杭段、广深港高速线广深段、京哈高速线沈哈段、徐兰高速线郑西段和西宝段、宁蓉线合宁段和汉宜段、沪蓉线凉渝段、南广线根梧段等线路已开通运营。

3. 高速铁路对国内经济的影响

高铁的快速成长不仅推动了国家交通事业的发展，也给国内经济提供了巨大的市场空间，同时促进了市场资金的快速流动。高铁的不断发展使不同地区和城市之间的沟通交流变得愈加频繁，知识溢出效应对地区发展的作用越来越大，从而为高铁沿线地区的工业企业带来了丰厚的利润，同时吸引了更多的项目投资，使越来越多的企业对高铁的发展进行投资。

（1）增强了"同城效应"和"通道效应"。

高铁大大缩短了旅客的出行时间和货物的运送时间，促进了不同地区之间的经济往来，有利于资源的快速流通，极大地增强了同地区的"同城效应"以及不同地区、城市的"通道效应"，从而使国内不同地区、不同城市之间的交流活动更加密集，使更多城市可以在时间、空间、产业等方面获得更多效益。

（2）增加了就业机会。

高铁的建设、维护和运营都需要劳动力，高铁建设对大量生产资料的需求刺激了社会生产，带动了高新技术产业的发展，吸引了外资，增加了就业机会。

（3）带动旅游及相关产业的发展。

高铁的开通，特别是特色旅游高铁线路的运营，使其沿线及周边城市的旅游资源可以更好地利用和开发。同时，高铁在形成运输网络优势之后，其规模经济和范围经济不断扩大，促进我国旅游业呈现"井喷"式发展。

以京沪高速铁路当前的发展为例，京沪高速铁路在世界高铁史上留下了浓墨重彩的一笔，它是世界上一次性建设施工里程最长的高铁线路，其建设施工技术处于世界顶尖水平，多项技术突破均获得国家重大科技进步贡献奖。京沪高铁线路总长度为1318公里，规划设计速度为标准的350公里/小时，在开通运营初期，其运输速度为300公里/小时。项目总投资额超过2200亿元，成为新中国成立以来投资规模最大的建设项目。线路从北京南站到上海虹桥站，共设24个车站，其中包含5个始发终到站（北京南站、天津西站、济南西站、南京南站、上海虹桥站）和19个中间站。

京沪高铁线路总长为1318公里，其中桥梁达1059.7公里，占全长的80.4%；隧道21座，长15.8公里，占全长的1.2%；路基长242.5公里，占全长的18.4%。全线跨越既有铁路59次，跨越高速公路41次，跨越等级公路和城市主干道99次。多次跨越海河、黄河、淮河、长江四大水系的众多河流，其中V级航道以上16处。全线特殊结构桥梁达397处。镇江京杭运河特大桥是360米（90＋180＋90）连续梁拱组合结构，最大连续梁跨180米。济南黄河特大桥全长5143.4米，正桥为730米（113＋3×168＋113）四线刚性梁柔性拱钢桁梁，主跨3×168米。最长的桥梁为丹阳至昆山特大桥，全长164.7公里。跨越长江的南京大胜关长江大桥全长9.273公里，主桥为六线，设计时速300公里，正桥为六跨连续钢桁拱，主跨2×336米，被称为世界上"体量最大、荷载最大、跨度最大、速度最高"的铁路大桥。

作为国家重大战略性交通工程，京沪高速铁路全线重点工程有南京大胜关长江大桥、济南黄河特大桥、淮河特大桥、阳澄湖大桥、蕴藻浜特大桥、五大站场枢纽工程、无砟轨道和无砟道岔等。

该工程具有地质条件差、设计标准高、建设规模大、系统技术新、安全压力大、环保要求严等特点。全线开工建设以来，各参建单位调集精兵强将，不断优化施工组织和资源配置，依靠科技创新，大力推进标准化管理，工程建设快速、有序、优质、高效地推进。2008 年线下工程施工全面展开，实现了当年开工当年架梁的目标；2009 年以制架梁为主线、特殊结构桥梁施工为重点，路基、桥梁、隧道等线下工程基本完成，站房建设全面展开，南京大胜关长江大桥如期胜利合龙；2010 年整体推进，29251 孔 900 吨预制箱梁架设完毕，正线铺轨全部完成，站房主体工程基本完成，"四电"工程全面展开，枣庄至蚌埠 220 公里试验先导段率先展开联调联试；2011 年 2 月，德州东至枣庄西、蚌埠南至虹桥段、北京南至德州东段开始联调联试；2011 年 5 月 11 日，全线开始拉通和运行试验，5 月下旬分别完成了专家检查评估和初步验收；2011 年 6 月 30 日，全线通车运营。

我国高速铁路当前的运营状况良好。其中有 3 个关键原因：第一，我国高速铁路在发展过程中有政府大量的人力和资金支持，在高速铁路产、学、研结合的过程中衍生出许多高铁创新技术，具备非常强大的创新体系，从而保证了高速铁路在运行过程中整体设备的稳定性和安全性；第二，由于高速铁路建设过程中的技术规格较高，相关技术等级十分严格，因此高速铁路比航空、公路等运输方式具有更高的稳定性；第三，高速铁路由于其高速度和高舒适度，得到广大乘客的青睐。整体上看，我国高速铁路在发展的过程中，节约了乘客的旅行时间，提供了更高的舒适度，从而使人民生活更加便捷，具备良好的发展前景。

三　发展规划及相关政策

1. 发展规划

2004 年 1 月，国家批准了《中长期铁路网规划》，规划建设更大规模的铁路网，不断提高铁路运载能力。截至 2020 年，全国应达到 10 万公里铁路营业里程，实现主要繁忙干线客货分线，复线率达到 50%，电气化率达到 50%。

2007 年 11 月，国家批复《综合交通网中长期发展规划》，确定到 2020

年，铁路网总规模超过 12 万公里，复线率和电气化率分别达到 50% 和 60%。

2008 年 10 月，国家批复《中长期铁路网规划（2008 年调整）》，提出截至 2020 年全国铁路至少达到 12 万公里的营业里程，实现至少 1.6 万公里客运专线，复线率 50% 以上，电气化率 60% 以上。规划建设"四纵四横"等客运专线和在经济发达、人口稠密地区的城际客运系统。与此同时，建设系列客运专线，如南昌—九江、柳州—南宁、绵阳—成都—乐山、哈尔滨—齐齐哈尔、哈尔滨—牡丹江、长春—吉林、沈阳—丹东等，全面扩大客运专线的覆盖范围。在经济发达和人口稠密地区如环渤海、长江三角洲、珠江三角洲、长株潭、成渝、中原城市群、武汉城市圈、关中城镇群和海峡西岸城镇群等建设城际客运系统，覆盖主要城镇。

根据《中长期铁路网规划（2008 年调整）》，通过建设京沈、商合杭、京张、南昌—赣州等客运专线，建成以京沪、京广、京哈、沿海、陇海、太青、沪昆、沪汉蓉为主骨架的"四纵四横"高速铁路网，同时配套建成贵广、合福等高铁延伸线，形成触角丰富、路网通达、运力强大的中国高速铁路网络。

2. 政策解读（2013年至今）

（1）《铁路安全管理条例》。

2013 年 7 月 24 日，《铁路安全管理条例》于国务院第 18 次常务会议通过。2013 年 8 月 17 日，国务院总理李克强签署国务院第 639 号令，颁布《铁路安全管理条例》，从 2014 年 1 月 1 日起实施。

①出台背景和立法目的。1989 年国务院首次颁布《铁路运输安全保护条例》，2004 年全面修订该条例，在铁路安全运输方面产生重要作用。但是，近年来由于铁路建设运营发展快速，条例不能达到保障铁路安全方面的新要求。首先，作为保障铁路安全运输的基础，《铁路运输安全保护条例》缺乏对铁路建设质量的规定；其次，近年来高铁的发展提高了铁路安全要求，应在立法中明确说明；最后，为积极响应铁路政企分开和国务院开展的行政审批制度改革要求，应在条例中及时调整不符合要求的规定。在吸取了《铁路运输安全保护条例》的基础上，《铁路安全管理条例》出

台，完善和补充了原有条例。新条例包含铁路安全生产的主要领域和重点管理体制，包括铁路建设标准和质量要求、铁路专用设施设备的应用标准以及铁路运输安全等方面。

②确保高铁安全的相关制度措施。由于高铁技术要求高，运营速度快，因此应达到更严格的安全保障要求，不仅要符合一般的铁路安全保护规定，还应制定单独的适应高速铁路安全保护要求的特殊安全管理制度。《铁路安全管理条例》深入完善了高速铁路安全方面的规定：一是严格符合高铁建设在工程地质条件方面的标准，严格实行工程地质勘查监理制度，确保较高工程地质勘查质量；二是为实现高速铁路安全运行和保障沿线社会公众人身安全，在线路安全保护区的范围，对设计运行时速 120 公里以上的铁路进行全封闭管理；三是为解决地下水开采造成的地面沉降严重影响高速铁路运行安全的问题，明确规定严禁在高铁沿线两侧各 200 米范围内开采地下水，不在此范围内的但会造成地面沉降或危害高铁运行安全的，应明确规定地下水禁止或限制开采区。

（2）《铁路机车车辆设计制造维修进口许可实施细则》。

2014 年 4 月 3 日，国家铁路局发布《铁路机车车辆设计制造维修进口许可实施细则》。《铁路安全管理条例》规定"铁路机车车辆设计制造维修进口许可"和"铁路运输基础设备生产企业审批"两项行政许可事项。为深化铁路行政审批制度改革，国家铁路局组织不断修订这两项许可实施办法，落实简政放权、减少审批，为与铁路实际相适应，铁路运输基础设备审批目录由 148 项缩减为 50 项，减少幅度为 66.2%。将既有许可实施细则由 27 项合并为 5 项，将 70 个附件缩至 45 个，并可办理网上预约，使许可申请更加便捷。

在简政放权方面，最大限度地还权给企业，由企业直接负责样车的型式试验、解体检查及技术评价等研发工作，企业可以在申请许可前独自完成样车制造及试修阶段所需的相关试验。最大限度地精简许可具体事项，如规定申请维修许可的只能是机车车辆整机大修即性能恢复性修理，没有必要申请对机车、客车、货车"段修"及动车组"三级修"或"四级修"的许可。

关于规范管理、强化监管，国家铁路局设定年度监督检查规划，按照规定每 5 年对被许可企业监督检查 1 次，并且受检企业随机摇号产生。一旦企业产品质量出现异常波动，就及时把企业归至监督检查计划。明确规定重点监督检查内容，强化对高铁动车组的质量安全审查。

四 我国高速铁路建设投资运营情况

1. 我国高速铁路运营现状

我国高铁"四纵"干线在 2014 年 12 月 28 日基本成型，运营总里程超过 1.6 万公里，占世界高铁运营里程的 50%。目前我国拥有世界上最全的高速铁路系统技术、最强的集成能力、最长的运营里程、最快的运行速度、最大的在建规模。我国每天运行 1000 多列动车组，输送旅客超过 100 万人次。

2. 我国高速铁路建设投资历史

在 2003 年 3 月的十届全国人大会议上，就有多份关于尽快立案投建京广、京沪等铁路客运专线的议案。2005 ~ 2008 年陆续开工的石太、京石、广深港和京沪等高铁项目，大部分采用省部合作模式，即原铁道部与高铁沿线省市合作投资建设，并按照公司法成立实行市场化运营的客运专线有限责任公司。而铁路客运专线公司建设资金的重要部分是从国家开发银行获得的政策性贷款以及从五大国有银行获得的中长期商业贷款。

由于面临资金缺口，原铁道部转变姿态，积极鼓励社会资本参与铁路建设项目。2005 年 5 月，原铁道部举办了成立以来首次大范围的铁路建设资金项目推介招商会，铁路建设项目达 43 个，项目总额为 400 亿元。

铁路建设债券在初期是铁路建设资金的有限补充，2006 年开始大规模发行，债券规模达到 600 亿元，而在 2005 年债券规模仅为 300 亿元左右，之后每年债券发行规模都在扩大。债券融资和银行贷款在"十一五"及"十二五"期间成为高铁建设资金的重要来源。2012 年原铁道部发行的铁路债券资金总额为 2000 亿元，其中铁路建设债券达 1500 亿元，中票和短融券达 500 亿元。

3. 我国高速铁路建设的投资现状

（1）我国高速铁路建设融资规模。

为应对国际金融危机，从 2008 年起党中央、国务院做出扩大内需以拉动经济发展的决策，重点投资铁路建设，并投入部分预算内资金在铁路建设上，陆续开展大批重点铁路工程。2011 年 7 月发生甬温线动车事故，铁路建设速度有所减缓，但是为促进国内经济持续发展，2012 年铁路建设尤其是高铁建设再次成为国内重点基础设施投资建设项目之一。

按照高速铁路规划，除了初期的几条设计时速为 200 公里的高铁，大部分铁路的设计时速在 300 公里以上。根据若干条已运营高铁的造价估算，这类高铁平均造价超过 1 亿元/公里。截至 2012 年，全国在建重点铁路工程约 200 项，投资总额在 1.9 万亿元以上。2013 年，有 35 项新开工项目，投资总规模约 6500 亿元。2010～2015 年，我国铁路年均基建投资额超过 6000 亿元，项目覆盖 31 个省份。

（2）我国高速铁路建设资金来源分析。

根据国家发改委的数据统计，国有基本建设投资中各资金来源占比为：国家财政性资金投入占比 12.3%，国内贷款资金总量占比 26.7%，股票、债券募集的资金占比 15%，另外，高铁铁路建设前期自筹资金份额占比最高，达到 42.6%，其他资金占比 3.4%。

①国家财政性资金。高铁建设资金属于我国政府固定资产投资领域的预算，政府固定资产投资领域包括 3 个类别，分别是国家财政建设预算内基本建设资金、各专业部门管理和使用的预算外专项建设基金、行政事业收费。

②国内中长期信贷融资。"十一五"规划期间，铁路建设实现跨越式发展，资金来源除了主要的国家政策性银行贷款，还包括五大国有银行的商业贷款。截至 2013 年 3 月，原铁道部向五大国有银行的中长期贷款超过 12630 亿元，用于自 2008 年起开工建设的高速铁路客运专线。

③国内证券市场融资。铁路行业在 1995 年开始通过发行债券为铁路项目筹资，截至 2013 年 3 月，铁路建设债券总共发行 30 期，总资金额达 6420 亿元。

④自筹资金。铁路业获取地方政府自筹资金的一般途径为铁路总公司与地方政府合作建设合资铁路。截至 2012 年底，全国在建和运营 39 条铁路总公司和地方政府合作的铁路，线路里程总计超过 9000 公里。在部分铁路线的建设中，地方政府出资比例高达一半，如广州—珠海城际铁路，广州—深圳城际铁路等，地方政府出资比例均为 50%。此外，由于地方政府现金出资能力有限，其中大部分政府通过有偿土地转让这一模式进行合作。

⑤其他资金来源。其他资金的来源相对广泛且不固定，主要是国家或地方政府的补助或者补贴等，如国家对基础设施建设工程的专项补助、基础设施建设基金和短期性周转贷款等，但其所占比例较低，且来源不稳定，常常被忽略。

尽管铁路建设中利用外资的现象越来越常见，但是利用的方式较简单，在总规模中所占比例较低。对比国外融资渠道的趋势，国外借款规模越来越小：一方面，相关的国际金融组织数量较少，同时国外政府贷款数额有限制，部分优惠贷款难以增大规模；另一方面，由于我国经济快速增长，经济实力大大提高，世界银行宣布贷款重点领域将转向环境保护和人文教育等领域而不再是传统的基础设施领域。

（3）我国高速铁路建设投资的主要问题。

原铁道部在大规模开工建设期间持续发债，大大扩大了债务规模。有关数据表明，原铁道部在 2010 年负债 18918 亿元，2011 年负债 24127 亿元，2012 年负债 27316 亿元，3 年的负债率为 57.44%、60.63%、61.13%，负债规模逐年扩大，负债率逐年上升。2013 年 3 月原铁道部撤销，中国铁路总公司成立初期，注册资本金达 10360 亿元，总资产达 43044 亿元，总负债规模为 26607 亿元，资产负债率高达 61.81%，严重制约铁路建设投融资发展。

2008 年国家投资 4 万亿元刺激经济发展，重点建设高铁项目，凭借国家担保，原铁道部和重点金融机构达成战略合作协议，最终工、农、中、建、交五大国有银行承诺意向授信总规模在 2 万亿元以上。据统计，原铁道部在 2009 年从国内银行筹资 2395.37 亿元，2010 年筹资 3763.95 亿元，2011 年筹资 2914.90 亿元，2012 年筹资 3235.28 亿元。外加国家开发银行的政策性贷款，2008 年、2009 年、2010 年、2011 年原铁道部银行贷款占总资金来源的比例分别是 33.8%、56.6%、64.7%、68.3%。搜集相关资料并统计 2009～2011 年 6 条开通的高铁相关财务数据，具体情况见表 10－1。

表 10－1 2009～2011 年开通的高铁项目贷款情况

高铁项目	开通运营时间	运营里程（公里）	总投资规模（亿元）	注册资本金（亿元）	银行贷款（亿元）	贷款占总投资比例(%)
石太高铁	2009 年 4 月 1 日	190.28	170.75	65	67	39.24
武广高铁	2009 年 12 月 26 日	1068.8	1159.83	690	612	52.77
郑西高铁	2010 年 2 月 6 日	458.2	546.68	291	196.5	35.94
京沪高铁	2011 年 6 月 30 日	131.8	2209.4	1150	1000	45.26
石武高铁	2012 年 12 月 20 日	840.7	1167.6	582.35	573	49.08
广深高铁	2011 年 12 月 26 日	104.62	213	102	111	52.11

观察表 10－1 的数据，在 6 条已开通运营的高铁线路中，武广高铁的银行贷款比例最高，达到 52.77%，郑西高铁的银行贷款比例最低为 35.94%。由于融资成本高，建设初期高铁项目就承担较重的负债，严重制约正常经营。目前已开通的高铁线路的严重亏损已成为一种普遍现象，在很长时间内难以消除不合理的融资方式的负面影响。

（4）济青高铁：中国首个以地方投资为主的高铁建设项目。

2014 年 4 月 28 日，国家发改委正式批准了《环渤海地区山东省城际轨道交通网规划（调整）》，这标志着在山东正式开始崭新的快速铁路网建设，包含济青高铁项目。

济南至青岛高速铁路自 2013 年 6 月正式立项，是国家"四纵四横"太青客运通道的重要组成部分。项目建成通车后，从济南到青岛只需 1 小时，而到烟台、威海、日照等只需 2 小时，目标时速 350 公里，有望 4 年内建成通车。

济青高铁项目建设是山东投融资体制改革的探索，山东将吸引民间资本和外资参与投资建设，利用市场竞争性、开放性，采取多种方式融资。

济青高铁线路全长 309 公里，项目总投资 600 亿元，项目资本金由中国铁路总公司出资20%，其余80%由山东省出资并持有股份。济青高铁项目是山东投融资体制改革的探索，实施过程中会有许多新的举措。

五　高铁发展热点问题分析

1. 高铁争夺战

随着我国高铁网的铺开，高铁福利被更多人认可。"没有高铁，城镇就是散落的珍珠；通了高铁，城镇就是项链上的珍珠。"高铁的开通改变了人们的出行方式，对沿线的区域经济发展产生重要影响，使人们的出行更加方便快捷，显著提高沿线土地价值，彰显政府政绩。高铁建设中涉及的各个利益团体开始明争暗斗，严重影响高铁建设的走向和站点设置，影响其经济和科学价值。

各地方政府关于高铁建设使用的手段如下。

（1）四处公关，广拜菩萨。

在高铁走线设站的行政决策过程中，各地方政府利用各种手段获得上级部门和规划设计单位的支持。其中不乏应用"悲情牌"和"优势牌"，甚至动用各种人际关系，推动高铁规划的调整。

（2）群众施压，官员"拼命"。

沪昆高铁连接我国华东、华中和西南地区，东起上海，途经浙江、江西、湖南，西至云南昆明。尽管湖南邵阳地处湘中，但是湘黔和枝柳铁路均绕邵阳而过，使该地区交通条件迅速变差，经济发展严重落后。于是在沪昆高铁规划时期，湖南省邵阳市大力争取在市区设站，但因为和娄底市相比占下风，于是出现邵阳群众高呼"争不到高铁，书记、市长下课"以及许多政府官员"拼命"的现象。

（3）近邻反目，唇枪舌剑。

为让高铁"落户"，相邻县市间往往展开激烈的"舆论战"。各地争相展现自己的优势和政策依据，出现"变身蜡烛燃烧自己，只为高铁你"等民间改编歌曲。河南省南阳市内邓州和新野一直以来关系紧密，但为争夺郑万高铁站点，两地关系变得异常紧张。

从过去"被高铁"到如今"抢高铁"，高铁对区域经济发展的影响越来越大，甚至起决定性作用。高铁线路的走向要和经济社会发展规划相协调。如果不遵循正常规则进行车站选址，就容易出现增加旅客交通成本的现象。因此高铁建设必须遵循科学、合理的原则及高铁自身的设计逻辑，尽量避免"争路运动"，最大限度地发挥高铁线路对经济的拉动效应。一是走线设站要科学分析和选择，寻找最佳平衡点。尽量做到现实需求和长远规划相适应、自然地理与经济版图相适应，兼顾民生与国家战略，经由各专家深思熟虑进行规划设站。二是广泛征集意见，尊重主流民意，保障公平公正。有部分群众认为高铁属公共资源，沿线站点选址应考虑公众感受，以"民生牌"代替"利益牌"，公平公正地解决高铁之争。部分专家倡仪，我国应建立"依法修路"的体制，减少人为因素和权力寻租空间。

2. 高铁"走出去"

伴随我国高铁的迅速发展，我国高铁品牌在世界范围内得到越来越广泛的认知，相关技术设备的影响力也越来越大，高铁技术的发展进步不仅促进经济社会的发展，也在维护国家安全方面提供重要支持。

（1）中国高铁"走出去"的步伐逐步加快。

高铁越来越成为中国走向全球的纽带。从 2013 年开始，我国领导人在多次国际出访以及国际会议中，积极推荐中国高速铁路技术和设备，特别是提出"丝绸之路经济带"及"21 世纪海上丝绸之路"构想，将中国高铁作为强化国际经贸战略大合作的中坚力量。国务院总理李克强"中国高铁推销员"的称号正是源于其出访英国、罗马尼亚、泰国、埃塞俄比亚等国家时多次提到高铁项目。就当前形势而言，我国高铁"走出去"步伐呈现逐步加快态势。

2013 年 10 月，我国与泰国签署了"大米换高铁"的合作协议；2013年 11 月，我国与罗马尼亚达成高铁项目合作意向，并将参与匈牙利和塞尔维亚两国首都间高铁项目；2014 年 6 月，我国第一次向欧洲大陆国家出售高速铁路列车；2014 年 7 月 25 日，中国在海外参加建设第一条高铁（土耳其安卡拉至伊斯坦布尔高铁线）。此外，我国的高速铁路列车制造厂商、高速铁路建设企业以及与高铁建设相关的装备制造业也加快了"走出去"的步伐，在欧洲、南美洲等地区均开展了广泛的合作。

数据显示，中国北车、南车两家企业2014年上半年的出口签约总额超过45亿美元。中国高铁在国际市场具有非常巨大的发展空间，在国家层面的战略中具有很大的发挥余地和促进作用，这背后的关键是相关技术不断成熟。

从开始的"技术引进"到"消化吸收"，再到"科技输出"，中国高铁技术跨越迅速。数据显示，中国铁路总公司已经对高铁技术拥有完全自主知识产权，获得国际专利900多项。我国高铁之所以能快速发展，是因为在大规模引进铁路装备之初，我国铁路装备工业就通过长期自主研发积累了较强技术能力，所以在对引进技术进行相应消化、吸收的同时，可以凭借已经掌握的核心技术开展新一轮自主研发。多年来我国北车集团及南车集团一直没有停止高铁技术的研发，在关键技术系统和生产管理体系上实现质的飞跃。此外，由于中国复杂的地理环境积累的规模性数据和经验，我国拥有世界最先进的设计开发技术、生产管理体系、实验室及被国外同行羡慕的最宝贵的大量动态数据库。

随着中国高铁技术在世界范围内被不断验证及肯定，中国高铁"走出去"步伐逐步加快。

（2）高铁"走出去"需要合作共赢。

面对巨大的市场需求，能和中国高铁相提并论的日本高铁同样希望抓住当前的发展机遇，迎来经济快速发展。面对不断加剧的市场竞争，重视客户需求、探求好的合作方式显得尤为重要。虽然我国高铁物美价廉，但如果想在国际市场形成较强竞争力，获得更多的海外订单，还应积极推进高铁核心技术的研发，重视彼此合作，从而达到共赢。

2011年1月，在土耳其机车项目招标中，中国南车和中国北车竞相压价，中国北车甚至以近乎零利润的价格投标，但是订单最终被一家韩国公司获得。可以看出，我国高铁"走出去"过程中实现合作共赢成为重点。而在基建领域，中铁和中铁建存在恶性竞争，且各自旗下的公司内部也存在非良性的海外市场竞争现象。

未来我国高铁在"走出去"过程中除了要提升核心技术水平，更要懂得合作共赢，这样才能提高国际竞争力。

（3）中国高铁海内外布局。

中国高铁规划：拉通北京至其他省会的高铁线路，除乌鲁木齐和拉萨外，均要于 8 小时以内到达，且各省会间建立高铁线路。其中渤海湾大通道值得注意，此线路从东北至海南三亚，全程 5700 公里，贯穿 11 个省份，将有效解决我国沿海地区的能源输送问题，同时也能起到保卫我国主要干线的作用。

国外高铁战略方面，通往欧洲及东南亚的三条高铁备受关注。第一条高铁线路为老挝至新加坡的铁路；第二条高铁线路为我国新疆至波兰的铁路；第三条为吉尔吉斯斯坦至德国的铁路，修建该线路的目的是快速运油。

中国高铁正在计划走进非洲。2014 年 5 月，李克强总理出访非洲时表示，将在非洲成立高速铁路研发中心。

我国另外一条规划中的高铁北起东北，途经白令海峡的海峡隧道、阿拉斯加、新加坡最终到达美国，全线里程达 8000 公里。

（4）中国高铁性价比高、技术有保证。

中国正式开始发展高铁是在 2004 年，与国外高铁相比：第一，中国的高铁线路长，高铁网非常完善，而其他国家多短途铁路，我国高速铁路具有丰硕的研发成果，运行稳定安全，相关铁路技术完善；第二，我国高铁物美价廉，与美日等国相比，我国高铁技术、设备输出成本更低，同时，我国高铁速度的覆盖范围较广，可以满足不同国家、地区客户的需要。中国的桥梁隧道建设技术水平在世界范围内领先，速度快、价格低，高级领导人的认可更能带动高铁发展的信心。中国铁路尤其是高铁的输出，对我国装备制造、水泥、钢铁、零部件等相关产业具有带动作用，推动中国制造业"走出去"，其影响不言而喻。

（5）中国高铁"走出去"海外市场分析。

中国企业进入海外市场面临当地法律、风俗、技术标准及政局等问题，具体分析各市场的经济发展水平、法律系统的完善性及外交关系，差异如下。

①非洲市场。目前非洲市场由于自身财力的限制，对高速铁路先进技术及产品的市场需求较小。除南非外，大部分非洲国家使用的是中低端的客货车，对高速铁路机车需求不大。

②澳大利亚和新西兰市场。高速铁路"走出去"之桥头堡，两个国家注重环保，国内很少发展铁路装备产业，基本依赖进口，行业标准是欧美标准。

③以巴西、阿根廷为代表的南美市场。强调本地化，铁路装备使用标准是欧美标准。由于南美地区工会势力强大，为保障当地就业，按当地政府要求，中国铁路装备企业谈判和签单时应进行"本地化"，即应在当地建厂、采购当地材料并雇用当地劳动力。

④中东、阿拉伯地区市场。政局动荡是风险。该地区的铁路装备技术标准高于非洲市场，因为此前一直是西方装备企业的市场，尽管会于近期向中国开放，但政局动荡仍是该地区重要的风险。

⑤俄罗斯市场。既是机遇也是挑战。随着能源危机的爆发，新型轨道交通再次得到世界各国重视，俄罗斯也加快发展高铁。目前俄罗斯和西方企业接触较少，中国企业面临巨大机会。中俄两国高层当前接触频繁，已共同表示将在俄罗斯合作建设高铁。我国与俄罗斯在铁路运输的学术研究领域、铁路建设领域均展开了广泛的合作，由于两个国家之间的经济联系非常紧密，从而可以预见市场发展潜力巨大。

⑥欧美市场。市场竞争比较激烈，市场进入门槛较高。其中，美国目前使用的铁路技术处于世界领先水平，并且自成体系，只有经过其认证才能进入该市场。此外，欧洲市场由于两次工业革命的积累，已经形成了完善的铁路装备制造的工业基础和环境，同时，其技术要求与美国不相上下，我国高铁"走出去"步伐较为迟缓。

为加强与世界各国的合作与发展，推出中国高铁"走出去"战略，能和国家经济发展相适应，是新时代的声音，是中国人的骄傲，展现中国高铁已有实力参与国际竞争。通过高铁发挥优势，增进国家间友谊，为后续发展打好坚实基础，提升国际话语权。

3. 京沪高铁实现盈利

2014 年京沪高铁运送旅客 1 亿人次以上，同比增长 27%，第一次实现盈利，而世界上众多高铁都在亏本运营。为什么京沪高铁能盈利，且在短短 3 年多就能够盈利？因此京沪高铁显得与众不同。

京沪高铁于 1990 年开始构想，2008 年开工，前前后后经历 18 年。京沪高铁的建设历经 3 年多，拥有世界上最高的技术水平和标准，同时也是新中国成立以来投资规模最大的已通车运营的高铁项目。

中国铁路总公司数据表明，2014 年我国铁路动车组输送旅客在 8 亿人次以上，仅沪高铁就在 1 亿人次以上。2013 年京沪高铁客票收益在 300 亿元左右，若按照营业税口径，可以实现利润约 12 亿元，"高铁经济"几乎覆盖所有的沿线 24 座城市。

以山东曲阜为例，京沪高铁开通后，大大提高了该历史名城的旅游人次及社会总收入。2013 年旅游人次上升为 1446.7 万人次，社会总收入达 122.3 亿元，分别上涨 11.7% 和 14.2%。

京沪高铁在我国众多的高铁项目中含金量最高，业内人士曾预测，如果京沪线都无法实现盈利，基本可确定国内高铁很难盈利。资料显示，京沪高铁覆盖北京、天津和上海三大直辖市以及冀、鲁、皖、苏四省，联系环渤海及长江三角洲两大经济区，总投资达 2209 亿元，沿线共 23 个车站，设计运营时速 380 公里，当前运营时速下调为 300 公里。

京沪高铁始建于 2008 年 4 月 18 日，于 2011 年 6 月 30 日完成并通车，至此从北京到上海的时间缩至 4 小时 48 分。开通以来京沪高铁客源不断，2012 年和 2013 年旅客量分别增长 23.7%、33%，2014 年上半年增长率达到 40%，平均每天客流量达到 38 万人次，每日现金收入在 1 亿元以上，和其他线路相比京沪高铁收益较好。

目前已基本形成以京沪高铁为基础的"高铁经济"效应，来自 30 多个国家和地区的 1500 家企业进入廊坊经济技术开发区，投资总额达 715.6 亿元。曲阜香格里拉大酒店成为香格里拉首个在县级城市建设的案例。另外，为进一步提高京沪高铁收益，运营公司主动开发运输主业外的收益，建设 Wi-Fi，方便旅客在出行时办公，在旅客网游和网购方面进行商业探索。

六 高速铁路未来的发展趋势

自 2009 年 10 月我国第一条高速铁路武广高铁建成运营以来，我国的高速铁路建设一直处于飞速发展阶段，截至 2014 年底我国高速铁路营业里程已达到 1.6 万公里，并为中国经济的"稳增长、促改革、调结构"做出重要贡献，未来我国高速铁路的发展趋势如下。

1. 继续完善高铁网络建设，增加高铁建设里程

作为牵动国民经济发展的大动脉，我国的铁路发展超负荷，运行低效率，和当前生产力高速发展不相适应，因此，为了和现代铁路运输发展相协调，必须不断完善我国的高速铁路网络。反观发达国家的现代化路网，城际通勤和往来商务客流增加，离不开较高的城镇化率。我国 2014 年城镇化率为 54.77%，形成若干大城市带的城镇化布局，区域范围内城镇化进程加快。城市集中，经济发达，人口稠密，对铁路运力提出更高的要求。为实现现代化路网，未来较长一段时间内，我国高铁的发展重点是扩大高速铁路规模，优化网络结构，提高主要城市的覆盖率。

2. 深化高铁"走出去"战略

在经济全球化背景下，作为世界范围内为数不多的几个高速铁路较发达的国家，我国只有深化高铁"走出去"战略才能和新时代的经济发展结构和方式相协调。当前我国的经济发展处于严峻的战略选择时期，一方面面临 2020 年全面建成小康社会的压力，另一方面面临矛盾加剧、资源匮乏和国际形势严峻等难题。因此我们必须加快经济发展方式的转变，并渗透社会经济发展的方方面面，实现科学发展、全面发展、协调发展和可持续发展，在发展中促转变，在转变中谋发展。在当前的背景下，我国的高铁受到世界的广泛关注，是世界先进生产力的代表，和众多产业息息相关，具有较强的中国特色，因此必须"走出去"。中国高铁"走出去"不仅能全面促进货物、技术和服务输出，而且能促进众多相关产业如机械、冶金、电力、电子、建

筑、信息等快速发展。世界范围内较高的高铁技术规格和标准能有效带动我国高铁技术升级和技术含量的提高，进而促进品牌质量的提高。高铁由于能有效节省旅行时间，改善旅行条件，降低旅行费用，改善生态环境，因此受到越来越多国家的欢迎。面对机遇，我国应深化高铁"走出去"战略，树立高速铁路的民族品牌意识。

3. 引进社会资本，深化高铁投融资体制改革

一直以来高铁单一的渠道、较高的代价导致投资速度缓慢，严重影响行业发展。我国铁路建设资金通常来源于铁路建设基金、国家开发银行贷款、商业银行贷款、铁路企业债券、地方政府投入和铁路系统自筹资金等，很少来源于资本市场或非政府投资，因此未来高铁建设资金的发展重点是提高社会资本参与程度。2013 年 7 月，国务院召开铁路投融资体制改革和中西部铁路建设会议，提出进一步推动铁路投融资体制改革必须遵循统筹规划、多元投资、市场运作、政策配套的原则。首先，在以中央财政资金为主体的基础上，多方式、多渠道筹集建设资金，吸收更多社会资本进入铁路投资领域并成立合作机构和基金，同时，在铁路发展领域加大投融资渠道建设。其次，通过城际快速铁路、市郊铁路开发权和建设经营权的让渡，促进地方政府资本和民间资本进入。最后，提高铁路沿线及站点周边资源的利用效率，进行站点综合开发，利用铁路的开通建设为经济提供强大动力，同时通过铁路综合收益反哺铁路建设和发展。

2015 年 2 月，济青高铁吸引了一部分社会资本参与建设。济青高铁的成功融资为社会资本进入高铁建设领域起到了很好的示范作用，未来应不断鼓励社会资本通过并购、参股等形式加入高速铁路的建设。

4. 降低成本，优化高速铁路产业结构，注重效益

"高铁建设成本高，投资周期长，几乎建一条亏一条"是人们对高铁盈利状况的第一印象，虽然京沪高铁运营 3 年多就实现盈利，但我国其他地方的高铁目前大多数仍处于亏损状态，所以未来我国应降低高速铁路建设运营成本，优化高速铁路产业结构，注重效益。首先，应通过技术更新降低高速铁路建设成本，提高高铁建设效率，降低建设过程中的风险；其次，应做好

高铁运营成本的核算工作，采用现代化的经营管理模式，依据客运市场的行情和客流的动态变化制定灵活的票价并调整相应的高铁班次，在保证高铁效益的前提下提高高铁的使用效率。在优化产业结构方面，铁路部门要根据高速铁路所在区域的经济发展水平制定相应的高铁发展进程，在经济发达的地区要着重提高高铁的速度和运营能力，在经济发展缓慢的地区逐步推进高铁的建设，从而带动高铁沿线的经济发展。

第十一章　交通运输服务定价机制

长期以来，我国铁路运输价格主要实行政府定价，分别纳入中央和地方政府定价目录，少数高等级列车和席别的旅客票价、少数特殊线路货物运价实行政府指导价或市场调节价，铁路运输企业可以在国家规定范围内确定具体运价水平。党的十八届三中全会明确深化经济体制改革的要求，我国正逐步完善主要由市场决定价格的机制，推进铁路价格改革，逐步放松管制。具体发展历程分为以下 4 个阶段。

一　集中管制下的低运价阶段（1949 ~ 1982 年）

新中国成立初期，国家一直对铁路采取政企合一、高度计划和集中统一的管理模式，在运价方面实行严格的管制政策。1955 年，在"稳定市场、稳定物价"方针指导下，全国铁路运价统一后的铁路货物运价平均为 1.65 分/吨公里，旅客运价平均为 1.49 分/人公里。此后很长一段时间，铁路一直实行低运价政策。自 1960 年起，铁路部门简化了货物运价制度，降低了货物运价总水平，到 1967 年货物平均运价为 1.438 分/吨公里。同时，铁路客运价格一直没做大的调整，实际运价水平还略有降低。

政府通过统一的低运价政策达到了规范经济、稳定市场、促进经济发展的目的。然而对于铁路自身来说，低价政策拉大了铁路与其他运输方式的价格差距，运价作为反映运输值和供求关系的信号出现失真，铁路运输长期处于供不应求状态，运输的低效和不均衡造成铁路企业得不到足够的资金支持。

二　运价管制的适度放松阶段（1983 ~ 2002 年）

改革开放以后，国家宏观经济体制改革带动了铁路运输管理模式和运价管理制度的变迁。这一时期，铁路仍处于高度集中管理之下，铁道部政企合一，既代表国家行使政府职能，又作为铁路企业从事运输生产和经营活动。随着各种替代运输方式的发展，为适应铁路运输企业参与综合运输市场竞争的需要，国家调整运输价格，适度放松铁路客货运输价格管制，引入运价浮动机制，丰富和完善运价结构。

货运方面，国家不断完善运价规则，逐步上调铁路货物运营价格，将铁路货物运价率由单费率改为双费率。1991 年，国务院批准征收"铁路建设基金"，经过 20 世纪 90 年代的 4 次调整，铁路建设基金征收标准提高到 3.3 分/吨公里。这一时期，国家相继出台相关政策，对电气化铁路征收货运电力附加费，对国铁正式运营线外的特定线路和临时线路实行特殊运价政策等。90年代后期，国家允许铁路根据市场情况实行运价下浮，铁路企业有了一定的定价权限。

客运方面，国家在 1985 年、1989 年和 1995 年分别对铁路价格进行了 3次调整。1995 年调价后，国家铁路旅客票价形成以 200 公里以内普通车型（无空调）、普通旅客列车（慢车）硬座票价率 5.861 分/人公里为基准的票价率，在基准票价率基础上，分别针对不同席别、列车速度等级、车型，并考虑递远递减因素，计算具体票价。铁路部门陆续实行旅客列车优质优价，对新型空调列车、旅游列车实行票价上浮，在特定时间和线路上适当浮动票价。另外，对旅行社或社会团体包租、包乘的非定期定时开行的旅客列车试行市场调节价，由铁路部门自行确定票价水平。

三 运价多样化发展阶段（2003～2012年）

为适应运输市场的快速发展，2003 年以来，国家在铁路客运领域引入政府指导价，在不同时段和线路实行运价浮动，货运领域主要根据燃油、钢材、电力等生产资料与人力成本增支情况对铁路货运价格进行调整。铁路运价模式从政府定价向政府指导价过渡，铁路企业的运价形式逐步向多样化转变。

1. 货运方面

针对铁路运输价格长期偏低带来的铁路运输企业经营困难、各种运输方式比价关系不合理等问题，2003～2012 年，国家先后 8 次对国铁货运统一运价进行调整，运价水平逐步提高（见表 11 - 1）。

表 11 - 1 2003～2012 年国家铁路货运价格调整概览

单位：分/吨公里

调整时间	调整额度	主要目的	统一运价	货物运营价格
2003/12/16	运营价格提高 0.25 分/吨公里	弥补对粮食、棉花等大宗农产品免征铁路建设基金造成的铁路建设资金缺口	8.00	4.70
2005/4/1	运营价格提高 0.5 分/吨公里	促进各种运输方式合理分流，缓解铁路运输供求矛盾	8.61	5.31
2006/4/10	运营价格提高 0.44 分/吨公里	缓解铁路货物运输价格偏低的矛盾	9.05	5.75
2007/11/5	运营价格提高 0.2 分/吨公里	缓解铁路货物运输价格偏低矛盾，弱化成品油价格调整对铁路运输成本的影响	9.25	5.95
2008/7/1	运营价格提高 0.36 分/吨公里	缓解铁路货物运输价格偏低矛盾，弱化成品油价格调整对铁路运输成本的影响	9.61	6.31
2009/12/13	运营价格提高 0.7 分/吨公里	缓解铁路货物运输价格偏低矛盾，保证铁路正常运营和发展	10.31	7.01
2011/4/1	运营价格提高 0.2 分/吨公里	弱化成品油价格调整对铁路运输成本的影响	10.51	7.21
2012/5/20	运营价格提高 1 分/吨公里	促进铁路持续健康发展	11.51	8.21

资料来源：国家发改委网站。

这一时期铁路货运调价进入快车道。表 11 - 1 显示，2003～2012 年，铁路货运价格调整频繁。从统一运价来看，国家铁路统一运价从 2003 年的 8.00 分/吨公里升至 2012 年的 11.51 分/吨公里，其中货物运营价格由 2003

年的 4.70 分/吨公里升至 2012 年的 8.21 分/吨公里。由于国家铁路统一运价由货物运营价格与铁路建设基金两部分组成，而铁路建设基金自 1998 年起一直保持在 3.3 分/吨公里的水平，因此国家铁路统一运价的增长仅来自货物运营价格。

在提高统一运价的过程中，铁路部门研究制定了《铁路货物（含包裹）运价下浮管理办法》，作为铁路企业运价下浮的指导性政策。另外，铁路企业设计了灵活的运营组织模式，开行了"五定班列""行包专列""集装箱快运直达列车"等形式的列车，实施大客户战略，并制定相应的运价管理措施。

2. 客运方面

2001 年，依据《价格法》和《政府价格决策听证办法》，铁路旅客运输基准票价率列入中央定价听证目录。2002 年初，举行价格听证会后，国家下发《关于公布部分旅客列车票价实行政府指导价执行方案的通知》，允许铁路部门在春运、暑运和"黄金周"期间，根据实际情况对旅客票价进行适当浮动，并对票价浮动的条件、幅度、执行时间等做出具体规定。这一文件是铁路实行政府指导价的政策依据，铁路企业的价格策略日趋灵活，根据客流高峰情况，综合考虑列车档次、运输成本等具体情况，主要在春运期间对旅客票价进行上下浮动，此外还对团体购票、短途区段空闲卧铺票等进行价格下浮，实施灵活的折扣政策。

2007 年以来，铁路部门陆续开行了不同速度等级的动车组列车。由于我国铁路票价体系中没有专门针对动车组的规定，其定价依据是普通动车组列车按既有高等级软座快速列车的票价执行（即二等座公布票价为 0.3086 元/人公里，一等座公布票价为 0.3703 元/人公里），而高速动车组列车则暂时实行试行运价，由铁路企业按照充分考虑社会承受能力、适当体现优质优价的原则，根据市场供求状况自主确定具体票价水平。动车组开行以来，铁路企业根据各地运输市场状况，对部分列车、部分时段的动车组票价实行不同幅度的折扣，对高铁商务座、特等座、一等座实行优惠票价。

四　市场化运价试水阶段（2013年至今）

根据十八届三中全会全面深化经济体制改革的相关要求，按照市场化方向，国家加快推进铁路运价改革。

2013年3月，国务院机构改革撤销铁道部，通过改革，旨在逐渐形成政府依法管理、企业自主经营、社会广泛参与的铁路发展新格局。同年8月，国务院《关于改革铁路投融资体制加快推进铁路建设的意见》提出，坚持铁路运价改革市场化取向，按照铁路与公路保持合理比价关系的原则制定国铁货运价格，分步理顺价格水平，并建立铁路货运价格随公路货运价格变化的动态调整机制。创造条件，将铁路货运价格由政府定价改为政府指导价，增加运价弹性。这一文件成为铁路运价改革的纲领性文件，标志着铁路运价市场化改革进入试水阶段。

2014年以来，国家陆续出台加快推进铁路运价改革的多项举措。2月，《关于调整铁路货物运价有关问题的通知》提出将铁路货物运价由政府定价改为政府指导价，国铁普通运营线以国家规定的统一运价为上限，铁路运输企业可以根据市场供求自主确定具体运价水平。4月，《关于包神、准池铁路货物运价有关问题的通知》提出将包神铁路货物运价由政府定价改为政府指导价，准池铁路运价实行市场调节。7月，《关于新建蒙西至华中地区铁路煤运通道可行性研究报告的批复》提出按照"坚持市场化取向，完善铁路运价机制"的要求，项目开通运营后，其货物运输价格由市场调节，企业自主确定具体运价水平。12月，《关于放开部分铁路运输价格的通知》提出放开铁路散货快运、铁路包裹运输价格，以及社会资本投资控股新建铁路的货物运价、客运专线旅客票价这4项具备竞争条件的铁路运输价格。2015年初，铁路运价改革迎来关键性进展。国家进一步完善铁路价格形成机制，对铁路货物运价首次实行上下浮动的价格调整机制，允许企业在上浮不超过10%、下浮不限的范围内，根据市场供求状况自主确定具体运价水平。

价格改革的同时，新成立的中国铁路总公司也在运价领域迅速变革，对国铁货物运价实行国家宏观调控下的市场化导向管理机制。2013 年以来，铁路总公司实施铁路运输组织改革，推动铁路货运全面走向市场，以实货制运输为核心，打造"前店"货运办理平台，改进"后厂"运输组织方式，发展全程物流服务，推动铁路运输组织实现由依靠计划向主动适应市场需求的重大转变。同时，重点推进铁路运价市场化，建立面向货运市场的"一口价"，做到全程服务"一口报价、一张货票、一次核收"，根据运输供求关系变化情况，制定合理的运价策略，实施一系列价格营销手段，并配合出台一系列运输组织、运价浮动、财务清算、考核奖励等政策。在客运领域，铁路总公司为适应市场需求，参照民航运输经验，引入收益管理机制，对部分高铁列车分不同预售期实行相应的票价折扣策略。

五　对未来铁路运价变革的展望

总体来看，新中国成立至今，铁路运价体制和运价政策经历了由高度集中、严格控制到适度放松管制，由运价多样化到逐步开始市场化改革的历史演变过程。伴随着我国铁路的快速发展，铁路运价政策的变革将持续深化。

为在更大程度、更广范围内发挥市场对运输资源的配置作用，我国正在加快铁路体制改革，市场化是铁路整体改革的方向，而运价的放开则是对铁路走向市场的有利推动。铁路企业拥有更多的定价自主权，可以真正发挥市场主体的作用，提高应对市场风险的灵活性。健全价格机制，有利于社会资本以平等的主体地位参与铁路建设和运营，促进铁路投融资体制改革，从而增加运力供给，拉动投资需求，刺激经济增长。

未来一段时间，深化铁路价格形成机制，逐步放松运价管制，创造公平、宽松的市场经营环境，吸引社会资本参与铁路建设、运营，引导铁路企业积极参与市场竞争，提高综合运输体系的整体运行效率，发挥铁路运输对国民经济和社会发展的保障作用，将是中国铁路运价改革的主体。

第十二章　完善公益性交通运输服务的补贴机制

一　公益性与公益性交通运输

1. 公益性的概念界定

在《辞海》中，"公"的解释包括：①公平、公正，与私相对；②属于国家或集体的；③公共，共同等。"益"的解释包括：①增长，加多，补助；②富余；③利益，好处等。《现代汉语词典》中对"公益"的界定则是公共的利益。

我国现阶段的法律对"公益性"尚未形成完整而严密的定义。有关专家在商讨制定《中华人民共和国物权法》的时候，认为公益性是一个十分复杂的概念，在不同的行业、不同的领域，会有相应的不同表现。因此，在现行的法律中，很难找到完整的"公益性"的定义。从国外法律来看，英国2005年在一份法律文件《公众利益的法律原则》中提到："只要不违反以下论述的五大原则，并且从事法律列举的13类慈善目的事业的民间组织就可被认定为是具有公益性的。这五大原则分别为有益原则、现实性原则、多数受益原则、合理惠及个人原则、照顾弱势群体原则。"①

因此，公益性可称为公共利益。为公共利益提供的服务在不同的国家又被称为社会公共义务、公共经济、公用事业、公共领域或普遍服务等。公益性服务和产品主要有两方面特征。一方面，它是政府或者整个社会普遍需要的；另一方面，公益性服务的提供者并不能从市场中直接获得补偿。因此，

---

① 徐彤武：《英国法律中"公益性事业"的定义与实践标准》，http://www.chinalaw.gov.cn/article/dfxx/zffzyj/200706/20070600057238.shtml。

公益性服务和产品区别于其他服务和产品的最大特点就是，它无法直接从市场上盈利或者补偿所付出的成本，公益性服务和产品基本不能按照市场规律运行。

2. 公益性交通运输的内涵探析

公益性交通运输是指为公众利益服务，不以营利为目的的交通运输服务。与公益性交通运输相对的概念为经营性交通运输，其往往是具有营利性的，为某企业或个人提供服务。根据运输的收益可以分为亏损型和盈利型两种，在盈利的前提下，不仅公益性得到保障，同时可以带来固定收入，是一种最好的模式；而亏损的公益性运输在实现公益性的属性下，无法实现自身盈利，但同时这种公益性运输需求很大，在这种情况下，需要政府提供政策补贴和支持，来维持公益性运输的不断发展。

（1）公益性运输的理论分析。

①公共物品理论。公共物品理论是公益性运输的理论基础，公共物品理论比较著名的代表人物是萨缪尔森。萨缪尔森在1954年首次将公共物品从私人物品中区分开来，并总结了两种商品的特性。从产权的角度来说，私人物品具有排他性，而公共物品不具有排他性。从消费特征而言，私人物品的供给数量会随着需求的增加而减少，如服装、家电等。私人物品就消费而言一般具有两个特点：一方面，私人物品具有竞争性，如果一件物品已经被消费了，那么另外的人就不能再进行消费；另一方面，私人物品具有排他性，只有一部分对物品支付费用的人才拥有使用的权利。

除萨缪尔森以外，其他学者也对公共物品理论进行了新的发展。美国经济学家巴泽尔提出准公共物品的概念，提出准公共物品处于公共物品和私人物品的中间状态。布坎南提出俱乐部理论，其阐述了一种同时具有排他性和非竞争性的物品，并称为俱乐部物品。此外，奥斯特罗姆提出公共资源的概念，其特点为具有非排他性和竞争性。这类商品与纯公共物品有相同特性，它向所有人开放，并且具有非排他性。

综上所述，我们可以按照物品所具有的排他性和竞争性将物品分为4类（见表12-1），其中公共物品包括纯公共物品、俱乐部物品和公共池塘资

源。纯公共物品和私人物品可以看作物品极端状态的存在，介于两者之间的
其他物品的形态，也被称作准公共物品。

表 12－1　物品的分类

	竞争性	非竞争性
排他性	私人物品	俱乐部物品
非排他性	公共池塘资源	纯公共物品

公共物品的特点不仅是非竞争性和非排他性，还有共用性、不可分割性
及外部性等。共用性是指公共物品常表现为集体成员公共使用的共同财产或
共用性财产。不可分割性是指公共物品向特定群体定向供给，群体具有共同
的权益。外部性是指公共物品本身对别人福利水平的影响，但没有为此付出
相应的代价。外部性分为正外部性和负外部性，正外部性主要表现为公共物
品带来的积极效应。例如，国防保证国家和地区的安全，维护社会稳定，促
进经济繁荣。负外部性主要表现为给别人带来负面影响而没有因此付出相应
的代价，如城市交通的发展造成的城市污染、拥挤和资源浪费等。

②交通运输的公共物品属性。交通运输本身具备较为明显的公共物品属
性，包括共用性、不可分割性、外部性、一定程度下的非竞争性，此外其也
具有较为明显的排他性。

交通运输的共用性体现比较广泛，如火车乘客共用的车厢、车站，火车
货运共用的列车和货物装卸装备等。同时，从运输服务的提供来看，铁路的
线路安排、指挥调度、修养维护等都是铁路运输服务部门为所有铁路的乘客
和货运主提供的服务。因此可以看出，交通运输具有很明显的共用性。

交通运输的不可分割性体现在生产和消费两个方面，交通运输服务的生
产主要集中在前期投资，由于交通运输属于网络型基础设施，只有彼此相互
衔接形成有效网络，才能更好地发挥效用，所以前期投资巨大，需要整体性
和一次性的大规模投资，因此，生产是不可分割的。交通运输服务往往不是
单独为某一个旅客提供的，而是为很多旅客集体提供，因而这种消费也具有

不可分割性。

交通运输服务的外部性分为正的外部性和负的外部性，通常情况下，交通运输的正外部性大于负外部性。交通运输的正外部性可以视作为整个经济和社会提供的巨大效益，提高交通通达程度，为产业的集聚和经济的发展提供可能。交通运输的负外部性主要体现在交通运输所造成的交通事故的发生，以及交通运输的发展所引起的资源过度消耗和对环境的过度污染。总体来看，交通运输具有很强的正外部性，符合公共物品属性。

交通运输的非竞争性在不同情况下表现不同，由于交通运输网络复杂，竞争性和非竞争性在不同情况下均有所体现，因此认为交通运输服务具有一定程度上的非竞争性。例如，对于列车、船舶、飞机等基础设施，在容量未满的情况下，增加一单位的乘客或者是货物数量，边际成本基本为零；而当列车、船舶、飞机等基础设施容量已满的情况下，多增加一单位的乘客或者货物数量都会影响其他旅客的乘车环境和舒适度，此时交通运输就具有明显的竞争性。

交通运输的排他性首先表现在价格上的排他性，通常情况下，消费者使用交通基础设施都需要付费。其次，交通运输的排他性还表现在技术性的排他性，像铁路的铁轨、飞机的机场和航运的港口，都具有资产专用的特性，即使此类设施处于闲置状态，也不能让其他工具使用。在极特殊的情况下，交通基础设施具有非排他性，如救灾物资运送和军队物资运送，都在价格上表现出非排他性。

综上所述，交通运输服务具备非常明确的公共物品属性。通常情况下，交通运输具备非竞争性和排他性，在特殊情况下也会表现出不同的经济特性。

图12-1是世界银行对交通运输经济属性的划分。从整个分类可以看出，一般的交通基础设施都会表现出一定的排他性和竞争性。当这些交通基础设施有空余容量的时候，非竞争性就体现出来。大多数交通基础设施都表现出一种非竞争性和排他性共存的状态。而一些比较特殊地区的交通基础设施如农村道路、偏远地区的公路则具备非竞争性和非排他性。从整体上来

看，为市场提供的交通运输产品应当被作为准公共物品，由此可以看出交通运输体现着较强的公益性。

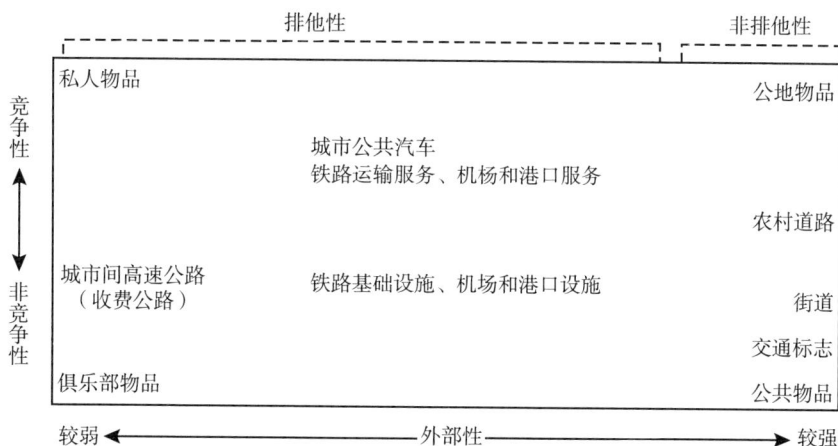

图 12 - 1　交通运输业的公共物品属性

（2）公益性交通运输的种类。

基于交通运输的功能和目的，可以把公益性运输分为地区开发、民族政策、国防安全、抢险救灾、支持农业、其他功能等几种（见表 12 - 2）。①

表 12 - 2　公益性交通运输的种类

表现形式	功能或目的
地区开发	促进地区经济发展或地区资源利用,如我国的两条大干线:京九铁路和青藏铁路
民族政策	促进贫困地区、少数民族地区发展,如川藏公路及新疆地区机场建设等
国防安全	提高我国对边境地区的控制能力,为国家战略提供有力保障,如青藏铁路、拉萨边远机场等
抢险救灾	在发生自然灾难时,减少人员伤亡,快速运输物资,如玉树机场等
支持农业	为全国范围内的农村地区提供生产资料的运力支持,保障农业的发展,保证农民的收益
其他功能	针对学生、残疾人、军人等特殊人群进行的铁路、城市公共交通票价优惠

① 张改平:《金温铁路建设运营案例对公益性运输的启示》,《综合运输》2014 年第 3 期。

综上所述，铁路、公路、城市公共交通以及航空均在一定程度上承担了公益性运输，而其中铁路和城市公共交通的公益性运输表现得更加明显和广泛。航空的公益性运输方面主要体现在救灾抢险和军用物资运送和人员转移，以及机场等基础设施的提供，民航提供的交通运输服务仍以经营性为主，公益性服务比例较少。公路交通运输服务近年来管理不足，有些高速公路在建设投资已收回的情况下仍然继续收费，严重影响公路公益性的发挥。在各种交通运输服务中，铁路和城市公共交通承担了较多的公益性职能，因此我们将研究重点放在这类运输的公益性补贴上，因为上述交通运输具有较强的公益性特征，付出了较大的运输成本，对其正常运营产生了一定影响，所以应当采取措施使其得到弥补，这样才能更好地保障公益性交通运输服务的提供。如何采取措施，是靠政府干预，还是靠市场或其他方式解决，不同国家会有不同答案。我国作为发展中国家，处于市场化的关键阶段，必须寻找符合我国国情的思路和方式。

二　完善我国铁路承担公益性运输的补贴机制

1. 铁路公益性运输服务种类

我国铁路运输具有较大的公益性，在国家综合实力的提高以及社会经济的发展中均扮演着重要的角色。

（1）抢险救灾物资运输。

在抢险救灾的过程中，铁路部门的职责是将人员和物资安全快速地运送到目的地。而救灾抢险作为一种社会责任，在市场经济的情况下，费用应该由各级政府部门负担，铁路运输企业无义务承担。

（2）涉农物资运输。

涉农物资包括农药、化肥和磷矿石等支农物资和粮食、棉花等农产品。在我国的铁路货运中，铁路部门对涉农物资的运输实行运价优惠政策，同时由于我国的铁路建设基金由铁路营业站在收取铁路货物运费时一并收取，也相应减免了涉农物资的铁路建设基金。而铁路企业并未从中获得利益，作为支持农业发展的政府也未对铁路部门进行补偿，因此，减少的收入可看作铁路企业提供的公益性服务。

原铁道部财务司的统计资料显示，2003～2006 年铁路承担"三农"物资运输而造成的运费、基金减收累计达到 590.43 亿元，其中运费减收 250.62 亿元，基金减收 339.81 亿元。

（3）伤残军人、学生运输。

针对学生、伤残军人的乘车优惠是国家的一项政策，是为维护社会和谐而做出的努力。可凭学生证或军人证进行购票并享受相应优惠，此项政策是国家政府的指令性安排，可以看作铁路企业因减少收入而提供的公益性运输服务。

原铁道部财务司的统计资料显示，2003～2006 年铁路承担伤残军人、学生运输所造成的运费减收分别为 10.86 亿元、19 亿元、15.5 亿元、17.4 亿元，4 年共计损失 62.76 亿元。

（4）军队运输。

军队运输可分为货运和客运，其在运价方面享有明显的优惠政策。军队运输也是政府的一项指令性安排，是国家把一部分责任转交给铁路部门，因此这也是明显的公益性运输。

原铁道部财务司的统计资料显示，2003～2006 年铁路承担军队运输所造成的运费减收分别为 3.41 亿元、5.7 亿元、40 亿元和 43.67 亿元，4 年共计减收 92.78 亿元。

（5）市郊旅客运输。

市郊旅客运输是为了满足郊区人们通勤和日常出行的需要，实行市郊旅客运输票价的一种铁路运输。这种运输方式乘客较少并且距离较短，同时票价也相对较低，因此从事相关运营的铁路部门亏损严重，无法弥补支出成本，此时铁路运输具有公益性特征。

（6）铁路支线运输。

我国铁路运输呈现多样化发展态势，由不同的铁路运输方式构成。其中，大型矿产资源区、农林业经济区和特殊的工业地区通过修建运输线路来满足企业的发展需求，此种方式被称为铁路支线运输。由于我国近几年处于经济的转型期，同时资源开采和资源储备情况逐渐发生变化，原有的支线运输运量逐渐减少，而铁路运营成本高，因此收入难以补偿支出。尽管支线运输有很大的社会效应，但是对铁路的正常经营造成了很大的风险，因此可以看作铁路企业为实现地区发展而提供的公益性运输服务。

（7）公益性铁路建设并交付运营的项目。

公益性铁路是体现国家战略，具有巨大社会效益但不具备经济效益的项目，此类铁路一般在开通运行后无法实现收益，从而无法覆盖建设成本。此类铁路的典型代表是青藏铁路和南疆铁路。

青藏铁路作为我国第一条高原铁路，是按照公益性原则建设的铁路，工程投资约为330亿元。其中，75%是国家财政预算内资金，25%来自铁路建设基金，而且从建设初期开始就享受国家的特殊优惠政策。由于青藏地区环境特殊，青藏铁路在建设中面临高寒、冻土等特殊环境问题，为保证列车在该种环境下正常运行，在铁路建设过程中对各种设备都采取了强化的措施，人工和机械成本都较高。因此，青藏铁路本身的运营成本就高于一般铁路。青藏铁路的货物运输享受0.12元/吨公里的特殊价格，至于客运价格，则根据车型、席别分别加价0.09元、0.10元和0.16元，并免征营业税、城市维护建设税、教育费附加等税费。即使在这种情况下，青藏铁路的收入仍然难以弥补运营成本。青藏铁路（格拉段）自2006年7月1日开通，自开通之日至12月底的实际运量为：出藏37万人次，进藏29.5万人次，货运进藏为33万吨，出藏仅为2.1万吨。主营收入为17209万元，但总支出高达86921万元，包括营业成本83192万元、税金及附加16万元、管理费用2088万元、营业外支出1625万元，因此，格拉段运营半年即亏损69712万元。

南疆铁路东起新疆乌鲁木齐，沿兰新铁路到吐鲁番，折转向西穿越天山山脉经库尔勒、阿克苏、阿图什到达我国西极新疆喀什市，为新疆的主要铁路干线，全长1446公里（吐鲁番至喀什段）。由于铁路低运价、高运量的优势，南疆铁路对新疆地区的经济社会发展和物资流通意义重大，有力地支持了当地工农业发展，并为当地开拓了广阔的市场。在实际运营方面，开通之前,南疆铁路的预计货物年运量为 1000 万吨,但开通后实际货物年运量才 300 万吨。由于南疆周边多为少数民族和经济落后地区,对货运的吸引力有限,运量增运的潜力小,新疆地区崎岖的道路使南疆铁路的运营成本远高于其他铁路。在开通后 18 年,南疆铁路的运输密度才达到 628 万吨/公里,尽管运价特殊,但由于运量低、成本高,一直呈现亏损状态。1997 年实际的单位成本为 1549 元/万吨公里,实施特价的收益率为 1339.97 元/万吨公里,年亏损额为 6300 万元,1984~1997 年累计亏损 47306 万元。到 1999 年底,南疆铁路吐鲁番—库尔勒段包括折旧在内的累计亏损已达 8.85 亿元。2003~2007 年南疆铁路亏损 30 亿元。①

由于公益性铁路的建设本身是在政府的要求下进行的,铁路企业面临的财务亏损难以依靠自身弥补,因此,公益性铁路开通运行后的亏损被视作政策性亏损。

我国公益性铁路覆盖范围广,给铁路企业造成了沉重的负担。如表 12-3 所示,2003~2006 年铁路承担公益性运输造成的减收呈逐年上升的趋势。由于减收部分所对应的成本已经在利润核算中相应扣除,所以如果减收部分的金额能够正常收取的话,将使国家铁路的利润总额增加两倍。承担公益性运输确实给铁路行业的发展增加了较重的负担,这种负担理应得到相应的补偿。

表 12-3 2003~2006 年我国铁路承担公益性运输减收情况比较

	2003 年	2004 年	2005 年	2006 年
公益性运输减收(亿元)	52.57	74.8	136	142.79
国家铁路运输收入(亿元)	1483.38	1794.43	2019.13	2364.5
国家铁路利润总额(亿元)	18.46	48.53	85.80	69.03
公益性减收/运输收入(%)	3.54	4.17	6.74	6.04
公益性减收/利润总额	2.85	1.54	1.59	2.07

① 国务院发展研究中心调查研究报告,《铁路公益性运输问题亟须解决》,第 161 号 (总 2010 号),2003 年 11 月 4 日。

2. 铁路公益性运输补贴现状

（1）铁路的交叉补贴。

铁路的公益性运输服务为国家的国防建设、经济发展等都做出了巨大贡献，但是铁路企业在公益性运输方面承担较大损失。我国现阶段对铁路部门公益性运输服务所造成损失的补贴为交叉补贴。这主要是由于在铁路总公司成立以前，我国铁路在管理和运行上实行政企合一，铁道部兼有政府和企业的双重职能，因此公益性的职责难以划分，只能通过交叉补贴的方式来弥补铁路由于公益性运输造成的损失。交叉补贴主要有以下几种形式。第一，单一业务内部交叉补贴。例如，军人或者学生群体的优惠购票政策的资金缺口由普通乘客的购票收入来弥补。这是客运业务内部的交叉补贴。第二，业务间交叉补贴。通常表现为货运和客运之间的交叉补贴。我国铁路运输旅客票价收入近年来均小于货物运输收入，所以客运方面的损失常常依靠货运方面的盈利来补贴。第三，区域间交叉补贴。我国铁路运输业的票价是固定的，同时，收益和费用的问题还没有得到彻底解决，所以，在经济发展水平不同的地区和城市，运量不同的线路存在相互补贴的情况。例如，成都铁路局、兰州铁路局、乌鲁木齐铁路局以及青藏铁路公司多年来均收不抵支，需要依靠北京、太原、上海等盈利的铁路局进行补贴。

（2）交叉补贴的弊端。

首先，内部交叉补贴是用铁路企业的经营利润去补偿公益性服务的亏损，这样无法将铁路企业的运输服务直接与效益挂钩，因此对铁路企业的绩效难以准确衡量，在一定程度上影响了铁路企业的积极性，并且降低了企业配置资源的效率。同时，从管理层面来说，交叉补贴对公益性支出与经营性支出不加区分，使企业在亏损状态下难以划分管理者的责任，容易出现经营不善的情况，掩盖企业真实的状况。[①]

其次，交叉补贴的效率低下，真正的受益者并不一定是补贴需要者。交叉补贴对企业来说是用利润来弥补亏损，但是这些亏损不一定是公益性补贴

---

① 张爱梅：《探讨铁路公益性运输补偿机制的建立》，《上海铁道科技》2012年第1期。

导致的，铁路企业本身的运营管理不善也可能导致亏损，交叉补贴在实施过程中并没有对不同的亏损原因加以区分，导致补贴并没有发挥其应有的作用。

最后，交叉补贴使铁路企业难以成为独立的市场竞争主体。交叉补贴用铁路运输的盈利业务来补偿亏损业务，铁路企业为了保持更大盈利，会向政府争取更多政策补偿，巩固铁路的垄断地位，这样铁路运输服务难以参与市场竞争，缺乏动力来提升服务质量。

（3）铁路公益性运输补贴的政策推进。

交叉补贴严重影响铁路企业的健康发展，有关部门也意识到这种补贴方式的弊端，认为需要逐渐转变这种补贴方式，对铁路的运输服务加以区分，有针对性地进行补贴。因此，近年来，国家不断完善对铁路公益性服务进行补贴的政策制度。

在2012年9月初的推进铁路建设座谈会上，时任铁道部部长盛光祖曾明确表示，铁道部正在与各有关部委磋商，力争尽快出台公益性铁路建设投入、公益性运输财政补贴等各项政策。

2013年3月全国人大审议通过的《国务院机构改革方案和职能转变方案》提出，铁路实行政企分开，建立健全规范的公益性线路和运输补贴机制。随后国务院在《关于组建中国铁路总公司有关问题的批复》中进一步明确了针对学生和军人群体等的优惠乘车政策，以及对西部铁路干线的运输经营进行国家财政补贴，对具有公益性的铁路线路进行相应的补贴。

综上可以看出，虽然政府已经意识到应当将铁路部门提供的经营性运输与公益性运输进行区分，并对公益性部分提供专项补贴，但是政策落实仍处于过程之中。铁路公益性运输的补贴问题较为复杂，涉及铁路总公司、受益公众群体等多方的利益，因而在该问题的处理上政府比较慎重，完善的补贴机制尚处于一个酝酿过程中。

3. 国外或相似行业经验借鉴

（1）加拿大铁路公益性运输相关政策。

第二次世界大战之后，加拿大的铁路运输收益一直处于下降趋势，铁路运输在国家运输中的比重不断下滑，因此，加拿大联邦政府在1961年成立皇家交通委员会，来解决铁路面临的一系列问题。委员会就铁路的公益性运输问题向政府提案，认为铁路有承担公益性运输的必要，为了维护公众利益，维持铁路的正常运行，政府应该向铁路提供适当的补贴，规定应当承担4/5的铁路客运服务亏损。并且，本次立法还规避了政府参与制定运输费率的定价方式，积极推进铁路同其他交通运输方式的市场竞争。之后，根据实际情况，又对立法进行多次修正。

20世纪70年代中期，受世界经济形势影响，加拿大国内通货膨胀压力大，这使铁路运输受到影响，运量下降明显。1977年，加拿大政府为了解决铁路运输问题，牵头并主导建立了一家铁路客运公司VIA，这家公司是加拿大国内唯一覆盖全国的铁路客运公司。同时，加拿大国内的铁路大部分由货运公司控制，部分线路只能以租赁的形式运营。因此，为了维持VIA公司的正常运营，政府每年需要对VIA进行大量补贴。VIA公司直接向政府负责，逐年提交远期5年的详细财政计划。只有在交通部部长同意之后，才可将允许的补贴金额划至VIA公司的账户。

1987年，加拿大又对1967年制定的《国家运输法》进行了修订。新法案规定，铁路公司可以根据铁路的盈利情况和实际需要减少一些不盈利的铁路线路。具体做法是向大众出让铁路线路，在没有交易可能的情况下会直接不开通线路运营，这一过程不需要政府的管制。该法案的实施加快了铁路市场化的步伐，政府所起的作用非常小。

综上可以看到，加拿大在铁路公益性运输政策方面主要有两大特点：一是立法先行，通过立法肯定政府补贴公益性运输的合法性，使政府的补贴政策有法可依；二是在补贴的同时引入竞争机制，并且允许关闭铁路支线，以提高铁路公司总体的盈利能力和竞争力。

（2）美国铁路公益性运输相关政策。

在美国铁路运输中，客运运输亏损严重，但其凭借运营收入和融资可以勉强维持发展，因此，美国的公益性运输主要集中在客运方面。为了拯救只能依靠补贴度日的客运系统，1970 年，美国国会通过了《铁路客运法》，为了国家城际铁路运输服务的公益性能够持续，美国政府收购了全国的铁路客运服务，统一组织管理这些国有化铁路线路，同时组建美国唯一一家全国铁路客运服务公司 AMTRAK。AMTRAK 公司的运输服务范围非常广泛，包括美国国内 46 个州以及加拿大的 3 个省，运营里程约为 3.39 万公里。AMTRAK 公司的所有权归政府，在参议院统一通过的情况下，美国国家总统任命公司董事会所有人员。此外，文件明确规定，联邦政府必须为 AMTRAK 公司提供资金补贴，维持其运行和管理。

1979 年，针对 AMTRAK 公司的补贴方案进行了具体规定，由政府补贴运营成本的一半，同时路网建设、维修等资金需要政府支持，每年的补贴预算由国会审批。联邦政府对公司的资金补偿大致为每年 10 亿美元，但其运营中存在大致 12 亿美元的资金空缺。2010 年，AMTRAK 的运营收益为 25.1 亿美元，运营费用为 37.4 亿美元。因此，联邦政府对 AMTRAK 公司的每年 10 亿美元的资金补偿对于降低公司损失、维持其基本运营来说是十分重要的。此外还规定，如果地区政府希望开发地区性的铁路运输服务线路，或者保留存在巨大亏损的客运线路，则地区政府必须针对 AMTRAK 公司的运输成本进行补贴。

AMTRAK 公司虽由政府补贴运营，但公司可以根据实际情况实行灵活的票价制度，采取单元定价方式，以 6 小时为界分为短途列车和长途列车，又按照不同时间段的客流量将短途票价分为高峰票价和非高峰票价，高峰主要集中在工作日。车票提供预订功能，预订车票的价格相对普通车票的价格高，但可预先保留座席。[①]

综上可以看到，美国在铁路公益性运输政策方面也有着自己的特点：首先，同加拿大一样，美国也专门制定法律，成立国营的客运铁路公司，规定由国家对其亏损进行补贴；其次，不仅联邦政府对承担公益性运输的客运铁

---

① 刘拥成：《加拿大和美国铁路的公益性运输》，《中国铁路》2006 年第 12 期。

路公司进行补贴，地方州政府也要根据实际情况给予相应的补贴；最后，美国政府还允许客运公司拥有制定票价的自主权，通过灵活制定票价来吸引更多旅客，以提高铁路的盈利能力。

（3）英国铁路公益性运输相关政策。

二战后，英国为扭转铁路行业持续亏损的状态，开始推动英国铁路的国有化改革。1974年，英国通过《铁路法案》，提出铁路客运服务是一种社会"公共服务义务"，国家政府应不遗余力地保证其持续运行，并提供相应的资金补贴。但在此后的运营中，政府过度重视公益性而忽视了铁路的内部管理，财政负担沉重。为扭转这种局面，从1993年开始，英国铁路开始进行私有化改革，实现路网分离。截至1997年，英国铁路运输服务行业拆分为120多家公司，包括路网公司（Railtrack）、客运公司、货运公司、机车车辆租赁公司等。但是，在这轮铁路改革之后，铁路亏损状况仍没有得到缓解，同时铁路基础设施建设落后，安全问题频发，最终，在2001年10月，路网公司由于资金空缺巨大无法实现正常运输服务而宣布破产。

2002年3月，英国政府开始重新组织并管理全国铁路运输服务，并成立了新的铁路公司Network Rail。新路网公司成立后，英国政府又加大了对铁路的补贴，用于设施的维护和更新。针对铁路运输服务进行的财政补贴主要包括以下两个方面：一是对铁路建设网络进行补贴，由英国政府直接支付给路网公司，并通过立法来强制路网公司加强线路建设，加强安全性保障，对设备进行更新和改造；二是对特许铁路运营公司进行补贴，铁路的路网运营由铁路管制办公室作为专门机构负责发放许可证，同时对特许经营的公司加强监督，要求特许经营公司承担公益性运输等一定的社会责任，并对无法盈利的公益性运输线路进行补贴。

英国政府的补贴方式基本是把基础设施的资金补偿放在第一位。在2001~2011年的11年时间内，英国政府对铁路路网以及铁路客运公司的补贴情况如图12-2所示。可以看出，在此期间，英国政府对路网公司的补贴额度一直呈上升趋势。除此之外，英国政府通过发行债券的方式进行项目融资，规模大约为每个年份 20 亿英镑，从而覆盖铁路运行、管理、服务的费用支出。

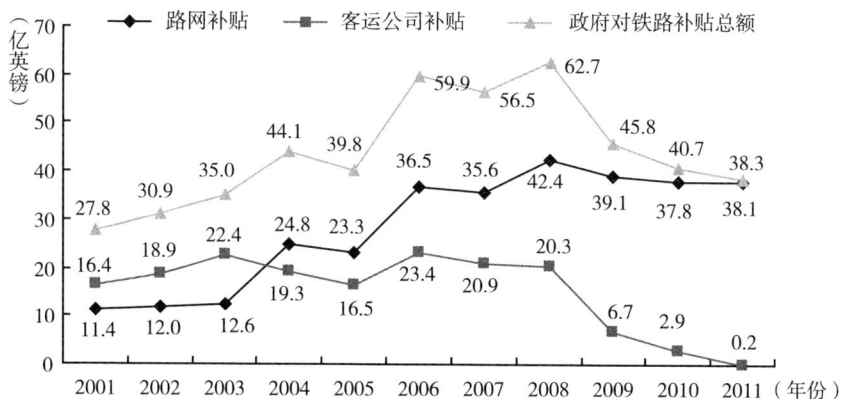

图 12 - 2　2001～2011 年英国政府对铁路路网和铁路客运
公司的补贴（按 2010 年价格）

英国客运公司的总体收入和成本情况如图 12 - 3 所示，可以看出，在 2010 年以前，英国客运公司整体的收入是低于成本的，2010 年以后，两者的差距逐渐缩小，2010 年收入大于成本，开始盈利，所以之后政府的补贴逐渐下降。[①]

综上可以看到，英国政府对铁路承担的公益性运输的政策支持主要是有力的补贴政策。其补贴范围广、力度大，不仅针对国营的路网公司，而且针对特许经营的客运公司。每年的补贴总额都在 30 亿英镑以上。除了补贴政策外，英国在铁路公益性运输方面还实行特许经营政策，通过特许经营协议，允许民营客运公司进入铁路市场。政府通过制定一系列服务规范和票价政策规范特许经营公司的运营，旨在使其提供更好的客运服务。这种竞争机制的引入也有助于促进铁路行业的发展，提高铁路公益性运输

[①] 陈娅娜：《英国铁路公益性运输补贴政策的分析与启示》，《铁路运输与经济》2013 年第 12 期。

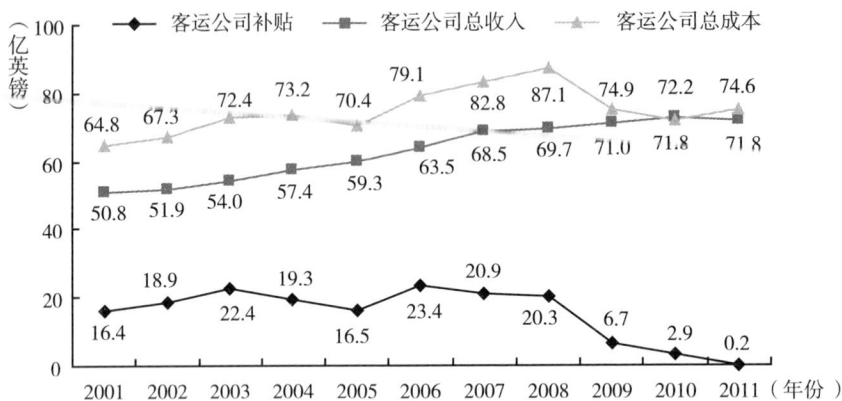

图 12 - 3   2001~2011 年英国铁路客运公司收入、成本与补贴变化趋势

的服务质量。

（4）印度铁路公益性运输相关政策。

1975 年，印度实施公益性运输服务的概念界定工作，并将结果在每年的铁路公报中予以公示。印度铁路局认定的公益性运输的内容主要包括低于成本的旅客及相关运输服务、低于成本的基本货物运输、维持非盈利支线的运营服务等。其中，旅客及相关运输服务是铁路公益性运输的主要部分，主要包括：①低于二等车票价的普通票价服务；②两车站之间距离大于 150 公里的非市郊通勤季票优惠服务，该类客流占非市郊客流的 39.9%；③清奈、加尔各答、孟买市郊铁路通勤季票的优惠服务，该客流占市郊客流的 67.3%；④各种类型的优惠服务，如对见义勇为获奖者、体育项目获奖者、获国家奖励的教师、军人遗孀、癌症患者、肺结核及其他重病患者、残疾人等实行折扣票价。而低于成本的基本货物运输包括军事物资运输、邮政运输、种子及牛奶运输等。此外，铁路还提供紧急救援服务，如运送食品、水、饲料和紧急救援物资到遭受干旱、飓风、地震等自然灾害的地区。1995~1996 年、2005~2007 年印度铁路承担社会服务责任概况见表 12 - 4。

表 12 - 4 印度铁路承担社会服务责任概况

单位：亿卢比

项目		1995 ~ 1996 年	2005 ~ 2006 年	2006 ~ 2007 年
货物运输	糖	2.07	1.53	1.33
	盐	0.86	—	—
	蔬菜、水果	0.67	—	1.14
	生鲜	0.31	0.88	—
	其他矿石	0.19	—	—
	椰壳纤维产品	0.10	—	—
	竹子	—	0.33	0.99
	纸	—	0.95	0.50
	食用油	—	0.40	0.32
	其他	0.11	0.13	0.42
	合计	4.31	4.22	4.70
旅客及相关运输服务	其中：清奈、加尔各答、孟买市郊铁路损失	25.09	83.75	95.51
	合计	206.37	656.61	552.22

综上可以看到，印度在铁路承担公益性运输方面很早就给予了较大的重视力度。通过对铁路承担公益性运输的政策分析，使整个社会群体明确铁路在公益性运输方面的收益和支出。印度主要采取"以货补客"的补贴方式，客运很长一段时间都采取保持运价稳定不变的政策，而普通商品货运则征收较高的运费，以实现货运收入对客运损失的补贴。

4. 政策建议或展望

（1）总体思路。

2013 年，铁道部被撤销后，国家成立了中国铁路总公司和国家铁路局，铁路部门实现了初步的政企分离，这为公益性运输问题的解决奠定了一个良好的基础。但是为了进一步增强铁路企业服务的公益性特征，政府还必须制定更加完善的公益性补贴政策和制度。

第一，在现有情况下，应明确各市场主体的主要角色，明确政府和企业之间的市场关系。将铁路运输的经营性服务和公益性服务分开。此时政府作为购买者，成为铁路公益性服务的责任主体，应当将铁路的公益性支出纳入财政支出范围。而铁路主体与政府应当是明确的市场交易的关系，这样，政府作为公益性运输服务的需求者，可以明确对铁路公益性服务提出要求，并加以监督。而对于铁路主体来讲，这样可以进一步提升运输服务的质量和效益，从而减少铁路运输服务的运营成本，增加企业效益。

第二，建立铁路公益性运输认定及亏损补贴制度。2013 年，随着国务院《关于改革铁路投融资体制加快推进铁路建设的意见》的出台，推进铁路公益性以及政策性运输补贴的机制建设已经非常明确。但现阶段补贴制度仍然未明确，建立铁路补贴制度，应该注意以下几方面：第一，对现有市场上铁路提供的公益性和经营性业务进行明确的规定和划分，对公益性运输加以明确规定，并明确补贴政策；第二，对补贴政策进行明确规定，取消现阶段的交叉补贴，可以使用税收减免、财政支出等更明确的补贴手段，不同类型的补贴可以根据情况由中央政府和地方政府分别承担，实行"谁受益谁补贴"的原则；第三，铁路公司公开供应性运输服务的具体情况并接受监督；第四，政府对公益性补贴应当以法律的形式加以认可。

第三，实行市场准入，直接补贴提供公益性运输服务的铁路运营公司。在市场环境下，由于运输服务成本不确定，因而对公益性运输服务的补贴金额无法形成具体规定，补贴金额不一定等于公益性运输服务对铁路企业造成的损失，因此在补贴金额的确定上，可以借鉴国际经验，通过市场准入，公开招标引入特许权竞争。通过特许权竞争，选出可以最低价格提供最高质量公益性服务的铁路运输单位，这种方式使企业之间有效竞争，信息公开，同时可以提高生产效率，激励铁路主体不断提升服务水平，节约成本。

第四，将提供补贴与效率激励紧密结合。政府在给予铁路企业公益性运输服务补贴的同时，应该制定相关标准，对铁路企业进行督促和监督，使其不断完善服务。在市场准入原则下，政府作为公益性运输服务的需求者，有权向铁路企业明确其职责和任务，同时依法对市场行为进行监管，以确保铁路企业在市场中发挥作用和绩效。

（2）现行公益性运输的补偿方式建议。

由于我国铁路公益性运输的补贴机制尚处于酝酿阶段，而现行的公益性运输服务确实使中国铁路总公司承受了较大的损失，所以有必要在过渡性补贴政策中对其进行补贴。本部分根据不同的公益性运输服务提出了有针对性的补偿方式建议。

①抢险、救灾物资运输。抢险救灾物资的运送费用可以通过国家和政府的专项拨款，另一种方式为政府对铁路运输企业的费用支出进行一定的资金补偿，铁路企业对此类运输提供一定的优惠并保证优先级别。

②涉农物资运输。运价改革是解决支农物资和农产品的公益性运输问题的有效方法。一方面，在维持现有定价的基础上，低运价造成的公益性运输损失由政府进行财政补贴；另一方面，也可以逐步放开涉农运价，由铁路企业与涉农物资的运输方共同确定运价水平，中央财政直接对涉农物资的运输方进行补贴，这也是国际上比较通行的做法。

③伤残军人、学生的运输。伤残军人、学生的公益性运输补贴方案主要有3种：第一种是在维持半价政策下，由中央财政对铁路公益性运输企业进行直接的补贴；第二种是取消现有的半价政策，全部采取市场定价，政府可以通过其他形式直接向伤残军人、学生进行补贴；第三种是取消半价政策，但为了吸引此类客源，由铁路企业实行折扣定价，政府也可以通过其他形式直接向伤残军人、学生进行补贴。

④军队运输。军队运输的公益性运输补贴方案主要有两种：一种是取消对军队运输的优惠，完全按照市场定价，由国家通过中央预算国防支出来进行补偿；另一种是中央财政根据军用物资的实际运量来直接对铁路企业进行补贴，铁路企业对此类运输提供一定的优惠并保证优先级别。

⑤市郊旅客运输。对于市郊旅客运输，可区分不同的情况采取相应举措：第一，对于现阶段已经亏损严重并且客流较少的市郊旅客线路，可允许铁路部门予以关闭；第二，对于亏损严重，但仍然对当地具有重要作用的市郊旅客线路，由政府进行补贴，维持其运营，将该铁路划归政府管理；第三，对于亏损不严重，并且仍对当地有重要意义的市郊旅客线路，可以采取

业务延伸等方式增加收入，政府也在一定程度上给予优惠政策，减少其亏损；第四，可通过公开招标确定补贴额度，并通过特许经营权或租赁方式将市郊旅客运输转由民间经营。

⑥铁路支线运输。对于铁路支线运输，可区分不同的情况采取相应举措。首先，对于现阶段亏损严重的铁路支线，如果政府认为该支线对当地有重大的经济意义，则由政府进行补贴并购买该运输服务；如果支线所服务的厂矿企业认为铁路运输的价值很大，不应关闭，原则上应由厂矿企业进行出资运营，否则可根据法律情况将线路予以关闭。

其次，对于亏损不是很严重的铁路支线和专用线，由政府提供一定的优惠和适当补贴，维持运营，同时可以引进市场竞争机制，通过特许经营权或租赁的方式将铁路支线转由民间经营，争取改变亏损局面。

最后，可逐渐推进铁路支线的产权制度改革，将铁路支线划归地方，或交给铁路支线的服务对象，如厂矿企业，由它们开展经营，从而减轻铁路部门的负担。

⑦公益性铁路建设并交付运营的项目。对公益性铁路建设并交付运营的项目，首先，企业自身应进行增收节支，其次，中央财政也应对其进行补贴来保障正常运营。补贴方式除了直接的资金支持外，还可以采取减免税费、免缴铁路建设基金和免提线路固定资产折旧等政策。

三　我国城市轨道交通承担公益性运输的补贴机制

1. 城市轨道交通公益性运输相关概念

在《城市公共交通常用名词术语》中，城市轨道交通通常是以电能为动力，采取轮轨运转方式的快速大运量公共交通的总称。在城市交通系统中，轨道交通具有诸多优势，运量大、污染低、空间利用率高等，因此在世界各国应用较多。

现阶段，城市轨道交通在城市客流输送方面至关重要，目前的城市轨道交通包括地铁、城市轻轨、市郊铁路、有轨电车等多种运输方式。本书中所涉及的城市轨道交通主要是指城市地铁。

城市轨道交通的公益性主要体现在轨道交通运输企业满足了国家政治经济的需要，并实现了社会效益，但一般情况下自身在财务上是亏损的，即以低于成本的优惠价格在城市范围内运送乘客。

2. 城市轨道交通公益性运输补贴现状

（1）城市轨道交通现状。

《2012 中国新型城市化报告》指出，我国的城市化发展迅速，1990 年我国的城市化率为 24.41%，2012 年已达到 51.27%，我国已经进入城市化快速发展的阶段。随着城市化的发展，城市轨道交通也进入了快速发展阶段。

国内城市的主要地铁投资情况如表 12-5 所示。

表 12-5　国内城市的主要地铁投资情况

单位：亿元

城市	投资路网名称	投资总额
北京	复八线（1 号线东段）	75.7
	城铁 13 号线	60.8
	八通线	34
上海	1 号线	52
	2 号线	94
	3 号线	90
广州	1 号线	127.15
	2 号线	131.1
深圳	4 号线一期	115.53

城市轨道交通具有基础性、公共性、消费的可排他性和非竞争性等基本特征，这些特殊情况决定了城市轨道交通领域的市场失灵。城市轨道交通的票价一方面要考虑市民的消费水平和接受能力，另一方面又受到政府的约束，因此票价收入很难弥补巨大的运营成本，所以为保证城市轨道交通的正常运行，政府需要对其进行补贴，在政府多重监管的治理框架下，财政补贴成为政府内生性的制度安排。

政府对其进行财政补贴具有一定的必要性：第一，政府的财政补贴可以促进城市轨道交通的建设和发展；第二，资金补偿机制同时也可以减少轨道交通运营部门的资金压力。为了缓解现有的交通拥堵、环境污染等状况，地铁作为公共交通工具，在提供更便捷交通方式的基础上，也应当采取市民可以接受的票价水平，因此对城市轨道交通运输进行补贴具有一定的必要性，有利于惠及百姓。

（2）城市轨道交通公益性运输补贴方式。

城市轨道交通属于准公共物品，根据定义，轨道交通在使用和消费过程中造成的经济损失应该由国家财政资金进行补贴。城市轨道交通运输服务的补贴方式大体可分为直接补贴和间接补贴两种。

①直接补贴。针对政府与私人资本合作模式下的城市轨道交通建设项目（PPP项目），根据项目开工前期签订的特许经营协议进行资金补贴。

在轨道交通的运行期，要根据当地当年的财政情况以及轨道交通部门的运行情况最终确定应该补贴的具体金额。另外，在市场的实际操作情形中，直接补贴采用的一般方法包括合理回报法、部分比例补贴法、盈亏平衡法以及按照客运周转量补贴等。

②间接补贴。政府除了直接对轨道交通在建设阶段进行投资，还可以将轨道交通沿线的土地综合开发移交至运营方，同时，城市轨道交通建设和运营企业可以在项目前期对站点周边的土地进行预售、预租或者联合开发等，从而使部分建设资金可以得到预先支付。

在经营阶段，政府除直接补贴金额外，还可以向轨道交通企业提供优惠政策，包括电费、税费及其他优惠政策等，为轨道交通企业降低运营成本或增加运营收入。

（3）国内城市轨道交通的补贴机制分析。

在我国，北京、广州、上海的城市轨道交通运输有非常明确的特征，研究这三个城市的轨道交通运营状况及相应的补贴政策对进一步完善我国公益性交通运输补贴机制具有重要意义。

①北京。北京市是国内最早建设及运营轨道交通的城市。截至2013年5月，北京城市轨道交通体系运营线路共有17条，覆盖范围包括北京市的11个区县，其中，运营地铁线路16条，机场线1条，总计开通车站数量为

270 座，运营线路总里程为 456 公里。在远景规划中，到 2020 年时，运营总里程将超过 1000 公里。

根据城市轨道交通的特有性质分析，城市轨道交通项目的资金回收期相对较长，票价水平受政府的监管和控制，对社会发展和经济发展具有明显的公益性。随着轨道交通建设运营的不断完善，轨道交通的建设运营成本越来越高，因此，政府的补贴也越来越高。

2007 年 10 月 7 日，北京地铁 5 号线开通，自该日起，北京地铁票价降到 2 元，无论里程多少，并且可以随意切换路线。随着降价政策的实施，北京市城市轨道交通的客流量日益增多，导致地铁公司的日常维护以及运输成本不断攀升，公司财务资金缺口日渐扩大。根据数据统计分析，北京市地铁运营有限公司自 2004 年起至调价政策实施之前，运送乘客的成本大约为每人每次 3 元，在调价政策实施之后北京地铁亏损严重，2007 年大约亏损 6 亿元，这部分亏损全部由政府补贴。2007 年，北京市政府为北京城市轨道交通补贴 6.03 亿元。2008 年，北京市政府给予城市轨道交通的补贴额为 7.9 亿元，2009 年财政补贴额上升为 15.2 亿元。①2013 年，北京市发改委公示了北京地铁的运营成本。2013 年北京市两家地铁运营企业的完全成本为 147.26 亿元。从 2008 年到 2013 年，北京市地铁客流量每年以 20% 的速度增长，2013 年地铁客运量超过 32 亿人次，比 2007 年增长了 3.5 倍。按进站量计算，单位成本为 8.56 元。按照原有地铁票价 2 元计算，轨道交通每人次票价不能覆盖其成本的 1/4。2014 年 12 月 28 日，北京地铁开始实施分段计价，调价政策实施之后，北京地铁平均每人次出行票价约为 4.3 元。这意味着，北京地铁运营一半以上的成本还将由公共财政来补贴。

目前北京市采用类似"总额控制、分项考核、超亏不补、减亏分成"的补贴方式。具体操作方式为对地铁公司的运行收益和成本进行分析，测算地铁公司的运营成本和亏损总额，上报并通过审批之后由政府进行相应比例的资金补贴，这一方式不仅使地铁公司的生存能力进一步提升，同时也体现

---

① 张静怡：《城市轨道交通财政补贴机制研究》，北京交通大学博士学位论文，2014。

了政府的职能。但这种补贴方式也存在一定的不足，可能会直接影响企业改善服务质量的积极性，使其缺乏降低成本的意识。同时这种方式也存在严重的信息不对称，企业的经营情况是内部信息，这使政府对企业成本信息的掌控缺乏直接途径，不利于企业自身去寻找途径开源节流，在一定程度上加大了政府的负担。

②广州。广州市的地铁相对于我国其他城市而言市场化的程度靠前。2013年，广州地铁运营服务水平持续提升。现阶段广州地铁已经有6条线路，全长260公里，服务广州新型城市化发展战略的能力进一步提高。2013年全年安全运送乘客20.5亿人次，与2012年相比增加2%，约占全市公共交通客运总量的37%。日均客运量为563万人次，日最高客运量达751万人次，提供票价优惠10.3亿元。

在广州地铁蓬勃发展的同时，地铁票按里程分段计价，并实行相应的票价优惠政策。每月用同一张公交卡乘坐城市公共交通系统的任意交通工具的次数在15次以上，可享受普通票价的6折优惠；持学生卡则只需支付普通票价的一半；60~65岁的老人，持老年人优惠卡搭乘地铁享受5折优惠；65岁以上的老人持老年人优惠卡可免费搭乘地铁。

广州地铁采用公司承包经营模式，在项目建设前或建设期间，由政府主导项目的资金募集，地铁项目建设完工后，由地铁公司进行建设经营，在此期间如果由于收益不好或者费用上升而亏损，由地铁公司自行拓展融资渠道，政府不承担任何补贴义务。而对于政策性亏损，从2010年开始，广州政府针对城市轨道交通的补贴为每年8亿元，其中公交运输系统补贴占比为75%，地铁系统补贴占比为25%。

政府为广州地铁的运行提供了一系列优惠政策：政府专门为地铁设定了一个高于工业用电、低于商业用电的单一电价；在贷款方面，政府采取特殊金融手段，免除地铁项目建设期间的贷款及其应付利息；同时，对于地铁站点周边的土地、物业，广州地铁公司具有出让权和开发权；政府每年给予3000万~5000万元的专项补贴；在成本方面地铁公司享受不计提折旧的优惠。

③上海。上海市的轨道交通具有网络经济性。截至 2014 年 12 月 28 日，上海城市轨道交通运输系统的总线路长度达到 550 公里，车站数量总计 337 座。此外，由于建设及施工要求较为严格，拆迁征地费用较高，上海地铁的平均造价接近 10 亿/公里。

上海市轨道交通实行按里程计价的多级票价，0~6 公里 3 元，6 公里之后每 10 公里增加 1 元。为鼓励市民使用公共交通工具出行，上海市轨道交通实行一系列优惠政策，如公交轨道联乘优惠、乘坐地铁满 70 元累积优惠、出站换乘票价连续计算等。此外，持有敬老服务卡的本地户籍老人，在非高峰时段和法定节假日全天，可以免费乘坐上海市轨道交通。

上海地铁的建设经营管理一直在探索适合自身的发展道路，管理体制的变更经历了 3 个阶段：从政府出资到组建项目法人阶段；明确责任和目标，推行"四分开"体制阶段；申通公司集轨道交通网络投资、建设和运营为一体的阶段。经过管理体制改革，上海市政府对地铁公司的运营补贴方式为：开通运营第一年补贴 0.6 亿元，第二年补贴 0.3 亿元，第三年不补贴，第四年上缴运营的部分收益。随着改革的实施，在 2001 年底，上海地铁公司不但实现了运营的平衡，还上缴了 1000 多万元的利润。

通过上述介绍，对北京、广州、上海的城市轨道交通补贴情况进行总结，如表 12 -6 所示。

表 12 -6　国内部分城市轨道交通运营政府补贴情况

城市	建设资金来源	运营补贴情况	备注
北京	政府投资	财政补贴占运营成本的 20% ~ 30%	平均票价相对较低（2014 年调价前）
广州	政府投资、外国政府贷款、商业贷款	不提折旧，不还本付息，运营小幅亏损，依靠站点综合开发、站点内外广告收入、站点周边商业收益等实现微利	计程票制，票价中等
上海	政府投资、外国政府贷款、商业贷款	不提折旧，不还本付息，略有盈余	计程票制，票价中等

3. 国内外经验借鉴

（1）巴黎。

巴黎公共交通网络主要由市区地铁、公共汽（电）车、市郊快速铁路、郊区铁路等组成。地铁是整个巴黎城市公共交通体系的重要部分。目前，巴黎大区公共交通占总出行比例的 35%，巴黎市公共交通占总出行比例的 67%。目前，巴黎全市公共交通运输体系总计线路为 14 条，开通运营线路总长为 211 公里，开通运营线路站点 381 个（其中换乘车站数量为 129 个），平均每天的旅客运输量将近 0.05 亿人次，各个线路相互衔接，共同构成一个统一的城市交通网络。

在票价管理方面，巴黎公共交通实施多种票制（见表 12－7）。同时，巴黎地铁运营公司大力推进套票的销售，并制定相关优惠措施和政策，积极鼓励市民购买。

表 12－7　法国巴黎地铁票价格一览表

类别	里程	价格
单票	2 环以内	1.3 欧元
	出 2 环	根据距离确定
一天票	0～3 环	6.7 欧元
周票	0～3 环	18.35 欧元

资料来源：宋丽《我国城市轨道交通项目建设投融资模式研究》，石家庄经济学院硕士学位论文，2014。

在财政补贴方面，票款收入是地铁收入的主要来源之一，巴黎地铁单纯依靠票价收入是亏损的，但是公交可以实现盈利，所以巴黎的公交公司会进行公司内部的交叉补贴。同时，巴黎地铁公司还采用向政府购买公共服务的方式，其操作流程是由巴黎大区交通联合会与巴黎公交总公司签订协议，并在签订的协议中就地铁客运量和地铁服务标准进行详细规定，承担地铁运营的公司会提出一个基本的票价，巴黎政府会根据这个票价来制定实际的市场票价，两者的差额由政府以报酬的形式向运营公司全额支付。征收的巴黎交通税，每月由巴黎交通管理委员会分配给公共交通总公司、国家铁路运营公司等运营企业，也成为巴黎公共交通企业弥补亏损的重要来源。

（2）日本。

日本城市轨道交通在长期的发展过程中始终坚持商业化的经营方式，目前已经形成了较为成熟的政府以及社会资本双向投资并承担运营的多样性模式。

日本政府对城市轨道交通的补贴方式主要包括资金筹措、税费减免及沿线土地开发等。各级政府的出资，主要是针对新建的线路，会在财政预算中拿出20%作为地铁建设的自有资金。同时各级政府还会对地铁建设提供一定的优惠和补贴，如税收减免，但是减免的费用必须用于地铁的建设运营。在地铁融资方面，日本支持地铁公司对地铁线路周边土地进行开发，实现外部效益内部化。

日本经营轨道交通的私营企业由于自身的局限性，不断地利用现有资源增加运营收入，在城市轨道交通运营的方式上均采用多样性发展的策略。以城市轨道交通运输服务为主旨，通过站点周边土地综合开发、站点内外的广告收入、站点周边商业贸易等为公司创造更多的利润，从而达到运营收益的最大化，实现长期盈利。同时，日本政府也鼓励私有资本的进入，通过提供低息贷款等方式进行激励。

（3）伦敦。

英国伦敦是最早建设城市轨道交通的城市，同时也是世界上拥有地铁站点数量最多和地铁运营线路总里程最长的城市，因此，伦敦被称为"建在地铁上的都市"。19世纪60年代，伦敦投资建造第一条地铁。伦敦轨道交通的线路一般由政府进行规划，由私人部门进行经营。

政府资金在伦敦城轨建设中占了很大比重，为了弥补建设的亏损，政府用发行彩票的收益弥补。同时政府为了弥补地铁公司的亏损，授予其地铁沿线土地开发权，通过开发收益来补贴城市轨道交通的运营支出。

此外，伦敦市政府也对城市公共交通运输系统进行资金补贴。

（4）美国。

美国的小汽车行业发展较为快速，由此带来了很多城市问题，为改变人们过多依赖小汽车作为出行方式的情况，美国政府投入大量资金进行城市公共交通运输体系的建设。

美国政府对城市公共交通的运营补贴非常重视，同时具有法律的约束力，1956年颁布的《都市公共交通法》《道路联邦补贴法》《国家公共交通援助法》等均做出了明确规定。美国政府对公共交通系统的财政补贴主要体现在对交通企业运营亏损的足额补贴和对公共交通基础设施建设的直接投资两个方面。2004年对美国轨道交通收入与支出数额的比较如表12-8所示。

表12-8 2004年美国轨道交通补贴情况

单位：百万美元，%

	重轨	通勤铁路	轻轨	轨道交通合计
资本支出	4564	2371	1723	8659
经营支出	4268	2995	778	8041
总支出	8832	5366	2501	16700
票款收入	2483	1449	226	4167
补贴	6339	3917	2276	12532
补贴占总支出比例	72	73	91	75

从表12-8补贴占总支出的比例可知，美国政府对城市轨道交通的补贴力度很大。为了解决人们对私人小汽车的过分依赖而导致的一系列城市问题，美国政府在轨道交通的车辆购置和票价制定方面都给予了优惠，并且鼓励地铁公司对周围土地进行开发。

（5）新加坡。

新加坡是世界上引入地铁运营较早的国家，新加坡地铁被称为大众捷运系统，其一站式交通枢纽网络有着非常周密的规划设计。目前，新加坡地铁线路开通运营车站数量总计49座，总长90公里左右，呈"十"字形排布的两条主干线覆盖全境。同时，在地铁项目前期规划及建设过程中进行了科学合理的控制，使其非常合理地与城市商业区、航空机场、港口以及边缘地区进行了衔接。

新加坡由于国家面积较小，政府管控非常严厉，对地铁的建设和运营具有很强的把控能力，在政府主导投资的大环境下，新加坡地铁是为数不多的处于一直盈利的公司。在地铁建成后，政府不会对地铁公司进行补贴，由地铁公司自负盈亏。但政府会为地铁公司营造良好的外部环境，为其配备人才，完善法律，加强监督管理。政府实行公共交通优先、严格限制私人汽车保有量的倾斜政策。新加坡陆路交通管理局采取了一系列发展策略，由于轨道交通的发展会通过可达性的提升带动沿线土地升值，因此政府在土地规划时会在车站周边预留绿地，在外围进行商业开发，土地升值后获利部分成为轨道交通提供建设资金，形成发展的良性循环。

（6）中国香港。

香港地铁完全由地铁公司独立经营，政府不向其提供直接补贴，并且香港地铁是世界上为数不多可以通过独立经营实现公司盈利的地铁之一。1979年，香港引入地铁并开始运营，经过 12 年的不断发展之后，香港地铁开始盈利。截至 2007 年，香港地铁盈利总额约为 152 亿港元。表 12 - 9 为 2004 ~ 2008 年香港地铁收入来源。

表 12 - 9　香港地铁的收入来源

单位：百万港元

年份	2004	2005	2006	2007	2008
票款收入	5932	6282	6510	6660	6767
非票款收入	2419	2871	2969	3728	4170
车站商业和其他收入	1311	1555	1478	1567	1630
租金与管理收入	1108	1316	1491	2161	2540

资料来源：钱璞《建立我国城市公共交通的补贴机制》，《城市公用事业》2008 年第 22 期。

香港地铁采用"地铁＋物业"的联合开发方式，地铁公司在建设之前，会按照当时的土地市场评估价格向政府支付地租，然后再通过公开招标，确定开发合作商。在开发过程中，房地产的建设费用由开发商负担，地铁公司可以分享一半的开发利润。通过地铁站点周边土地的综合开发，香港地铁回收部分运营外部收益，从而可以实现盈利。香港地铁的运营收益自1997年以来一直处于不断增加的状态，综合开发的收益从最初的2.8亿港元，经过10年的增长，达到83亿港元。

此外，地铁公司具有制定票价的自主权也是香港地铁能够实现盈利的一个重要因素。香港地铁的票价能够覆盖运营费用，同时还可以为投资方带来不断的收益。地铁的票价每年都会根据通货膨胀的情况进行调整。尽管香港地铁可以实现盈利，但是政府还是为地铁发展提供相关优惠，如提供担保、增强信用评级等。

香港地铁公司通过自身经营实现了盈利，其盈利模式成为许多城市轨道交通企业学习的典范。上述介绍香港地铁的运营模式，旨在为其他轨道交通企业提供参考，并依照自身的实际发展情况借鉴其成功经验，从而有效完善城市轨道交通公益性运输的补贴机制。

通过上述介绍，对国外部分城市轨道交通运营补贴情况的总结如表12-10所示。

表12-10　国外部分城市轨道交通运营补贴情况

	建设资金来源	运营成本来源
巴黎	政府财政,企业自筹	票款收入,政府补贴
东京	政府补助金,政府低息贷款,企业自筹	票款收入,政府补贴
新加坡	政府财政	票款收入

4. 政策建议

对城市轨道交通的财政补贴需要考虑的方面有三个：社会公众对票价的承受能力、企业对补贴的依赖程度和政府的承受能力。这一过程可看作政府、企业、公众之间的一种博弈。

政府对轨道交通企业的补贴可分为直接补贴和间接补贴，或者说是金额补贴与非金额补贴，完善轨道交通的补贴机制就可从这两个方面着手考虑。

（1）直接补贴的完善机制研究。

直接补贴，即是指政府对轨道交通企业的亏损额直接给予财政拨款。由上述可知，直接补贴具有较多形式，如合理回报法、部分亏损补贴法、盈亏平衡法以及根据客运周转量进行补贴等。前三种方法的区别在于补贴金额的多少，与前三种补贴方法相比，按照客运周转量进行补贴对轨道交通企业具有一定的激励作用。

如若在直接补贴方面对补贴机制进行完善，从政府角度来看，除采用实报实销法外，还可采取设置补贴上限的方法。由政府根据历年的补贴额和对补贴资金实际利用情况所进行的分析，确定补贴上限，按照超额不补的原则进行。对减亏分成的具体利益分配做出详细规定，如根据企业亏损额减少的幅度来确定对企业员工应该给予的物质奖励级别等。

（2）间接补贴的完善机制研究。

如若在间接补贴方面对补贴机制进行完善，从政府角度来看，目前还存在企业对政府的补贴额有一定的依赖性、自身降低补贴额的积极性不高等问题，针对存在的问题可采取一系列完善措施。

①实行绩效补贴机制。首先，企业应当建立绩效评价指标体系。指标考虑要全面，不仅考虑企业内部情况，还应该考虑市场和乘客，体现企业的经营效率，通过绩效考核的结果来确定最终的补贴。其次，政府补贴的财政支出应有目标规划。在保证企业正常运营的基础上，通过考核来确定最终的补贴系数，可以先向企业提供一部分补贴来保证企业的正常运营，再根据最终企业的绩效对补贴金额进行调整。

②公共参与的补贴机制。乘客也可以对城市轨道交通的服务进行反馈或评价，乘客评价内容将被整理并进行分析，最后汇总至政府部门，以此作为政府财政补贴的参考指标，通过机制设计保证公众参与监督。

③引入竞争机制。政府通过引入竞争机制可以激发企业的积极性，促使其降低成本，提高经营效率。具体来讲，这里所指的竞争机制是通过招标授权的方式实现的。借鉴国外城市地铁的发展经验，以招标的方式来选择地铁经营企业，一方面可确定企业的资质，对经营的质量有一定的保证，另一方面可降低地铁的经营成本，缓解政府的财政压力。

④实行效益返还机制。地铁开通后对沿线的房地产开发等商业活动有促

进作用，使其增值。然而轨道运营企业由于票价管制和社会公益性的约束并不能从中获益，因此需要政府出台相关政策缓解这一矛盾，如赋予企业沿线房地产开发权，将外部的增值效应内部化。在这一方面，香港就是一个典型的案例。

除了以上方法之外，还可通过放松对地铁票价的管制和扩宽政府财政补贴资金的来源渠道来实现对轨道交通企业的有效补贴。可借鉴上海的地铁发展模式，根据人们的出行时间不同，对票价给予相应的区分，如若高峰时段出行，则会比其他时间出行支付的票价更高，通过这种方式来降低亏损额。

四 我国城市公交客运体系承担公益性运输的补贴机制

1. 城市公交公益性运输服务种类

城市公共交通企业的政策性亏损，地区政府应该制定政策进行资金补偿。经过梳理，各级地区政府补贴的范围和方式主要分类如下。

（1）针对特定群体的公益性运输。

特定群体指社会中特殊年纪、身份或职业的群体，主要包括老年人、学生、残疾人等，对特殊群体一般采取的优惠力度比较大，但各地方的优惠政策有一定的差别。在上海，70岁以上持红色社保卡的本地户籍老人，可以在非高峰时间段免费乘公交车；广州对60岁以上的老人提供优待服务，规定60~65岁老人持蓝色卡可以享受公交车半价服务。

（2）针对不特定群体的公益性运输。

对于不特定群体，各个地区和城市采用不同的优惠措施，主要方式包括：降低公共交通票价，减少乘客出行成本；对持公交IC卡出行的乘客实施优惠措施，给予刷卡折扣或换乘优惠；扩展月票、季票、年票等套票的优惠方式。

2. 城市公交公益性运输补贴现状

（1）城市公交客运体系的发展现状。

公交运输是整个城市交通运输的重要组成部分，2013年，国务院发布了关于城市交通发展"公交优先"的战略，各市政府积极响应，加强公交行业发展，加大对公交行业的支持力度，并取得显著成效。

截至 2012 年，我国公共汽（电）车运营车辆达 48.58 万辆，2013 年公共汽（电）车运营车辆达 51.12 万辆。近年来，我国城镇化率以每年约 1 个百分点的速度增长，每年约有 1300 多万人口从农村转入城市，伴随着人口城镇化的不断发展，城市交通面临的挑战越来越大。同时，小汽车数量的迅速增长极易形成城市交通运行体系的拥堵，从而造成通勤时间的延迟，增加社会发展成本，对城市发展产生不良影响。

由于国家政策要求公交行业提供公益性运输服务，这就不可避免地出现亏损，政府应该对这部分亏损进行补贴，以保证公交行业的正常发展和运行，而公交行业的日常运营性亏损则应该由企业自己承担。

目前，我国城市公共交通运输发展中，国家财政资金补贴与公共交通票价政策主要有以下几点。

第一，地方政府对城市公共交通运输系统不补贴或只补贴很小比例，除此之外，地方还严格控制城市公共交通的票价，使其在合理范围内波动。政府不补贴公交行业，公交企业只能通过降低服务水平来节约成本。

第二，地方政府对城市公共交通运输系进行高额补贴，此外，对现行票价进行强制管控，实施低票价政策。例如，北京市财政每年对公交运输领域的补贴达到 100 亿元，在 2014 年北京公交、地铁票价调动以前，北京公交的票价在全国城市中相对较低。

第三，地方政府对城市公共交通运输系统只进行少量财政补贴，同时允许公交企业自主制定票价，不强制管控票价。

（2）城市公交的补贴方式。

从补贴形式和补贴对象两个角度对城市公交的补贴方式进行分类，将其分成 4 种类型，如表 12-11 所示。

①对公交企业的总额补贴。生产者主要指公交企业。通过对公交企业呈报的财政资金预算和财政支出计划进行分析，确定公交企业的政府补贴金额。这一补贴方式是我国长期沿用的公交补贴形式，但是这种形式效果较差，无法直接激励公交企业改进服务。

表 12 - 11　补贴方式分类

补贴形式	补贴对象	
	对生产者的总额补贴	对消费者的总额补贴
	对生产者的要素补贴	对消费者的要素补贴

②按车公里补贴。主要是按公交车的行驶里程来明确资金补偿额度。补贴金额容易确定，但存在公交企业只重视行驶里程而不重视公交服务的现象。

③按人公里补贴。根据公交企业的运营里程和客运量来设定政府财政补贴金额。这一补贴方式可促使企业提升服务吸引顾客，但为了吸引客流，企业往往忽视偏远客少的路线，不利于公益性的发挥。

④固定基数补贴。这种方式的补贴额若干年（一般为 3 年左右）不变，即使企业亏损增加，补贴额也不会增加。鼓励企业减少亏损，这是大多数城市采用的模式。

⑤对公交企业的要素进行补贴。主要针对公交企业的要素，如燃油、车辆购置和基础设施建设等因素进行补贴。

⑥对消费者的财政补贴。这种补贴方式属于财政的转移支付，政府以乘客为中心，将财政补贴以货币的形式直接转移到乘客。

⑦对消费者的要素补贴。通过减少乘客每次出行的公共交通费用支出来继续补贴，从而实现政府财政补贴的作用。主要有两种方式：一种是给予消费者在一定时间内免费乘车的机会，这段时间过后需消费者自行付费；另一种是实行优惠票价，如月票或公交卡折扣。

⑧对特殊消费群体的补贴。这种补贴方式主要是针对特殊的消费群体包括老年乘客、儿童乘客、残障人士、现役军人等实施优惠乘车政策。

（3）国内城市公交的补贴机制分析。

北京和上海是我国经济发展最发达的两个城市，同时，两个城市的公交运输系统运行均非常成熟。分析这两个地区的城市公交运营状况对进一步完善我国公益性交通运输补贴机制具有十分重要的意义。

①北京。北京市城市公交补贴主要分为两部分：一部分是对月票进行补

贴，每张月票给予一定补贴；另一部分是针对公交企业进行补贴。

北京的公交月票于 1950 年首次发售，普通月票的票面金额是 3 元，学生月票的票面金额是 1.5 元。北京市政府每年对公交月票和公交企业进行补贴，针对公交企业的补贴主要有新开线路补贴、高价油补贴和公安经费补贴。1980 年，北京市提出了"月票补贴，财务包干"的方法，对每张月票补贴 0.90 元。1986 年调整至 3.51 元。1987 年这一金额又调整至 5.12 元。2005 年北京开始推行 IC 卡来取代月票制度。2007 年对 IC 卡进行折扣优惠。之后，北京市坚持公共交通低票价政策，取消公交月票和地铁月票，实行全市统一的票制票价。

由于北京市的票价一直比较低，因此对公共交通运输领域的补贴非常巨大。由表 12 - 12 可以看出，2007 年实行 IC 卡折扣票价之后，北京公交的补贴呈上升趋势。

表 12 - 12　2008 ~ 2012 年北京市对公共交通财政补贴状况

单位：亿元，%

年份	路面交通补贴	公共交通总补贴	路面交通补贴增长	公共交通总补贴增长
2008	91.5	99.4	—	—
2009	104.2	123.9	13.88	24.65
2010	110.9	135.3	6.43	9.20
2011	125.2	156.9	12.89	15.96
2012	138.2	178.0	10.38	13.45
平均	114	138.7	10.90	15.82

北京公交补贴在近几年不断攀升的原因，一方面是政府需要缓解城市公共交通运输系统的拥堵现象，为市民的正常出行提供有力支持，满足市民的出行需求，另一方面是为了补贴公交企业的亏损，改善其财务状况。

②上海。截至 2007 年，上海城市公共交通运输系统营运车辆约为 1.7 万辆，营运车辆平均每天运行的里程约为 312.23 万公里。城市公共交通运输系统总计运营线路 977 条，运输系统线路网络里程总计 6754 公里。上海市每年乘客运输量约为 26.5 亿人次，平均每天的乘客运输量为 726.5 万人

次，承担着 58.7% 的市域公共交通客运量。

上海市公共交通运输服务的发展经历了三次改革阶段：第一次为 1996 年开始推行公共交通运输系统的市场化，政府不进行补贴而采用低息贷款等优惠政策；第二次为 2001 年开始进行公共交通行业市场整合，优化交通资源配置，并且重新制定票价和财政补贴制度；第三次为 2008 年至今，推行公交企业资产重组，公交资产从上市公司退出，逐步实现骨干企业国有控股的相对区域专营模式。

此外，上海为完善补贴制度，还专门建立"公交专项资金"，这种资金以项目补贴的方式存在，主要有车辆购置补贴、乘车优惠补贴、老旧车辆补贴等。

3. 国外或相似行业经验借鉴

在国外城市公交运输方面，美国、法国、英国等的公交运营状况具有一定的代表性。通过分析其公交运营状况，借鉴其经验，从而进一步完善我国公益性交通运输补贴机制。

（1）美国。

美国对城市公交的补贴主要体现在以下几个方面。

第一，对公共交通进行补贴有法律保障。1964 年，美国联邦政府发布《城市公共交通法》，希望通过这一法案的实施来提升公共交通运输的服务质量。1970 年发布《城市公共交通扶持法》，提出为公交规划专门的线路。1974 年，在美国经历能源危机之后，国会开始对公共交通事业进行补贴。1998 年通过了《21 世纪交通平衡法》，其中一大特点为明确了公共交通优先建设，并通过政府主导的方式为城市公共交通运输系统的建设筹集基金。

第二，美国联邦政府对公共交通的投资及运营补贴。从表 12 - 13 中可以看出，美国政府对公交的补贴力度很大，补贴金额占总支出的比例均在 60% 以上。

第三，乘车补贴。1992 年，美国国会通过《联邦雇员清洁空气奖励法》，这一法案提出，对于乘坐公交和地铁出行的联邦雇员，联邦政府为每人提供 65 美元交通补助。此外，《联邦税法》也允许雇主每月为雇员提供最多 65 美元的公共交通补助用于乘坐地铁或公交，这部分补助可在税款计算中扣除。

266

表 12-13 2004 年美国公交的补贴情况

单位：百万美元，%

	公共汽车	电车
资本支出	3028	188
经营支出	12586	187
总支出	15614	375
票款收入	3731	60
补贴	11882	315
补贴占总支出的比例	76	84

第四，纽约的公共交通补贴。1993 年，纽约通过《汽油消费税法案》。这一法案提出市民在购买汽油的同时需要额外支付燃油费，此项额外支付的税费将用于城市公共交通运输系统的建设和运营补贴。1995 年的数据显示，在城市公共交通及地铁运营成本中，票款收入占 48.5%，其他商业收入占 12.8%，其余 38.7% 来自政府补贴，包括联邦政府、州政府以及地方政府补贴。2007 年 CAT 公司的资金来源情况见表 12-14。

表 12-14 2007 年 CAT 公司的资金来源情况

单位：%

总收入	票款及其他	车票及月票	41.3
		广告、包租和租赁	2.2
		投资收益	1.1
		其他收入	0.9
	补贴	财政补贴	2.8
		公共基金	41.5
		交通基金	9.7
		法定拨款	0.4

资料来源：张一帆《城市公共交通补贴效率研究》，北京交通大学硕士学位论文，2009。

（2）法国。

法国各地政府积极制定政策发展公共交通，巴黎在公共交通方面一向实行低票价制度，票价制度每年由政府审核，并上报财政部。

法国对公交企业的补贴主要有以下几种方式。

第一，征收交通税。自 1970 年起，法国出台《关于巴黎及其相邻省份的有关单位应缴纳大巴黎地区公共交通税》，规定在整个大巴黎地区，超过 9 人的企业或公司必须上缴公共交通税，并按照雇员的工资总额进行计算，提取 1.2% ~2% 的公共交通税，税率最高为 2.5%。

巴黎交通管理委员集中管理资金，部分税款会按比例分发给公交总公司，其他的也会根据巴黎交通管理委员会和各事业单位的相关协定，用于巴黎公共交通路线的规划和改善。交通税是公交企业弥补亏损的重要来源，相关资料显示，2001 年，巴黎市为公交运营和维护支出约 59.8 亿欧元，其中交通税占支出总成本的 35.8%。

第二，发行"橘卡"。除对企业征收公共交通税以外，企业还要支付员工公共交通成本票价的一半。同样，2001 年的资料显示，公交企业购买"橘卡"的支出占总成本的 9.4%，"橘卡"的使用进一步增强了市民乘坐公交车的意愿。

第三，国家财政拨款补贴及地方补贴等。

（3）英国。

1970 年开始，英国伦敦的城市公交系统开始出现运营亏损的情况，必须依靠政府的补贴才可正常运行。此外，公交票价一直处于增长的状态，使得公交运输系统的客流量不断减少，公交企业的运营受到了极大的冲击。1982 年，补贴费用占公交企业全部经营费用的 35%。面对这种情况，英国政府开始对公交系统进行改革。1984 年通过法案，引导私人参与城市公交的竞争。

伦敦公交行业通过市场进行自主竞争，票价根据市场进行调节，票价收入是企业的全部收入。对于线路比较偏僻、客流较少的线路，政府会进行补贴。1988 年，伦敦所有的公交服务都需要通过招投标竞争的方式获得，政府还会对获得经营权的公司或企业进行监督和评价，从而不断提高运营公司的公共交通服务质量。此项政策实施后，伦敦城市公交运输系统的总运营里程提高了 20%，同时城市公交系统中每列班车的运营成本下降至原来的 20%。

引进市场化的竞争机制后，公交企业面临巨大压力，而且政府实行严格的招投标制度，要求企业不断提升自身的服务质量来吸引客流、增加利润。

同时，公共交通基础设施建设和运营的分立，可以使企业减少支出、增加收入、提升服务、吸引乘客。因此，伦敦这种通过市场化招投标来进行公交经营授权的方式可以降低企业的运营成本，也可以间接地降低政府的补贴支出。

（4）巴西。

库里蒂巴是巴西的第三大城市，库里蒂巴的城市公共交通运输系统发展较为完善，其运输系统的效益一直处于不断增长的阶段，运行高效、成本低廉是其城市公共交通运输系统的特点。此外，库里蒂巴市一个极其明显的特点就是没有地铁，只有道路公交运输系统。

1974年，库里蒂巴开始推广公交发展的城市理念。库里蒂巴整个城市的公交系统由390条线路和2200多辆公交车组成，覆盖了库里蒂巴市的100多公里线路。库里蒂巴不同的公交线路相互交错、彼此衔接，共同构成一个地面公交网络，这里的公交网络被称为"地面地铁"。乘客可以自由地在不同车站换乘，并且无论换乘方向和旅途如何，都实行单一收费。

库里蒂巴城市公共交通运输线路的经营采取政府与社会资本合作的方式，城市化股份有限公司 URBS 管理所有运营服务，此公司政府占股99%，私人占股1%。库里蒂巴的票价制定会考虑当年整个城市经济发展的情况，根据国民生产总值、物价水平、财政收入等多种因素来确定，以保证广大市民可以接受。在公司的运营上，URBS 并不直接参与公交系统的运营，而是通过招投标的方式将经营权转交给10家私营企业，最后全部票价收入的4%交由 URBS，其余由各公司分配。如果遇到经济危机或者通货膨胀，票价市民难以接受，则由政府进行补贴，各家公交企业要提高服务质量，才能保证在公交行业中良好发展。库里蒂巴也推行优惠票价制度，主要针对特殊人群，如65岁以上的老人和5岁以下的儿童可以在库里蒂巴免费乘车。

通过分析可以看出，库里蒂巴的一系列政策的中心点在于城市公共交通。城市公交网络系统的发展越发完善，公交线路网几乎覆盖全部城市道路，提高了区域的可达性。另外，由于公交企业自身运营效率的提升以及管理模式的优化，其还能从不同渠道获取收益。因此，库里蒂巴市公交运营一般不需要政府进行财政补贴。

巴西与中国同为发展中国家，其优先发展公交的做法为发展中国家树立了楷模，其优先发展公交、确保经济可持续发展的思路值得我们借鉴。

4.政策建议

构建一个科学合理的城市公共交通运输系统补贴机制，需要考虑众多因素，其中，最重要的有以下5点：运营企业的信息公开透明度、政府相关部门的监管效率、政府财政资金补贴的效用、企业经营能力的提高、政府财政支出的及时性。

同时，在公交补贴的过程中需要考虑3个因素：①有效性，政府对公交进行补贴应该考虑多方面因素，如企业的状况和市场的情况等，并根据实际情况及时进行调整；②满意性，政府对公交进行补贴应该考虑多方利益，包括乘客、公交企业、市场，补贴要公开透明，并接受监督；③激励性，不能让公交企业一味依赖补贴，要激励企业的积极性，自主提高服务质量。

基于以上想法，为进一步完善公共交通的补贴机制，可将补贴机制分为进入机制、运营机制、退出机制3个部分，针对每一部分进行完善（见图12-4）。

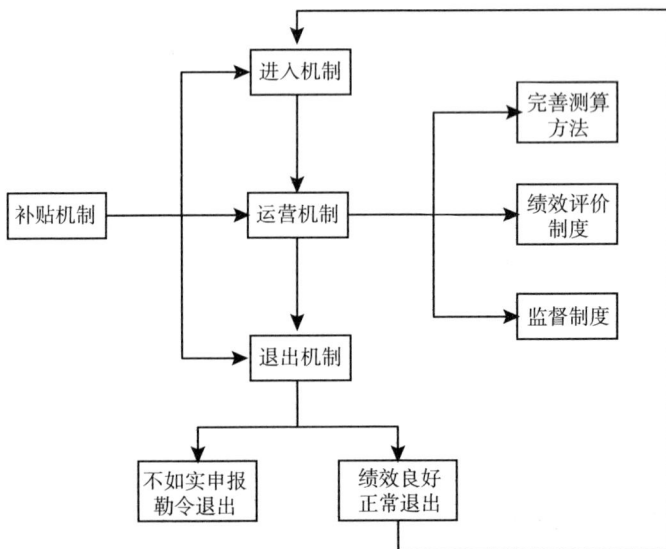

图12-4 公共交通的补贴机制

（1）进入机制。

进入机制是指公交企业进入市场的选择问题，具体包括两个方面，即保证资金充足和引入竞争机制。

①扩宽资金来源渠道。从目前的情况来看，补贴来源单一，政府财政压力较大，这样当政府财政预算紧张时，会影响公交企业的正常运行。因此，应当适当扩宽公交企业补贴的资金来源渠道。例如，上海建立了专项资金来拓展公交补贴资金来源渠道。

目前，我国城市交通补贴资金的来源渠道包括以下5个方面：一是政府财政资金；二是公交企业站点周边综合开发；三是针对企业征收的交通税费；四是土地开发权的转让或移交；五是政府与社会资本合作。

②推行招标授权经营。通过招投标的方式引入竞争机制，让多家企业竞争获取经营权。国外的这种发展模式比较成熟，伦敦和库里蒂巴市城市公交的招标授权模式值得我国借鉴。

对公交线路进行招标授权经营具有一定的优势。一方面，通过竞争机制的引进，可以使企业更加注重提高自身的服务质量，增强自身的管理和经营效率；另一方面，通过竞标可以市场的方式确定政府补贴，实现政府职能的转变，由公交企业自负盈亏，政府能从更长远的角度考虑整个城市的公共交通发展，实现整体效果的提升。

（2）运营机制。

在公交企业引入市场竞争机制之后，运营中不可避免地会出现一些难以解决的问题，如补贴额难以确定、公交企业的积极性不足等，故在运营阶段可引入激励机制，进一步完善补贴机制。

①完善补贴额度测算方法。针对政策性资金补偿有两个分析维度：一是票箱收入是否可以覆盖运营成本；二是开通政府指令性的运营线路。由于现阶段我国大部分地区对公交补贴金额的确定没有明确的法律规定，也没有明确的测算方法，不少地区在补贴金额上存在政府和公交企业之间讨价还价的现象。因此，应明确相关法律法规，明确测算方法，从而有效区分政策性亏损与经营性亏损。公交财政补贴测算中可引入乘客满意度变量，将补贴机制

与服务质量挂钩，制定科学的补贴方式，建立以要素补贴为主、以总额补贴为辅的综合公交补贴机制。

②实行绩效评价制度。对于城市公交企业的绩效评估，应该从企业整体运行效率出发，不是简单地分析财务数据，而是同时考虑运营服务质量。在成本考核方面，可建立公交票价的联动机制，即根据公共交通的出行者效用与企业经营成本、政府财政收入的关系，政府可适时调整票价和财政补贴额度。对成本低、运输服务质量处于较高水平的企业进行政府补贴；对成本高、服务质量处于较低水平的企业，政府应制定处罚措施。

③监督制度。监督机制的建立需要群众的广泛参与，公交补贴机制的监督需要广大乘客的参与，需要所有人共同努力。例如2008年，长沙通过建立公交监督员，对整个城市的公交工作进行监督和检查，公民可以直接从网上报名参与公交监督员工作，市民的直接参与对公交服务质量的提升有非常大的促进作用。

同时，政府应加强信息公开，加强公交企业的补贴和价格的透明度，要求公交企业定期公开经营情况。政府也应当建立财政监督检查机制，对公交企业进行有效监督。

④适当降低对公交票价的管制。目前，出于对社会公平及人民生活水平的考虑，绝大多数城市的公共交通运输系统的票价处于较低水平，受到国家或地方政府的管制力度较大，一般是在亏损状态下运营。

科学合理的公交票价制度需要综合考虑许多相关影响因素，公交企业在定价过程中不仅应考虑运输成本，同时也应考虑乘客的接受意愿和消费能力。政府应鼓励差别定价机制，合理分散城市客流，最终使资本得到最优配置。在降低对公交票价的管制方面，伦敦等城市可为我国的发展提供一些借鉴。

（3）退出机制。

对于退出机制，存在两种情况：一种情况是对申报金额进行造假的企业，情节严重的话政府可以考虑收回经营权；另一种情况，采用择优选用的原则，在政府财政补贴的周期内，运营绩效良好、运输服务水平较高的公交企业可以获得政府新的财政补贴，这一举措最终使公交企业向着良性方向不断发展，不断提升，在社会效益最大化和企业经济效益最大化之间找到平衡点。

参考文献

1. 欧国立：《中国交通发展报告（2014）》，中国铁道出版社，2014。
2. 刘腾远：《铁路货运服务质量评价体系研究》，西南交通大学硕士学位论文，2014。
3. 李薇：《铁路货运客户满意度评价及实证研究》，西南交通大学硕士学位论文，2014。
4. 章玲、张露平、周鹏：《航空公司服务质量评价——基于非可加直觉模糊 VIKOR 方法》，《技术经济与管理》2014 年第 4 期。
5. 杨金英：《铁路货运营销体系建设研究》，《经济问题》2014 年第 7 期。
6. 薛瑛：《城市轨道交通服务水平评价研究》，长安大学硕士学位论文，2013。
7. 张聪：《城乡客运服务质量评价体系研究》，长安大学硕士学位论文，2013。
8. 矫丽丽：《城市轨道交通客运服务质量测评与优化研究》，南京理工大学硕士学位论文，2013。
9. 李超：《我国公路客运企业服务质量评价研究》，长安大学硕士学位论文，2013。
10. 王昕：《铁路客运服务质量的评价研究》，西南交通大学硕士学位论文，2013。
11. 董磊：《全球三大货运航空公司对比分析》，《航空公司》2013 年第 333 期。
12. 王逸伦、姚传德：《日本城市轨道交通人性化客运服务的特点与启示》，《经济研究导刊》2013 年第 33 期。
13. 袁玲：《城市地铁服务质量评价研究——基于 SERVQUAL 模型和可拓学理论》，南京航空航天大学硕士学位论文，2013。
14. 徐利民：《国外铁路快捷货物运输发展与启示》，《铁道货运》2012 年第 9 期。
15. 李勤欢：《深圳城市公共交通服务质量评价研究》，武汉理工大学硕士学位论文，2012。
16. 王云雷：《美国管道运输监管对我国的借鉴意义》，北京交通大学硕士学位论文，2012。
17. 廉文彬、朱殿萍、宋超等：《日本铁路客运服务的启示》，《铁道运输与经济》2010 年第 6 期。
18. 龙泉：《龙行虎步铸辉煌——香港九龙巴士的品牌之路》，《运输经理世界》

2010 年第 9 期。

19. 张凤丹：《我国道路旅客运输服务质量评价体系研究》，长安大学硕士学位论文，2009。

20. 赵娟：《高速铁路旅客感知服务质量控制研究——基于差距模型》，北京交通大学硕士学位论文，2010。

21. 苗蕾、齐向春：《国外铁路货物运输发展特点及启示》，《中国铁路》2009 年第 8 期。

22. 黄婷：《基于人性化理念的公交服务质量综合评价模型研究》，重庆交通大学硕士学位论文，2009。

23. 刘子娟：《公路客运服务顾客满意度评价研究》，西南交通大学硕士学位论文，2007。

24. 马俪平：《黄花机场旅客服务质量管理体系构建及评价研究》，中南大学硕士学位论文，2007。

25. 唐述春：《德国铁路客运营销特点及思考》，《中国铁路》2005 年第 5 期。

26. 林晓言、卜伟等：《高速铁路服务质量与市场竞争》，社会科学文献出版社，2012。

图书在版编目（CIP）数据

中国交通运输服务发展报告 . 2015 ／ 林晓言主编
. －－北京：社会科学文献出版社，2016.10
ISBN 978－7－5097－9788－4

Ⅰ. ①中… Ⅱ. ①林… Ⅲ. ①交通运输－研究报告－
中国－2015 Ⅳ. ①F572

中国版本图书馆 CIP 数据核字（2016）第 235328 号

中国交通运输服务发展报告（2015）

主　　编／林晓言

出 版 人／谢寿光
项目统筹／恽　薇
责任编辑／颜林柯

出　　版／社会科学文献出版社·经济与管理出版分社（010）59367226
　　　　　地址：北京市北三环中路甲 29 号院华龙大厦　邮编：100029
　　　　　网址：www. ssap. com. cn
发　　行／市场营销中心（010）59367081　59367018
印　　装／三河市尚艺印装有限公司

规　　格／开　本：787mm×1092mm　1/16
　　　　　印　张：17.75　字　数：268 千字
版　　次／2016 年 10 月第 1 版　2016 年 10 月第 1 次印刷
书　　号／ISBN 978－7－5097－9788－4
定　　价／79.00 元

本书如有印装质量问题，请与读者服务中心（010－59367028）联系